考古学リーダー 18

縄文海進の考古学
～早期末葉・埼玉県打越遺跡とその時代～

打越式シンポジウム実行委員会 編

六一書房

はじめに

　海なし県の埼玉県は、海へのあこがれが一入である。「かつて、埼玉にも海があった」というコピーには誰しも胸躍らされ、高台から低地を望んでは、はるか縄文の海に淡い郷愁の思いを馳せるのである。

　埼玉県に海があったことは、貝塚が残されていることから知ることができる。貝塚は、近くに海があったことの何よりの証拠であり、調査によって縄文時代の海岸線の復元や、動植物遺存体から食生活の復元ができるなど、未知数の情報を引き出すことができる宝箱でもある。と同時に、縄文時代に通じることのできる、大きなロマンがそこにある。

　1972年から調査が開始された埼玉県富士見市打越貝塚は、まさにその一例である。貝塚は早期海進時から形成され、前期花積下層式から関山式期の地点貝塚を主体とするが、その中に何やら得体の知れない薄手の土器を出土する住居跡が多数発見された。土器には山形の貝殻腹縁文を連ねる文様が付けられ、東海系の早期末葉の土器が伴っていた。

　関東地方で例を見ないこの貝殻文土器は、1978年に打越式と命名され、早期末葉の関東地方の土器型式として位置付けられた。早期末葉の土器型式が未確定な中にあって、打越式の設定はセンセーショナルな話題を提供した。その後、関東地方でも早期末葉の集落遺跡の調査例が増え、孤高であった打越式土器にも仲間のいることが知られるようになり、近年では型式内容を再検討する気運が昂まっていた。

　そのような状況の中、本年2月28日、3月1日にかけて、打越式設定30周年を記念して、講演会「富士見に海が来た頃」と、シンポジウム「打越式土器とその時代」が開催された。また、打越貝塚を発掘調査し、打越式の提唱者である水子貝塚資料館長の荒井幹夫氏が、今年3月でめでたく1回目のご卒業を迎えられることが重なり、シンポジウムはさらに記念すべきものとなった。

　講演会とシンポジウムは2本立てで行われ、その成果をまとめたのが本書

である。講演会とシンポジウムは、縄文時代早期末葉の打越貝塚とその時代を理解するために、当時先進的であった東海地方との比較や、古環境や生業、土器や石器、住居や集落の多岐にわたる内容について細かな視点で検討が行われた。

　特に、今回のシンポジウムの目玉は、打越式土器を3細分し、その是非を世に問うたことにある。土器や石器が好きで好きでたまらないかつての紅顔の少年たちが、今では厚顔となり年甲斐もなく侃々諤々と議論して導き出した結論である。

　少し内容に踏み込めば、その成立に東海地方からの大きな影響が考えられてきた関東地方早期末葉の土器群の中で、在地系の脈々と受け継がれてきた要素を評価し、東海地方からの一方的な影響関係のみではなく、相互の影響下に打越式土器が生成されたことを考察した。後日、その評価が下されるものと思われるが、「文化は西から」という単方向性を、双方向性へと考察し直した点に、従前の研究史との違いが窺えよう。

　本書が早期末葉における海進期研究の進展に、少しでも資するところがあるとすれば、関係者一同、望外の喜びである。

　最後になりましたが、講演会やシンポジウムを企画された富士見市立水子貝塚資料館、会場をご提供頂きました富士見市水谷公民館、二日間にわたって熱心にご参加頂きました富士見考古学教室の皆様方、また、講演会やシンポジウムでお世話になりました関係者の皆様方に、心より御礼と感謝を申し上げ、挨拶とさせて頂きます。

　　平成21年9月

　　　　　　　　　　　　　　　　　　　　　シンポジウム実行委員長
　　　　　　　　　　　　　　　　　　　　　　金 子 直 行

縄文海進の考古学

…目　次…

はじめに

I 富士見に海が来た頃
打越遺跡と打越式土器……………………………………荒井幹夫　3
富士見に海が来た…………………………………………早坂廣人　11
東海地方における早期後葉～前期初頭の貝塚と土器………小崎　晋　19
縄文時代の植物食─縄文時代に農耕はあったのか─……中沢道彦　38

II 打越式土器とその時代
"打越式"への研究史………………………………………毒島正明　55
打越式土器の範囲・変遷・年代…………………………早坂廣人　73
縄文時代早期の貝塚と水産資源利用
　　─東京湾沿岸の事例を中心として─…………………領塚正浩　89
打越期の石器と石製品……………………………………加藤秀之　105
縄文早期末の住居跡と遺構─富士見市内の事例から─……和田晋治　121
縄文早期末葉の集落と社会………………………………金子直行　135

III 総合討論
打越式とその時代を考える………………………………………　155

IV 補　論
佛ヶ尾遺跡と下ノ大窪遺跡から出土した打越式について……小崎　晋　177
補論：打越式土器…………………………………………早坂廣人　182
E相・W相は存在するか…………………………………毒島正明　186
縄文早期末葉における二つの文様構成系統……………金子直行　190

引用・参考文献

おわりに

執筆者一覧

I　富士見に海が来た頃

打越遺跡と打越式土器

荒 井 幹 夫

1. 遺跡の立地

　打越遺跡は、荒川低地に北に向かって伸びる舌状台地の基部ともいえる部分に立地している。西側は江川の大きな枝谷に面し、東側は規模の小さい枝谷に面している。西側は等高線の混んだ急崖となっており、東側は緩やかな傾斜面となっている。主な時期の遺跡が立地するのは、台地基部、東側から小規模であるが比高差をもつ枝谷が南西に向かってさらに立ち入り、そこから浅い埋設谷が立ち上がっていく部分に分布している。記述の便のために、この区域を旧小字東小原にちなんで東小原地区と呼んでおく。ただ、関山期の集落は、江川に面する旧小字打越にも形成されており、他の時代時期の遺跡の広がりにくらべれば突出した遺跡のひろがりをもっている。

2. 調査の歴史

　打越遺跡は、昭和13年に酒詰仲男・和島誠一によって縄文時代前期の地点貝塚遺跡として発見されている。翌年に両氏によって貝塚一ヵ所が調査され、地点貝塚が住居跡内廃棄の貝塚であること、形成時期が縄文時代前期の関山期であることが確認された。この調査のさいに、地表確認のできる貝塚の分調査が行なわれ、分布図が作成されている。

　昭和38・39年には、和島誠一が、遺跡の地形測量や貝塚の分布調査（含ボーリング調査）を実施し、縄文時代前期の地点貝塚の分布概要の把握がなされた。昭和46年までに、和島らにより3ヵ所の地点貝塚が発掘調査されている。

　昭和47年度から、打越遺跡の所在する富士見市水谷地域で区画整理事業

I 富士見に海が来た頃

第1表　打越遺跡・打越式に関する略年表（実行委員会作成）

元号年（西暦）	打越遺跡と市内早期末遺跡に関する動き	打越式に関する動き
昭和9年（1934）		清水坂貝塚報告で「清水坂土器」
昭和10年（1935）		甲野論文公表。「子母口式」
昭和13年（1938）	酒詰仲男が水子貝塚周辺を踏査し、縄文前期の貝塚として発見	
昭和14年（1939）	第1回調査（酒詰他）。関山期の住居跡	江藤他が静岡で多数の遺跡を発見・報告
昭和34年（1959）		江坂編年で「子母口式」→「清水坂式」
昭和37年（1962）		吉井城山貝塚報告で「吉井式」
昭和38年（1963）	（～39年）貝層分布調査（和島他）	
昭和41年（1966）	第2回調査（和島他）。関山期の住居跡1軒	
昭和46年（1971）	第3回調査（小泉他）。関山期の住居跡2軒	平方貝塚略報で「平方式」。谷井論文で「吉井式」
昭和47年（1972）	区画整理事業にともなう第1期調査（～52年度）開始。早期末住居跡多数発見	
昭和50年（1975）		静岡東部編年で「日向期」、「峰山期」
昭和51年（1976）	HA区（早期末集落中心部）を調査	
昭和53年（1978）	『打越遺跡』（青表紙）刊行。打越式の提唱 区画整理第2期調査開始（～57年度）	
昭和54年（1979）		上浜田遺跡報告で「吉井式」
昭和57年（1982）		渋谷論文で「神之木台I式」
昭和58年（1983）	『打越遺跡』（白表紙）刊行。打越式を再検討	荒井論文。神奈川シンポ
昭和59年（1984）		谷口論文で「貝殻腹縁文系土器E相・W相」
昭和61年（1986）		戸田論文。向山遺跡報告で「向山式」
昭和62年（1987）		宮崎論文。上川遺跡報告
平成2年（1990）		古屋敷遺跡報告。冷川遺跡報告
平成7年（1995）	氷川前遺跡第12地点の調査	
平成8年（1996）	氷川前遺跡第15地点の調査	
平成9年（1997）	宮廻遺跡第20地点の調査	
平成11年（1999）		臼久保遺跡報告
平成12年（2000）	縄文セミナーで3段階案	
平成15年（2003）		国分寺跡遺跡北方地区報告で「恋ヶ窪南式」
平成17年（2005）		神明上遺跡報告
平成18年（2006）		小崎論文
平成19年（2007）		佛ヶ尾遺跡報告
平成20年（2008）		下ノ大窪遺跡報告
平成21年（2009）	企画展「富士見に海が来た頃」、シンポジウム「打越式土器とその時代」	

が実施されることとなり、同年度より昭和57年度にいたる11ヵ年にわたって発掘調査が実施された。この一連の調査で、遺跡観の変更があった。打越遺跡は、関山期の貝塚をともなう集落遺跡にとどまらず、時代時期をことにする遺跡がかさなる規模の大きな複合遺跡であることがあきらかとなった。遺跡の主な形成時期は、縄文時代早期末から前期前半の黒浜期にいたる時期及び後期堀之内期、弥生時代終末期、古墳時代後期、中世末である。

　このように、古くは旧石器時代から新しくは中世にわたる遺構、遺物が発掘された打越であるが、遺跡の主な時期が、大きくみれば縄文海進の時代、貝塚形成期にあることはかわらないし、遺跡として最大の広がりをもつのが関山期の貝塚や集落跡であることも変わらない。話題はより細かくなったが、打越遺跡は、早期末から前期前半へという移行期に、さまざまな分野、視点から接近をはかることのできる遺跡として、今後もいくたびか立ち返りためつすがめつすることのできる遺跡なのだろう。

3. 縄文時代早期末の集落

　話題の対象となる縄文時代早期末の遺構の概要をみておこう。早期末の遺構群は、東小原地区の浅い埋設谷の谷頭部に主に分布している。遺跡の主な形成期は打越期で、発掘された遺構群のほとんどが当該期に所属する。

　発掘された住居跡は、打越期37軒、神之木台期1軒、下吉井期8軒、当該期に比定できるが時期不明なもの12軒。早期末の住居跡総数58軒と、当時では異例の数の住居跡の発見である。打越期では、住居跡以外にも、炉穴、土坑等が多数確認されている。

4. 打越式土器

　打越期では、前掲のように多数の遺構群が発掘されたが、遺物の量もそれに比例して目を見張るものがあった。土器の一群は、いわゆる貝殻腹縁文という共通した特徴をもつものが中心となっている。

　この貝殻腹縁文を特徴とする土器については、この時点で幾人かの研究者によって、その型式的標徴や編年的みとおしについて論研されていた。ただ、

I 富士見に海が来た頃

第1図 打越遺跡出土土器（1）

打越遺跡と打越式土器

第 2 図　打越遺跡出土土器（2）

参照されている資料が断片的であったり、住居跡等の遺構にともなわないもののみで、その推論の妥当性にいささか心もとなさが感じられた。小出輝雄氏とわたしは、このような議論にかかわらざるをえないが、基本的には、打越遺跡出土の土器群の諸属性の基礎的な分析に力点をおいた。そこから導き出される一つの見方、一つの読みを提示した（荒井・小出 1978）。その読みを象徴する名辞が打越式である。

　貝殻を施文具として描き出された文様を特徴とする土器の一群をどのように記載するか。"山形文"などという、だれにでも直感的にみてとれる図形を任意に選びとり型式標徴とするのではなく、文様の成り立ちを構造的に把握しようとする試みである。貝殻腹縁文土器、これ一群の土器の内容についてなにもいっていない。内包がないのである。構造的にとらえる、これは大仰であるが、施文の方法とその差異によって、施文の効果にどのような違いとなってあらわれるのか、それらをどのように組み合わせて文様が描き出されているのかを見て取ることである。おなじ文様が描かれた土器でも、施文方法の違いによる施文効果の差異によって見た目、印象が異なってくる。そ

7

Ⅰ 富士見に海が来た頃

れらの関係を解きほぐそうとする試みである。

　貝殻を施文の道具とする文様は施文具形態文と呼びならわされている。この施文具形態文については、施文具＋施文手法＝文様という定式化が試みられている（可児1979）。これは、施文具の形態のネガティブな定着を指摘するにとどまっている。文様を図柄と考えれば、文様というより施文効果とでも呼んでおくほうが適切であろう。

　貝殻を施文の道具とする文様は、その施文効果の組み合わせ、施文効果の一定の組み合わせ、配列の仕方とその展開なのである。施文効果を組みあわて単位となる文様を描き出し、さらに、この単位を組み合わせる意匠、そのたちあらわれが文様なのである。施文具、施文手法、施文効果、意匠、文様への階層構造である。その概要を記してみよう。詳細は別稿を参照されたい（荒井1983a, b）。

1）施文具と施文手法

　施文具：放射状肋を持つ貝殻が用いられている。

　施文具の用い方：使われる貝殻の部位である。貝殻の前縁と、前縁から側面にかかる湾曲部を用いている。後者は例外的である。

　施文の方法：施文具の形態をどのように土器面に定着させるかである。押捺する、押しびく、引きずる、という三つの方法が用いられているようである。

2）意匠と文様

　施文効果の方位性をもった一定の組み合わせ、配列の仕方にかかわるものである。貝殻を用いた施文効果の組み合わせによる文様は、例えば、マッチ棒によって図形をつくるのに似ている。その制約から図形は幾何学的なものにならざるをえない。土器に描かれた文様は連続的であるが、それを構成する最小の単位となる文様があるだろう。紙幅の制約があり、その立ち上げ方の詳細は省くが、山形文、鱗文、菱文、目結文、細波文、類沈線文などがこれである。土器を個体別に見れば、これらをいくつか組み合わせて文様が形成されている。

　これら文様の立ち上げ方、その組み合わせの実際指摘に加えて、容器とし

打越遺跡と打越式土器

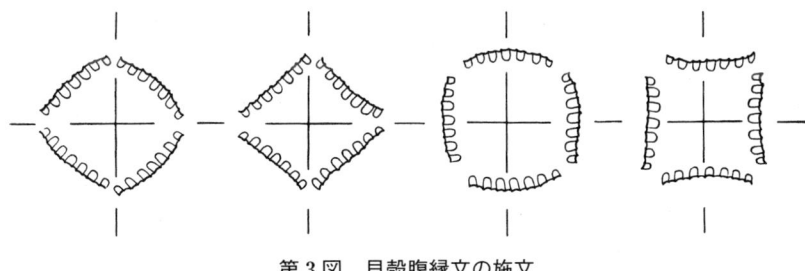

第3図　貝殻腹縁文の施文

ての土器の特徴、器形、口縁部の波頂部の形態、口唇部の加飾の特徴、さらに貝数に入るであろう文様を異にする土器の存在をあげ、打越遺跡の土器群の実態指摘を行なった。

　これらの作業は、当初に掲げたように、恣意的な特定形質を抽出し、それらを組み合わせて議論を広げるということではなく、文様がどのような段取りを踏んで立ち上げられているか、その組み合わせはどのようなものかを見て取り、そこから固有性を抽出する作業なのであり、その一つの読み取り方の提示なのである。そのようなものであれば、打越式は打越遺跡の土器群がもつ固有性を色濃く反映していることになるだろう。比較は対から、二つ以上の同等ものを比べることからはじまる。この時点で打越遺跡に比較できる遺跡、それはなかった。

5. さいごに

　ある論研を問うときには、それが立論された時代の歴史的背景もあわせて視野におかなければならないだろう。その時代、時期には、研究の歴史が育んだ特有の常識、ものの見方、思考様式があり、その時代を生きた人間は、その掣肘をうけてその時代の研究に参加する。「個人はもともと時代の子」（ヘーゲル）なのであり、研究動向もしかりなのである。

　打越式は提案されてから30年の歳月をへた。当該期の研究は、時間の経過のなかで資料的事実の蓄積がすすむとともに、そこから導き出された新たな諸命題も累載している。外延が拡大することは当然であり、その相貌は歴

I 富士見に海が来た頃

史を刻み込んだものとなろう。あるいは、一歩踏み込んで、新たな組み合わせの試みや再編があってもよい。それが研究の歴史というものだろう。

富士見に海が来た

早 坂 廣 人

1. 海が来る仕組み

　地球は氷期（寒冷期）と間氷期（温暖期）を繰り返している。セルビアのミランコビッチはコンピューターもない時代に、地球と太陽の位置関係の微妙な変化という天文学的周期が原因だと推計した。年代測定法の発達はその仮説を裏付け、数万〜10万年を周期とする気候変化はミランコビッチサイクルと呼ばれる。気候の変化はさまざまな証拠を残すが、極地の氷河に積もった雪ならば1年単位に分析できる。温度の変化の指標としては「酸素同位体比」が用いられる。気候の変化は連続的でなく数年間で一気に変わることがわかってきた。

　海の高さは、南極や北米・ヨーロッパの氷河の量により変化する（海水準変動）。大きくは気候の変化に従うが、細部はぴったり一致しない。低くなるスピードは緩やかで、上がるときは急激に高まる。

　海進・海退は、大きくは海水準変動に従うが、細部は一致しない。河川の浸食・堆積作用と海水準のタイムラグが特に重要だ。寒冷期の低い海面に合わせて浸食された河谷は、急速な海面上昇により入江となる。日本では、関東大震災による下町の被害から、沖積層の研究が盛んとなり、寒冷期の谷が地下深く埋もれていることが判明した。このほか地域ごとの地盤変動や河川の流路変化、潮差により、海進・海退の様相やその証拠の意味が違ってくる。

2. 古入間湾

　荒川流域では川越市付近まで貝塚があることは、明治時代から知られていた。その分布により有史以前の海岸線を復元する試みもなされた。

I 富士見に海が来た頃

　県史や市町村史を契機に各地のボーリングデータが集められ、沖積層基底などの詳細な地形図や断面図が作られた。

　富士見市付近では、最寒冷期（約2万年前）の河谷は地下40mまで刻まれ、川原石が残されている。

　2段階に分かれる縄文海進のうち、2段階目で海が浸入してきた。

　海進速度は、海水準上昇速度/勾配－埋積速度

　上昇速度は 40 m/2000 年＝2 cm/年

　河川勾配が 1/1500 なら 30 m/年

　はじめは南畑地区が水没し、そこから広がっていく。打越遺跡の足下の、富士見江川低地には、7500年前頃に海が入った。その頃は海面の高さも頂点に達し、停滞期に移るころ。奥東京湾奥部も、古入間湾も、最奥の貝塚は早期後半。古入間湾の湾奥は川島町役場付近まで達したと考えられている（川島町（2007）では、川島町と上尾市の境界付近までしか届かなかったという見解も示されているが疑問）。

　古入間湾等の面積を計算すると、古入間湾全体が約100平方キロ、柳瀬川低地に約2平方キロ、富士見江川低地に約0.2平方キロ（2000 ha）。

　江川低地のデータでは、海底に堆積した地層の最上部は標高3.8mである（年代は前期前半相当）。また、宮廻遺跡では竪穴の床面が標高5m台の早期後葉の集落跡が見つかったが、前期の集落跡はもう少し高いところに形成されている。湾の形状により変化する潮差は、正確に推測できないが、現在の東京湾の2mよりは大きかったと推測されている。すると、海進ピークの標高は現在より1〜4m高かったと推測できる。水没した谷や段丘との高低差は小さく、生物の生息に適した浅海が広がったであろう。

3. シジミの好む海

　この地域の貝塚からは主に「ヤマトシジミ」の貝殻が見つかる。ヤマトシジミは海水と淡水が入り交じる「汽水」を好む。

　成体は塩分耐性が高く（淡水〜海水の70%）、活動に最適な水温は25℃である。繁殖個体は15 mm以上で産卵期（夏）に20℃以上が必要。繁殖には

海水の塩分濃度（34‰）の約1/6（6‰）が最適。すなわち、1リットルの水に塩を小さじ1杯の濃さ（この節は中村（2000）、高安編（2001）を参照）。

底質としては泥よりも砂を好む。

国内の主な汽水湖（シジミ産地）と面積（水深）

茨城県霞ヶ浦 168平方キロ（7m）

島根県中海　87平方キロ（8m）

茨城県涸沼　9平方キロ（3m）

涸沼の漁獲は魚類約200トン、シジミ1000～2000トン。宍道湖のシジミ漁場は23平方キロ。1932年から汽水化。1945年頃100～200トン/年の水揚げ。1982年の資源密度は水深3m以内で1.0～1.6 kg/m^2。

島根県神西湖は1.35平方キロのうち漁場0.18平方キロで水揚300トン/年。222 g/m^2（全湖）、1.7 kg/m^2（漁場）。かつては年10トン程度のみ。覆砂により生息密度が280 g/m^2→6 kg/m^{2}と20倍に。

現在の汽水湖は古入間湾の復元に参考となるが、条件の違いにも注意が必要。河川の影響（流入量・栄養分・砂）、海進による水没物の存在。潮差、潮流。周囲のモザイク的環境？など。

江川の谷では、海水の影響が弱まってから汽水湖状の環境になったと復元されている（早坂ほか1995）。ミクロな環境復元が必要。

4. 貝塚という遺跡

分布の中心は日本海側より太平洋側、西日本より東日本。特に関東、特に千葉。縄紋草創期末に出現（横須賀市夏島貝塚、船橋市取掛西貝塚など）、早期後半から増加（打越遺跡など）、前期前半に第1の山（水子貝塚など）、後期に第2の山（千葉市加曽利貝塚など）。

特性として

・食物残渣の堆積→食性復元

・アルカリ性環境→人骨、動物骨、骨角貝製品
　　　　　　　　　陸生微小貝、灰が残る

・短時間で堆積→層位が分かりやすい

Ⅰ 富士見に海が来た頃

　　　　　　　→時間軸の提供

　　　　　　　→①人工物編年　②季節性分析、短期変動分析

・詳細調査→植物遺存体や微細遺物の検出

5. 食の復原

貝より始めよ→比率算定、大きさ、年齢構成、

　　　　　　季節推定（旬、貝殻成長線）

水洗選別法→浮遊炭化物→植物食料

人骨の情報→骨傷病痕、安定同位体比分析

6. 海が退いた

　富士見市内では最も大規模な水子貝塚（前期中葉）を最後に、貝塚が消える。前期後葉の諸磯b期には板橋区域に貝塚がまとまる。

　海退速度は、10 km/300 年とすると約 30 m/年

　多摩川流域や横浜市域では、黒浜期よりも諸磯a期の方が貝塚が奥にある。これは海面の上昇を示唆する。

　長期的な視点では海面の高位安定期でも、その中で幾度もの低下と上昇があったかもしれない。古入間湾の海退は、より地域的な要因が重要と思われる。海が退いた直後の諸磯期の集落跡は水子貝塚とそれに隣接する氷川前遺跡でも発見されているが、宮廻遺跡やふじみ野市鷺森遺跡など、低位への進出が目立つ。川島町では荒川河川敷から前期後半の遺跡が確認されている。戸田市や川島町で前期末〜中期の遺跡が発見されている。富士見市でも平成17年に、難波田城公園のすぐ近くの山形遺跡から、中期前半の土器が意図的に埋められた状態で見つかった。古入間湾を埋めた大河により、すでに自然堤防が形成されていた。

　人々は環境の変化に応じて活動の場を変えた。現代の「重たい」社会とは異なる対応が可能だった。

富士見に海が来た

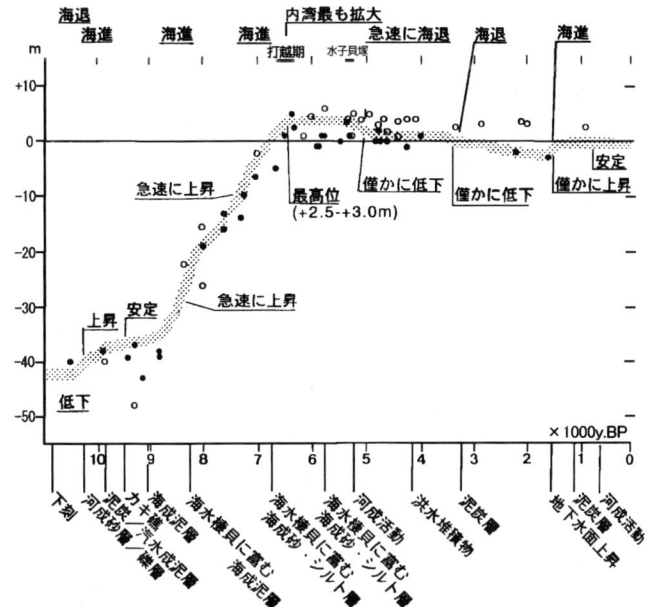

第1図　関東平野中央部における過去1万年間の海水準変動
　　　（遠藤 1999、図4に加筆）

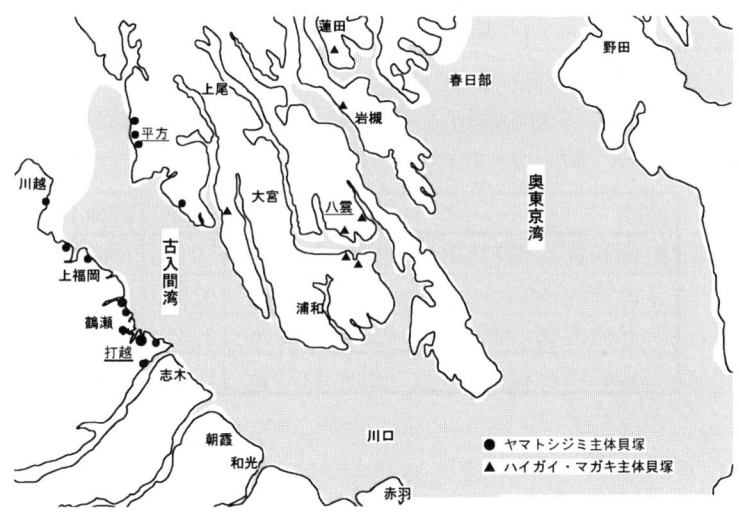

第2図　埼玉県南部の早期後半の貝塚分布と海岸線推定図

I 富士見に海が来た頃

第1表 土器型式と貝殻装飾

埼玉県の縄文土器型式		貝装飾
-16,000年前 草創期		
-10,000	早期前半	○
		○
-8500 早期後半	野島	◎
	鵜ヶ島台	◎
	茅山下層	◎
	茅山上層	◎
	下沼部	◎
	打越	◎
	神之木台	◎
	下吉井	◎
-7000 前期	花積下層	○
	関山	○
	黒浜	○
	諸磯a〜c	
-5500	十三菩提	
-4500	中期	
-3200	後期	
-2400	晩期	

第2表 古入間湾の貝塚の時空分布

古入間湾東岸（大宮台地西部）

地区 時期	上尾	大宮	浦和西与野	浦和南	見沼	川口
早期後半	◎	◎	○	○	○●	○
花積下層	○				○	○
関山	○	◎	◎	◎ ○	○	
黒浜	○	○	○	○	◎	○
諸磯a,b	○	◎			○	
前期末		○			○	
中期	○	○	○	○	○	
後晩期	○	○	○	○		◎

古入間湾西岸（武蔵野台地北部）

地区 時期	川越東部	ふじみ野	富士見	志木朝霞新座	和光	板橋	北
早期後半	◎	◎	○◎●				●?
花積		○	○◎				●?
関山	○	◎	◎				
黒浜	○	○	○	◎	◎		
諸磯a,b				◎?		◎◎	○
前期末							
中期				◎		●	
後晩期					◎	●	

● 内湾性貝塚　◎ 汽水性貝塚　○ 主な非貝塚遺跡

第3表 荒川下流の河床勾配と堆積物 （上3行は埼玉県1987より）

区間	区間長	標高差	勾配	河原
河口〜笹目橋（戸田）	25km	0m	0‰	泥
〜大芦橋（吹上）	45km	25m	0.6‰	砂
〜玉淀大橋（寄居）	25km	60m	2.4‰	礫
古入間湾沖積層基底	30km	20m	0.7‰	砂礫

富士見に海が来た

第4表 古入間湾貝塚のヤマトシジミの殻高変化

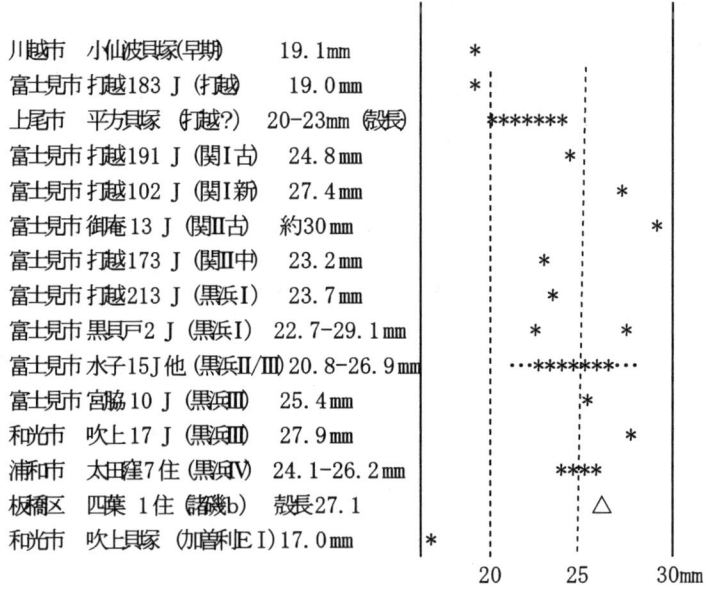

●ふじみ野市　　　　　川崎遺跡 中
　　　　　　　　　　上福岡貝塚 中
~~~~~~~~~~~~~~~~~~~~~~~~~~~砂川堀
●富士見市　　　　　貝塚山遺跡 中？
　　　　　　　　　山室遺跡 小
　　　　　宮脇遺跡(山室貝塚) 小 or 中　　　　荒川低地（古入間湾）
　　　　　黒貝戸遺跡 小 or 中　殿山遺跡 中
　　谷津遺跡 微小~~~~~~~~~
　　~~~~~~~　御庵遺跡中　 ~
　　八ヶ上遺跡 微小　　　　　　　　　　　　~~~富士見江川
　節沢遺跡 微小 ~　　　　打越遺跡 中
~~~~~~~~~　　　松山遺跡 小　氷川前遺跡 微小
　　　　　　　　　　　　　　　水子貝塚 大
　　南通遺跡 小　北通遺跡 小　栗谷ツ遺跡 小　（東台遺跡）小？
~~~~~~~~~~~~~~~~~~~~~~~~~~~~~~~~~柳瀬川
●志木市　　　新邸遺跡 微小 or 小　城山遺跡(城山貝塚) 小
　　　　第3図　富士見市とその近隣の貝塚と規模

17

I 富士見に海が来た頃

第5表　富士見市の貝塚に廃棄された貝殻

生息域＼量	主・多	少	稀少
淡水		オオタニシ カワニナ イシガイ	
汽水	ヤマトシジミ		ヒロクチカノコ
泥質干潟	マガキ	オオノガイ ハイガイ オキシジミ ウネナシトマヤガイ イタボガキ	カワアイ
砂泥底干潟等	ハマグリ	サルボウ アカニシ シオフキ アサリ オキアサリ ナミマガシワ	カガミガイ ツメタガイ イボキサゴ アラムシロ バイガイ ナガニシ類

第6表　打越遺跡と水子貝塚から出土した動植物遺存体

陸上	湖沼・河川	河口・潟湖	泥質干潟	砂質干潟	汽水・内湾	(外洋)
クリ (コナラ類) (カシ類) オニグルミ シソ科 クヌギ	イノシシ シカ ノウサギ タヌキ キツネ	ガンカモ類 コイ ウグイ ウナギ オオタニシ カワニナ イシガイ	シジミ オオノガイ	マガキ ハイガイ アシハラガニ	ハマグリ アカニシ サルボウ コチ アサリ	クロダイ スズキ メナダ ハモ マダイ トビエイ ヒラ	サメ類 カツオ
秋	晩秋～冬	春	(冬)		初夏～初秋	
採集	漁猟	採集			漁猟	

主要食料　準主要食料　彩り食料　非尋常食料 (非食料)

堅果類は年間を通して計画的に消費したと推定される。獣肉も同様か
春から夏は海の生業が主となる。消費の食物が主となる
秋から冬は陸の生業が主となる。備蓄的食物が主となる

東海地方における早期後葉〜前期初頭の貝塚と土器

小崎　晋

1. はじめに

　東海地方は愛知、岐阜、三重を西部とし、静岡県を東部と分けることが一般的である。今回対象とする縄文時代早期後葉〜前期初頭の東海地方の貝塚の在り方と土器型式の分布についても西部と東部で様相が異なっている。本稿ではこの点を踏まえ東海地方の貝塚と土器を概観したい。なお、文中での敬称は略させていただく。

2. 東海地方における縄文時代の貝塚と遺跡

　東海地方の貝塚は 100 遺跡以上存在し、いずれも早期〜晩期にかけてのものである（第 1 図）。その約 90％ が愛知県内の三河湾・伊勢湾に接する位置に偏在し、大半が後〜晩期にかけての貝塚で占められる。また、後〜晩期の貝塚は三河湾北部から愛知県東部、渥美半島、静岡県浜名湖周辺にその多くが位置しており、伊勢湾側（知多半島以西）での貝塚は少ない。一方、早期〜中期にかけての貝塚は、名古屋市東部を流れる天白川流域、知多半島先端部と西岸部、そして知多半島北部の三河湾北西部において見られ、愛知県東部では少なく、後〜晩期の様相と異なっている。

　東海地方における縄文時代の貝塚については、戦前から研究対象となっていたが、主に後晩期の人骨がその対象であった。近年では岩瀬彰利が貝塚自体の在り方や当時の生業との関わりについて積極的に発言を行っている。岩瀬は 2008 年 11 月に愛知県の南山大学において開催された日本考古学協会愛知大会「縄文晩期の貝塚と社会—東海からの展開—」で発表を行い、東海地方における縄文時代の貝塚の様相について詳細にまとめている（岩瀬 2008）。

I 富士見に海が来た頃

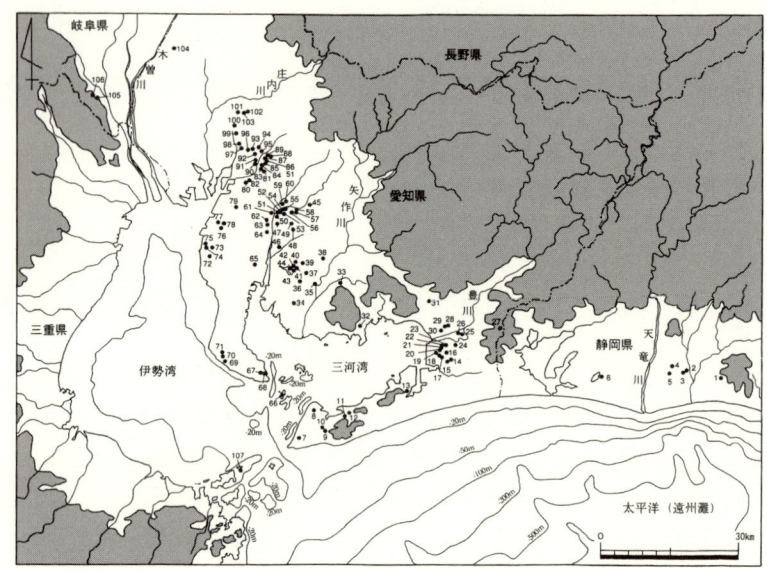

1：大畑遺跡、2：東貝塚、3：西貝塚、4：見性寺貝塚、5：石原貝塚、6：蜆塚貝塚、7：川地貝塚、8：八幡上遺跡、9：下地貝塚、10：保美貝塚、11：北屋敷貝塚、12：伊川津貝塚、13：吉胡貝塚、14：小浜貝塚、15：王ヶ崎貝塚、16：王塚貝塚、17：市杵嶋神社貝塚、18：さんまい貝塚、19：大西貝塚、20：水神第2貝塚、21：水神第1貝塚、22：内田貝塚、23：坂津寺貝塚、24：石塚貝塚、25：大蚊里貝塚、26：五貫森貝塚、27：嵩山蛇穴遺跡、28：樫王貝塚、29：菟足神社貝塚、30：平井稲荷山貝塚、31：薬善寺遺跡、32：形原遺跡、33：釜田貝塚、34：枯木宮貝塚、35：新御堂貝塚、36：八王子貝塚、37：貝ス貝塚、38：堀内貝塚、39：中本郷貝塚、40：東端貝塚、41：小山東貝塚、42：小山貝塚、43：八剱貝塚、44：寺下貝塚、45：駒場貝塚、46：正林貝塚、47：本刈谷貝塚、48：野田貝塚、49：中条貝塚、50：中手山貝塚、51：寺屋敷貝塚、52：天子神社貝塚、53：佐太屋敷南貝塚、54：佐太屋敷北貝塚、55：八ッ城貝塚、56：整地貝塚、57：上カス貝塚、58：平川遺跡、59：八王子神社貝塚、60：宮東第1号貝塚、61：桟敷貝塚、62：宮西貝塚、63：宮西貝塚、64：石浜貝塚、65：宮の西貝塚、66：神明社貝塚、67：山田平遺跡、68：咲畑貝塚、69：清水ノ入貝塚、70：先苅貝塚、71：林ノ峰貝塚、72：石瀬貝塚、73：森西貝塚、74：東畑貝塚、75：大草北貝塚、76：二股貝塚、77：西屋敷貝塚、78：植廻間貝塚、79：高ヶ御前遺跡、80：斎山貝塚、81：水上貝塚、82：雷貝塚、83：光正寺貝塚、84：清水寺貝塚、85：鉾ノ木貝塚、86：大根貝塚、87：上ノ山貝塚、88：上ノ山第2貝塚、89：上ノ山第3貝塚、90：船畑貝塚、91：市場貝塚、92：新聞貝塚、93：東屋敷貝塚、94：曲輪貝塚、95：下内貝塚、96：欠上貝塚、97：新宮坂貝塚、98：玉ノ井貝塚、99：古沢町遺跡、100：岩井通貝塚、101：名古屋城天守閣貝塚、102：長久寺貝塚、103：南二葉町遺跡、104：板倉貝塚、105：羽沢貝塚、106：庭田貝塚、107：大髭海貝塚

第1図　東海地方における貝塚の分布状況（岩瀬 2008）

貝塚以外の遺跡では、岐阜県飛騨地方や東濃地方、愛知県三河山間部、静岡県愛鷹山麓といった山間部で見受けられ、早前期に限らず縄文時代を通して存在する。ただし、関東や東北地方のような遺跡の絶対的な数は少なく、遺跡が密集する地域は静岡県東部の愛鷹山東南麓のみぐらいである。

3. 縄文海進と先苅貝塚

縄文時代早期〜前期にかけての注目すべき事象として挙げられるのが縄文海進である。縄文海進とは縄文時代において海水面が上昇し、前期前半にはそのピークを迎えた自然現象であり、ピーク時は現在の海面よりも最大で5

東海地方における早期後葉〜前期初頭の貝塚と土器

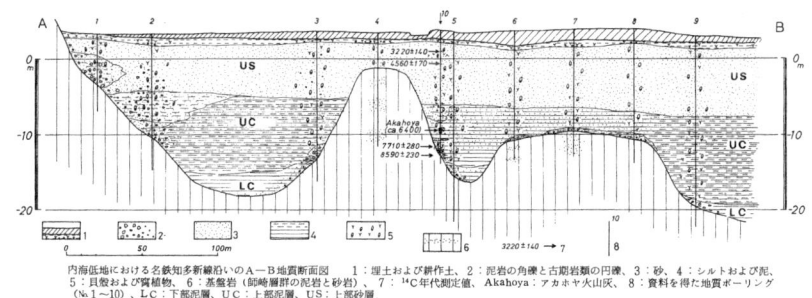

第2図　先苅貝塚における地層断面（山下ほか1980）

mほど水位が高かったと考えられている。地域によっては当時の海岸線が現在よりも大幅に内陸部にあったと推測される。これは関東地方での貝塚の立地がよく示しており、貝塚の位置で当時の海岸線のおおよその把握が可能である。前期の貝塚が縄文海進のピーク時のおおよその海岸線を示していることに対し、それ以前の海水準の変動（上昇）をダイレクトに示す早期の貝塚が存在する。それが愛知県知多郡南知多町の先苅貝塚である。

先苅貝塚は、1979年に名古屋鉄道知多線の終着駅である内海駅の建設工事に伴って発見された遺跡で、現在の標高から10数m下の地中に位置している。調査は地中に位置するという特徴から、複数のボーリングによる土層の確認とそれに含まれる遺物の確認によって行われた。結果、縄文時代早期中葉の押型文土器である高山寺式やハイガイといった貝類・獣骨などを含んだ貝層が海抜マイナス9.5m〜11mの埋没波食台の上に形成されていることが明らかになった。そして貝層の上にはシルトや泥といった海成層が堆積していたことから、海底に埋没した貝塚であることが判明した（第2図）。これに伴って当時の海面はさらに低い位置であるマイナス12m〜13mにあったことが推定されている（第3図）。これらから、先苅貝塚は縄文早期中葉における海面上昇によって沈んだ遺跡であることが明らかになり、縄文海進という自然現象がかつてあったことを明確にした。先苅貝塚の調査結果は、1980年に報告書（山下他1980）が刊行されている。この内容は土層の確認や土器・石器などの遺物の整理にとどまらず、検出されたハイガイを用いた放

21

Ⅰ 富士見に海が来た頃

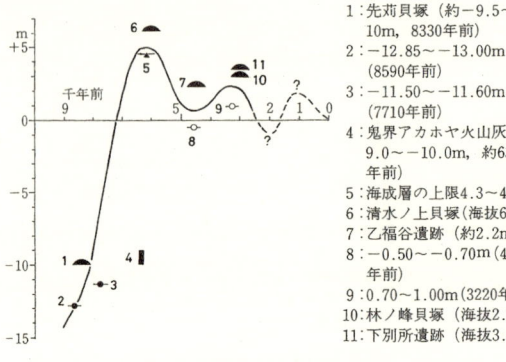

第3図 内海の相対的海水準変化曲線（松島 2006）

射性炭素年代測定や土層含有物の分析、古環境の復元等も行われており、考古学、自然科学の両面からの学際的な検討がなされており、当時の報告書としては画期的なものである。

調査実施の中心である山下勝年は、先に触れた 2008 年の日本考古学協会愛知大会で先苅貝塚をテーマに基調講演を行い、先苅貝塚の調査に至る経緯や調査方法・内容を述べた上で、①絶対年代研究に影響を及ぼしたこと、②縄文海進を証明したことの 2 点を先苅貝塚における最大の成果として挙げた（山下 2008）。先苅貝塚の成果は考古学史上の極めて重要な成果の一つといって過言ではないものである。

4. 早期後葉～前期初頭の東海地方における貝塚
(1) 全体的な特徴

東海地方で確認されている縄文時代早期後葉～前期初頭にかけての貝塚は基本としてハイガイで貝層を形成しているが、小規模のものが大半を占める。調査された範囲等の問題もあるが、住居址を伴うものは確認されていない。貝塚の立地として丘陵上もしくは微高地に位置するものが多く、これについては前述した縄文海進に対する潜在的な危機感が当時の人々にあり、遺跡の立地に影響を及ぼした可能性がある。また、貝塚形成が極端に縮小する時期があるが、この点については後述する。

(2) 主な貝塚（第4図）

ここで、縄文時代早期後葉～前期初頭にかけての東海地方における主要な貝塚について地域ごとに分けてみていきたい。

1）天白川流域

　名古屋市南東部を流れる天白川流域では縄文時代を通してややまとまった数の貝塚が確認されている。早期後葉～前期初頭の貝塚としては粕畑貝塚と上ノ山貝塚が有名である。

　粕畑貝塚は名古屋市南区の笠寺台地東縁に位置する60 m^2 ほどの小貝塚であり、粕畑式の標識遺跡である。上ノ山貝塚は名古屋市緑区に位置し、天白川にのぞむ丘陵西麓

第4図　今回取り上げた貝塚の分布

斜面に立地する100 m^2 ほどの貝塚であり、上ノ山式の標識遺跡である。現在では両貝塚共に消滅している。両貝塚いずれも戦前からその存在が認識されており、中でも吉田富夫・杉原荘介らによる発掘調査の成果報告は重要な文献である（吉田・杉原1937）。

2）知多半島西岸部

　知多半島西岸部に位置する当該期の貝塚では、知多市に位置する二股貝塚と楠廻間貝塚がある。両貝塚は2 kmほど離れた位置に存在し、いずれも丘陵上に位置している。

　二股貝塚は標高40 mほどの丘陵上に位置する貝塚であり、貝層からは粕畑式～石山式にかけての多量の土器が出土している（青木他1991）。

　楠廻間貝塚は2001年に存在が確認された貝塚である。調査が行われる前に遺跡の大部分が土取りで消滅していたが、貝層が残存した部分を中心に2003年に調査が行われた。貝層下のシルト層や炭化物層から粕畑式が、貝層から上ノ山式、入海II式、石山式、天神山式、そして天神山式から塩屋式への移行期の土器が検出された（坂野・山下他2005）。

I 富士見に海が来た頃

　両貝塚は一部で時期を重複するものの、二股貝塚は上ノ山式〜入海II式、楠廻間貝塚は粕畑式と石山式以降の土器が主体であり、時期にずれが生じていることから、楠廻間貝塚→二股貝塚→楠廻間貝塚という集団の移動が推測される。

3）知多半島先端部

　先述した先苅貝塚が位置する知多半島先端部では、縄文時代を通して数多くの遺跡が存在している。当該期の主要な貝塚（遺跡）としては清水ノ上貝塚、塩屋遺跡・天神山遺跡がある（磯部他1991）。

　清水ノ上貝塚は内海谷の奥に位置し、前期初頭の土器である清水ノ上I式、II式の標識遺跡である。小範囲の調査しか行われていないため全体の範囲は不明だが、良好な貝層が確認されている（山下1976）。

　塩屋遺跡・天神山遺跡は知多半島先端部の東岸側に位置する。いずれも貝塚（貝層）を形成していないが、良好な遺物包含層が確認されており、天神山式と塩屋式の標識遺跡である。舌状の丘陵地の両崖に両遺跡が存在することから丘陵上に住居区域があったものと推測されている。両遺跡は別々の遺跡として扱われているがほぼ同一の遺跡といってよく、両遺跡は丘陵上の居住域から崖に向かってゴミが捨てられた跡であることが分かる。

4）知多半島東岸基部（三河湾北西部）

　知多半島東岸の基部（三河湾北西部）の境川・逢妻川を挟んで東西に八ッ崎貝塚と入海貝塚がある。

　入海貝塚は境川西岸の段丘上に位置し、貝塚の範囲が約1000 m^{2}に及んでおり、東海地方における当該期の最大の貝塚である。1951年に南山大学によって調査が行われている（中山1955）。入海式の標識遺跡であり、粕畑式と入海式が出土している。

　八ッ崎貝塚は逢妻川東岸の河岸段丘上に位置する貝塚である。1955・56年に名古屋大学による調査が行われたが、貝塚の規模は不明である。上ノ山式を主体としている（大参他1961）。

　この入海貝塚と八ッ崎貝塚についても、先に述べた二股貝塚と楠廻間貝塚との場合と同様に、出土した土器型式から八ッ崎貝塚→入海貝塚→八ッ崎貝

塚→入海貝塚という人の動きが推測できる。
5）その他の地域
　東海西部の中でも三重県では縄文時代を通して貝塚がほとんど確認されていない。また、東海東部（静岡県）では当該期の貝塚は確認されておらず、静岡市（旧清水市）の冷川遺跡（新井他1990）で僅かな貝層が確認されているにすぎない。

(3) 貝塚のセット関係
　東海地方西部の貝塚を見てきたが、これらの様相を見ていくと、複数の貝塚がセット関係を有している可能性がある。ただし、これは共存していたという意味ではない。それは、二股貝塚と楠廻間貝塚で触れたように、二つ以上の貝塚が少し離れた位置にあって、それぞれの主体となる土器型式に時間的なズレが生じていることから、貝塚を形成した集団が何らかの理由で移動し、新たに居住した場所で貝塚を再び形成したことを示している可能性があろう。当時の人々の活動範囲（領域）などを考える上で、このような貝塚の在り方は重要な事例と思われる。

5．早期後葉〜前期初頭における東海系土器
(1) 変遷について（第1表）
　東海地方の早期後葉〜前期初頭の土器編年は、①元野式→②八ッ崎Ⅰ式→③粕畑式→④上ノ山式→⑤入海Ⅰ式→⑥入海Ⅱ式→⑦石山式→⑧塩屋中層B式→⑨天神山式→⑩楠廻間式→⑪塩屋式→⑫木島式（上ノ山Z式・清水ノ上Ⅰ式）という変遷が基本的骨格として設定されている。これらの土器型式の大半は、前述した東海西部の貝塚や遺跡から出土した土器を標識資料として提唱されたものである。また、滋賀県石山貝塚において東海系土器が層位的に出土していることが確認されており、型式学的にも層位的にもこれらの編年は証明されている。各型式には様々

第1表　東海系土器の基本編年

時期区分	型式名
早期後葉〜末葉	元野式
	八ッ崎Ⅰ式
	粕畑式
	上ノ山式
	入海Ⅰ式
	入海Ⅱ式
	石山式
	塩屋中層B式
	天神山式
	楠廻間式
	塩屋式
前期	木島式

Ⅰ 富士見に海が来た頃

な細分案が提唱されているが、基本的編年に変化はない。

(2) 各型式の特徴

① 元野式（第5図-1）

　元野式は静岡県沼津市の元野遺跡を標識資料とする土器であり、関東系土器の茅山下層式が東海地方で在地化した土器である。器面には貝殻条痕の調整が行われ、粕畑式まで続く。器形は複数の段部を有し、底部は平底で、茅山下層式の特徴とほぼ同じである。ただし、文様は凹線と刺突を鋸歯状に組み合わせたパターンのものが口縁部文様帯のみに施文される。同じ文様の土器が東海地方全域で確認でき、東海地方において一つの形＝文様パターンが形成されたものとして重要な土器型式である。

② 八ッ崎Ⅰ式（第5図-2）

　八ッ崎Ⅰ式は、元野式にある凹線が消滅し、鋸歯状の刺突列のみが文様として描かれるものである。口縁部は平口縁のみでなく酒杯状突起を有する波状口縁がある。この型式は神奈川県横須賀市吉井城山貝塚で層位的に茅山下層式に伴って出土したことを踏まえ、増子康眞が型式設定した（増子1983）。

③ 粕畑式（第5図-3）

　粕畑式は八ッ崎Ⅰ式までの器形に存在した段部が消滅し、緩やかな砲弾形となり、底部は小平底となる。文様要素は八ッ崎Ⅰ式と同じ刺突列だが鋸歯状ではなく横位に施文されるものが大半である。口縁部の酒杯状突起を有する波状口縁が特徴的であり、口縁部文様帯に様々な突起が貼付するものも存在する。粕畑式を主体とする遺跡の分布範囲は琵琶湖周辺から東海地方までに及ぶ。この型式にはいくつかの細分案が提示されている。

④ 上ノ山式（第5図-4）

　上ノ山式は、砲弾形の器形で、口縁形態の大半が平口縁となり、底部が尖底化する。また、器面には貝殻条痕や擦痕による調整を行うものが見られる。文様は指頭による押圧を交互に加えた隆帯を横位に器面に貼付したものが特徴的であり、無文土器を伴っている。なお、上ノ山式は隆帯が一条のもので当初設定されたが、滋賀県の石山貝塚の報告で数条の隆帯を貼付するものについても上ノ山式の範疇で考えられた。この石山貝塚の報告と前述した愛知

東海地方における早期後葉～前期初頭の貝塚と土器

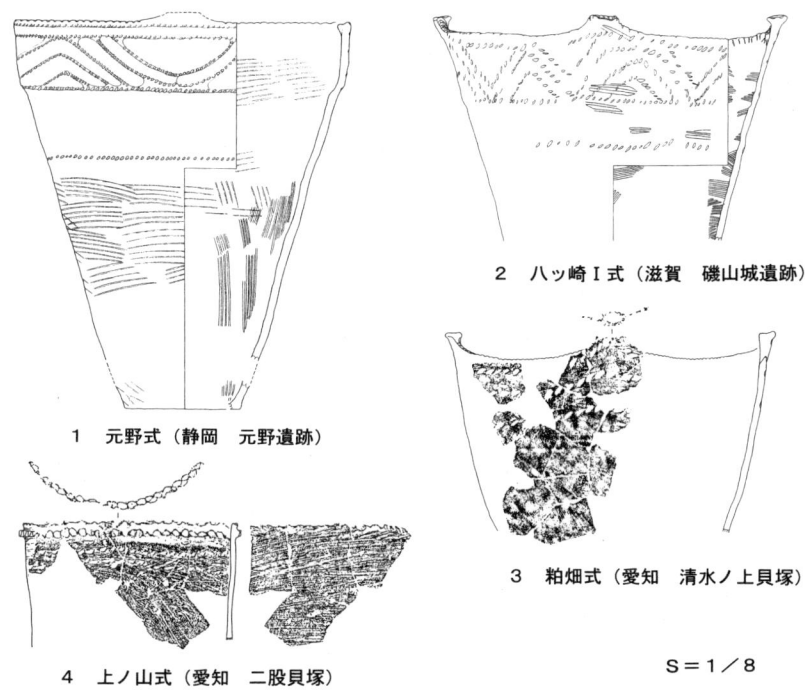

1　元野式（静岡　元野遺跡）
2　八ッ崎Ⅰ式（滋賀　磯山城遺跡）
3　粕畑式（愛知　清水ノ上貝塚）
4　上ノ山式（愛知　二股貝塚）
S＝1／8
第5図　東海系土器①（元野式～上ノ山式）

県二股貝塚の報告を踏まえ、一条のものを上ノ山Ⅰ式、複条のものをⅡ式とする細分案が提唱されている（山下1993）。一方、複条のものを次型式の入海式の範疇で考え、入海０式とする意見もあり（増子1983）、現在では２つの意見に分かれている。

⑤入海Ⅰ式（第6図-1）

　入海Ⅰ式は貝殻腹縁またはヘラ状工具による刻みを加えた一～数条の横位隆帯を器面に貼付する。隆帯の形状、貼り付け方は上ノ山式と類似しているが大きさはやや小ぶりである。

⑥入海Ⅱ式（第6図-2）

　入海Ⅱ式では、入海Ⅰ式までの太く大きい隆帯が低い隆帯に変化する。また、刻みの間隔も密になり、入海Ⅰ式とⅡ式の違いは明瞭である。そし

Ⅰ 富士見に海が来た頃

て隆帯は、横位のみでなく幾何学的に貼付されているものもある。なお、入海Ⅱ式の中には隆帯を上からナデつけることで、ほとんど隆帯の体をなさないものがあり、このようなものの存在から入海Ⅱ式の細分が可能との意見がある（金森1994）。

⑦ 石山式（第6図-3）

石山式は滋賀県石山貝塚の報告が行われた際に型式設定された土器である。上ノ山式～入海Ⅱ式までの最大の特徴であった隆帯が消滅し、貝殻腹縁もしくはヘラ状工具を用いた刺突列のみが施文される。隆帯の消滅は入海Ⅱ式における隆帯の低化が行き着いた結果といえる。

⑧ 塩屋中層B式（第6図-4）

塩屋中層B式は塩屋遺跡中層から出土した資料でB類と分類されたものを型式としたものである（磯部1984、山下1989）。文様の基本的なモチーフは石山式と類似するが、文様要素の刺突列が押引文や沈線に変化する。この型式は石山式や天神山式と標記される場合が大半であるが、型式学的には石山式と天神山式の漸移的な変化を示すものとして重要である。

⑨ 天神山式（第6図-5）

天神山式は前述した天神山遺跡出土資料を標識とするものであり、紅村弘が石山式との前後関係を検討した上で設定した型式である（紅村1963）。天神山式は、文様が刺突列から貝殻腹縁もしくは櫛状工具による波状文が文様の基本となる。なお、石山式～天神山式までを塩屋中層式土器の範疇で捉え、それぞれを塩屋中層A式、B式、C式とする意見がある（山下1989）。

⑩ 楠廻間式（第6図-6）

楠廻間式は山下勝年が楠廻間貝塚出土資料を標識資料として設定した土器型式である（山下2003、坂野・山下ほか2005前掲）。楠廻間式は、天神山式と類似した波状沈線を描く土器（6-1）、無文土器に加え、無文ながらも横位の隆帯を貼付する土器（6-2）とのセット関係から設定されている。これまで天神山式から塩屋式への変遷については何らかの断絶があり、系統的には東海系土器からは辿れないものと述べられることが多かった（山下1987）。この横位の隆帯を有する土器は、塩屋式に突如出現する隆帯のルーツを示すも

東海地方における早期後葉〜前期初頭の貝塚と土器

1 入海Ⅰ式（愛知 二股貝塚） 2 入海Ⅱ式（愛知 二股貝塚） 3 石山式（愛知 向畑遺跡）

4 塩屋中層B式（愛知 塩屋遺跡）

5 天神山式（愛知 楠廻間貝塚）

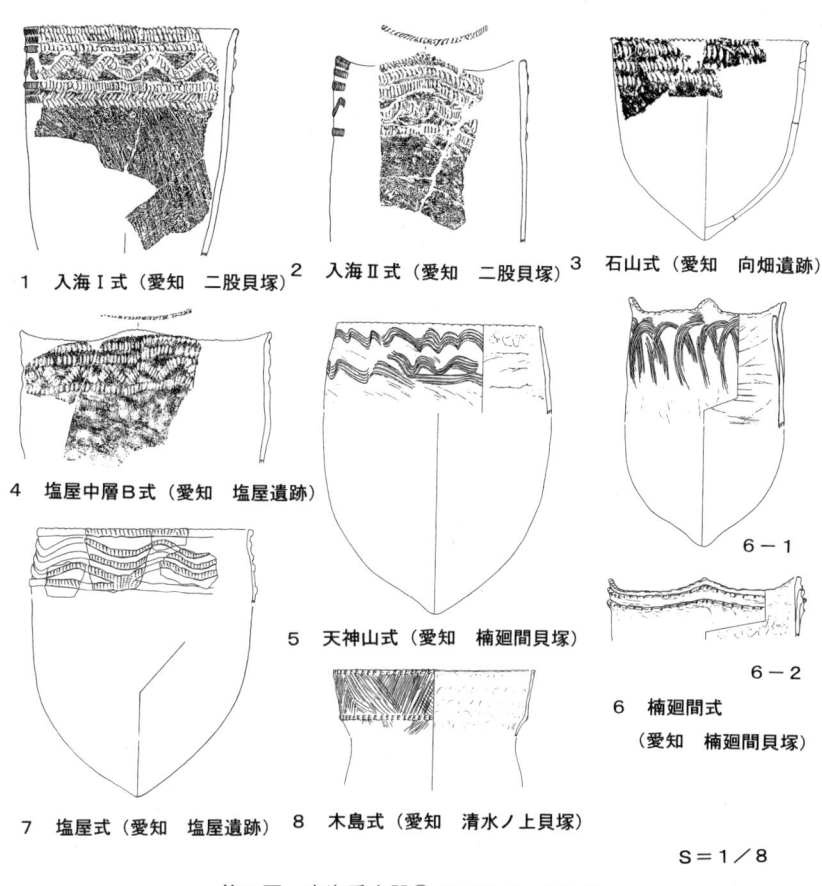

6-1
6-2
6 楠廻間式
（愛知 楠廻間貝塚）

7 塩屋式（愛知 塩屋遺跡） 8 木島式（愛知 清水ノ上貝塚）

S=1/8

第6図　東海系土器②（入海Ⅰ式〜木島式）

のと考えられる。なお、この隆帯を有する土器は石山式から天神山式への変遷の中で成立したものとは考えにくく、当該期の土器で隆帯を有する土器である神之木台式との関連が想定できる。しかし、器壁の厚さや胎土の特徴が神之木台式とは異なることから、神之木台式そのものではない（＝神之木台式が直接流入していない）。この土器型式は早期末葉の土器に関する広域編年、地域間交流を考える上で重要である。

Ⅰ 富士見に海が来た頃

⑪ 塩屋式（第6図-7）

　塩屋式は器面に数条の隆帯を貼付しその上から貝殻腹縁や櫛状工具によって細線を施文するものである。隆帯は、横位＋波状、横位のみ、横位＋縦位など様々である。また、塩屋式以降は器壁は極めて薄くなる。かつて細線文指痕薄手土器（通称おせんべ土器）と呼ばれたものであり、この塩屋式はその一群の先駆的なものである。

⑫ 木島式［上ノ山Ｚ式・清水ノ上Ⅰ式］（第6図-8）

　木島式は前述したようにかつて細線文指痕薄手土器（通称おせんべ土器）と呼ばれたものである。その名の通り、器壁が数ミリと極めて薄く、器面には細線文が描かれ、指頭による押圧の痕跡が残る。また、口縁端部や頸部に工具や指頭による連続した刻みが施されるものがある。なお、木島式の名称が用いられるのは東海東部であり、池谷信之による3細分案（池谷1985、池谷・増島2006）が用いられることが多い。東海西部では上ノ山Ｚ式と清水ノ上Ⅰ式に細分されて用いられているが、さらに細かな型式も提唱されている。なお、清水ノ上Ⅰ式は木島式とは異なった消長を遂げるものとして、木島式と分離した異なる型式とする意見もある（山下1996、下島2002）。

(3) 東海系土器の広がり

　以上のように、早期後葉〜前期初頭の東海系土器は12以上の型式が設定・提唱されており、この土器の分布状況は、西は琵琶湖周辺、北は北陸地方、東は関東地方までと広範囲に分布する。

　このような中で、東海系土器が主体的に出土する範囲は浜名湖周辺〜琵琶湖周辺までの範囲であり、東海地方でも浜名湖周辺以東の東海東部（静岡県）では、東海系土器が関東系土器に客体的な形で伴って出土する場合が大半である。すなわち、東海地方でも東海西部から琵琶湖周辺にかけては東海系土器の主体となる範囲であるが、東海東部は関東系土器の分布圏と東海系土器の分布圏にまたがる形となっている。

6. 土器から見た縄文早末・前初の東海におけるヒトの動きと、関東地方との関係

(1) 東海系土器群の変遷における画期

前述した早期後葉〜前期初頭にかけての東海系土器群を文様の主体的な特徴から見ると、刺突文（①〜③）→隆帯文（④〜⑥）→刺突文（⑦〜⑩）→隆帯文（⑩〜⑪）→細線文（⑫）と変化しているように見える。この文様における変遷で注目すべき点は、刺突文主体の土器が隆帯文主体の土器に変化する現象が繰り返される点である。この点を初めて指摘したのは山下勝年である（山下1999）。

③粕畑式から④上ノ山式に変遷する際に出現する隆帯については、山下や筆者が触れたことがある（山下1993前掲、小崎2002）。簡単に述べると粕畑式の変遷の中で口縁形状が波状口縁から平口縁と変化しており、この流れの中で隆帯が成立したと考えるものである。一方、⑨天神山式から⑪塩屋式の変遷における隆帯の出現については、⑩の楠廻間式が設定されることによりほぼ解決したといってよい。すなわち、前述したように他地域の土器である神之木台式との関係が想定されることである。これらの隆帯の出現についての2つの様相はその内容が大きく異なっており、前者（粕畑式から上ノ山式への変遷）は、東海系土器内での変容の中で隆帯が成立したのに対し、後者（天神山から塩屋式への変遷）では他地域の土器が関連しているということである。

この点を踏まえると、早期後葉〜前期初頭にかけての東海系土器の変遷は3つの時期に区分することが可能であろう。まず、第1期は関東系土器の茅山下層式が東海地方へ進出することによって、東海地方にローカル型式が誕生する段階であり、元野式と八ッ崎Ⅰ式の時期である。第2期は東海系土器が独自の変遷を遂げ、それまでとは逆に他地域にまで影響を及ぼす段階であり、粕畑式〜天神山式の時期である。第3期は、楠廻間式以降であり、何らかの原因によって他地域の土器が見られるようになる段階である。

第1期は早期後葉（茅山式期）の関東地方における遺跡の増加が要因とみられ、人口増に伴う人口圧の上昇に伴って居住域の拡大が図られた結果、集団が東海地方に移動・定住し、茅山下層式が在地化した様相が想定されよう。

I 富士見に海が来た頃

　第2期は東海西部での遺跡から出土する土器は東海系土器に限られ、他地域の土器が出土することはほとんどない状態になる。また、関東や中部高地などでは確認されていることから、東海西部が安定し、他地域への人の移動があったことを示していると思われる。

　一方、第3期の土器様相（＝他地域の土器が影響する状況）は、第2期の東海系土器が安定して存在していた様相からは考えつかないものであり、このような変化が起きた要因の1つとして考えられるのが自然環境の変化におけるヒトの動きである。

(2) アカホヤ火山灰の影響

　東海西部では天神山式以降になると貝塚形成が低調になる。天神山式以降の貝塚が無いわけではないが、貝層を構成する貝がそれまでよりも粒の小さいものや破砕されたものに変化する。そして、天神山式以降、東海西部での遺跡数が激減する。この点について、増子康眞が何らかの自然現象の変化が遺跡形成に影響を及ぼした可能性が高いことを指摘している（増子1975）。

　この要因として考えられるのがアカホヤ火山灰の降灰である（第7図）。アカホヤ火山灰とは現在の鹿児島県にある喜界カルデラにおける火山の噴火による火山灰であり、日本各地の遺跡で確認されている。伊豆大島の龍の口遺跡では天神山式等を出土した地層でアカホヤ火山灰層が確認された（小田1993）。東海地方では、先に触れた先苅貝塚の調査における土壌分析においてもアカホヤ火山灰が確認されている。また、清水ノ上貝塚では30cm前後のアカホヤ火山灰の層（I層）が確認されており、アカホヤ火山灰層直上の層から上ノ山Z式、清水ノ

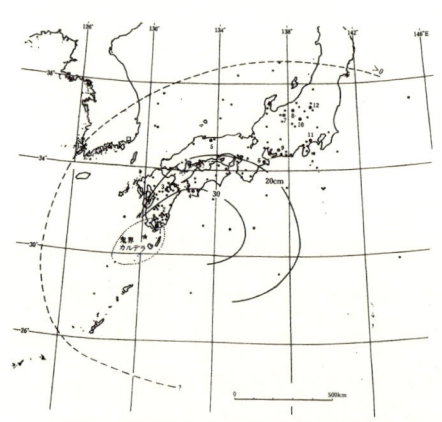

鬼界アカホヤテフラの分布。点線は火砕流分布限界、破線は降下テフラのおよその分布限界（町田・新井、1992）

第7図　アカホヤ火山灰の降下範囲
　　　　（新井編1993）

上Ⅰ式が出土していることから、アカホヤ火山灰の降下がこれらの時期よりは前の時期であったことを示している。両貝塚の発掘調査担当者である山下勝年は縄文時代早期末葉におけるアカホヤ火山灰の東海地方への影響について考察している（山下1987前掲）。また、アカホヤ火山灰降下以降の東海地方における変化については池谷信之が詳細に述べている（池谷2008）。池谷は早期末葉の東海東部では関東系土器が主体的で、東海系土器はあくまでも客体的であったのが、木島式以降になると急激に増加し、土器の比率がほぼ均等になることから、アカホヤ火山灰の影響による東海西部からの集団の移動を指摘した。また、前期前葉の中部高地（長野県）でも木島式に類似した薄手の土器である中越式が分布する。このような木島式の拡散ともいうべき現象は、天神山式期に降下したアカホヤ火山灰によって東海西部が生活を行うのには適さない地域となり、東海地方から集団が移動した結果として東海系土器が拡散したことを示しているといえよう。

　しかしながら、数は少ないものの、清水ノ上貝塚のようにアカホヤ火山灰降下直後においても遺跡の形成が行われている。また東海東部で見られる木島式は東海西部のものと胎土や色調が極めて類似しており、池谷は東海東部で出土した木島式の胎土分析を行った結果、これらの木島式が東海西部の土で製作されていることを明らかにした（池谷・増島2006前掲）。木島式は極めて薄手の土器であり、東海東部での出土土器のすべてが完成品の状態で東海西部から東部に運搬されたものとは考えにくい。東海西部から東部に集団が移動したものの、故地である東海西部に土器製作用の土を採取するために戻っていた場合もあろう。いずれにしてもこのような人の動きは、アカホヤ火山灰降下直後においても行われていた可能性が高く、そういった中で東海系土器と関東系土器の交わりが生じ、第3期の楠廻間式が成立したものと考えることが可能である。

7. 東海系土器と打越式

　最後に東海系土器と関東系土器について簡単に触れ、今回のテーマである打越式について東海地方の視点から見ていきたい。

I 富士見に海が来た頃

(1) 東海系土器と関東系土器の併行関係

　先に述べた早期後半～前期初頭における東海系土器の編年と関東地方における土器編年との時間的併行関係、すなわち広域編年については、1983年に神奈川県考古学会が開催した「縄文時代早期末葉・前期初頭の諸問題」（以後、神奈川シンポとする）や2000年に縄文セミナーの会が開催した「早期後半の再検討」（以後、縄文セミナーとする）によって検討されている。神奈川シンポでは東海系土器編年を軸として、北関東から東海地方までの広域編年が検討され、一方、縄文セミナーでは、東海系土器編年を視野に入れつつも、関東や中部高地での独自の変遷案の検討を志向した。

　早期後葉～前期初頭における東海系土器と関東系土器の併行関係についてはおおまかにまとめると第2表のようになる。これらの併行関係を東海系土器の視点から概観すると、茅山下層式は東海地方に進出したことで元野式が成立し、八ッ崎I式へ続く。粕畑式～天神山式の段階になると関東地方の多くの遺跡でこれらの土器がみられるようになり、文様などの面で関東系土器に影響を及ぼす。そしてアカホヤ火山灰降下後は関東系土器の神之木台式の影響下で楠廻間式が成立し、木島式へと続く。なお、関東系土器の検討は行わないが、東北や中部高地系の土器の影響などもあり、文様などの土器の特徴が多様性に富むため、その編年を検討するのは容易ではない。筆者が以前に述べたことがあるが、広域編年を検討する際には比較的精緻に組まれている東海系土器編年を基準として用いることが良いと考える（小崎2004）。

第2表　東海系土器と関東系土器の併行・相互関係

時期		東海系土器	影響方向	関東系土器
早期後葉～末葉	1期	元野式	←	茅山下層式
		八ッ崎I式		
	2期	粕畑式	→	茅山上層式
		上ノ山式		下沼部式
		入海I式		(野川式)
		入海II式		打越式
		石山式		
		塩屋中層B式		
		天神山式		
	3期	楠廻間式	←	神之木台式
		塩屋式	?	下吉井式
前期		木島式		花積下層式

(2) 打越式と東海系土器

　打越式は東海系土器との伴出関係から入海II式～天神山式に併行すると考えられる。これは、関東地方で打越式が出土している遺跡から東海系土器

東海地方における早期後葉〜前期初頭の貝塚と土器

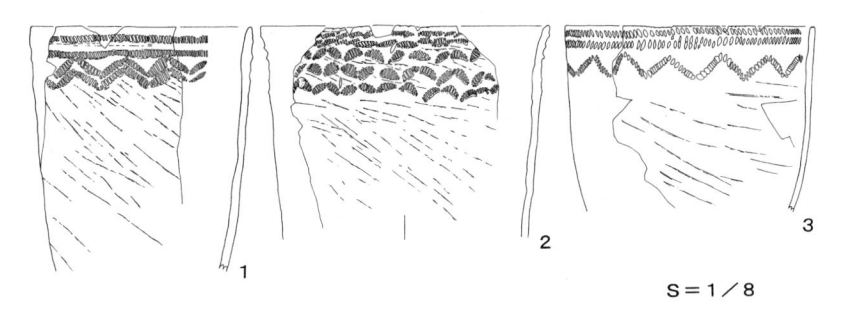

第8図　冷川遺跡出土土器（新井ほか1990）

が伴出する事例に加え、東海東部の遺跡で打越式に伴って出土する東海系土器から確認できる。ここで、東海東部の遺跡で打越式がまとまって出土した遺跡での出土資料をみて、打越式と東海系土器の関係について言及したい。

1）冷川遺跡（第8図）

冷川遺跡は静岡市清水区の有度山（日本平）の東麓に位置する遺跡であり、調査地点のB地点で早期末葉の遺構と遺物が確認された（新井他1990前掲）。遺構では6基の集石遺構が検出し、出土した土器としては、東海系土器では上ノ山式〜石山式が、関東系土器では打越式が出土している。なお、これらの土器はいずれも包含層からの出土である。

2）佛ヶ尾遺跡（第10図）

佛ヶ尾遺跡は静岡県東部の愛鷹山東南麓に存在する遺跡であり、標高250〜260mほどの位置にある。第2東名建設に伴って発掘調査が行われた（野田他2007）。佛ヶ尾遺跡では早期末葉の住居址6基と竪穴状遺構3基が検出されており、いずれも打越式期の住居址である。出土した土器（1〜5）は打越式が主体であり貝殻腹縁文で文様を

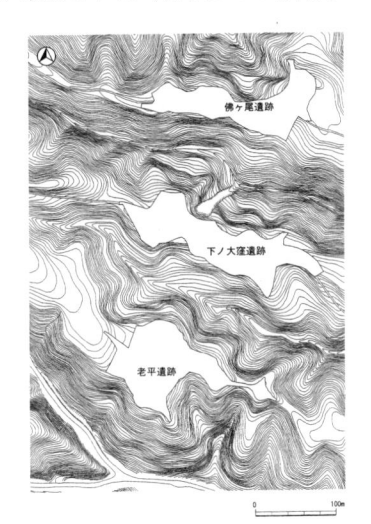

第9図　佛ヶ尾遺跡と下ノ大窪遺跡の位置関係（阿部ほか2008）

35

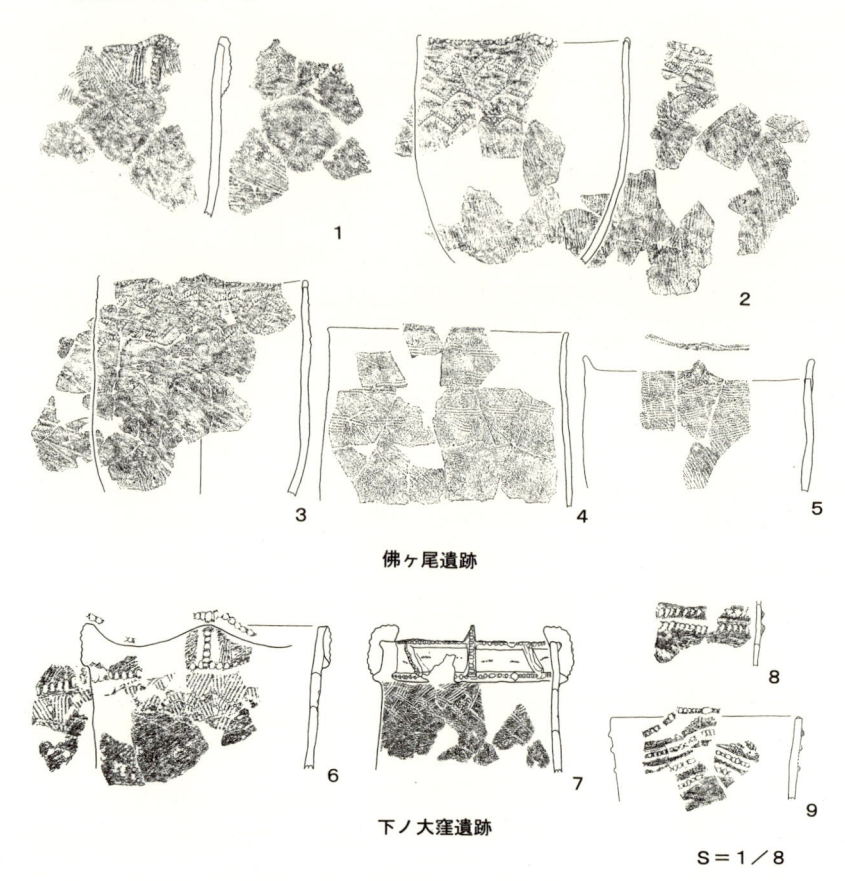

I 富士見に海が来た頃

佛ヶ尾遺跡

下ノ大窪遺跡

S=1/8

第10図　佛ヶ尾遺跡と下ノ大窪遺跡出土土器

描くものと、貝殻条痕による格子目状の文様を描くものがある。東海系土器では天神山式が出土している。また包含層からは塩屋中層B式（報告書では石山式と表記）が出土している。

3）下ノ大窪遺跡（第10図）

　下ノ大窪遺跡は前述した佛ヶ尾遺跡と比高差40mほどの谷を挟んで300mほど南に離れた位置にある遺跡である（第9図）。下ノ大窪遺跡では早期末葉の住居址11基と竪穴状遺構5基が検出されており、打越式期のものである（阿部他2008）。出土した打越式は隆帯を貼付した上で、貝殻腹縁文によ

る文様を描くものが目立つ (6・7)。東海系土器では入海I・II式とその模倣（在地）土器が伴う。また包含層からは同様の打越式と東海系土器が出土しているが、東海系土器では入海式が大半を占め、石山式と天神山式は少量である (8・9)。

　これらの遺跡から出土している打越式と東海系土器は重要な情報を有している。冷川遺跡出土の打越式は横位の貝殻腹縁文+波状（鋸歯状）の貝殻腹縁文を組み合わせており（第8図1・2）、同遺跡から出土している石山式が刺突列で同様のモチーフを描いている（第8図3）ことから、両土器は何らかの関連が推測される。また、佛ヶ尾遺跡と下ノ大窪遺跡では出土している東海系土器に時間差があることから、下ノ大窪遺跡→佛ヶ尾遺跡という人の動きが想定できる。加えて、出土した打越式についても、下ノ大窪遺跡では隆帯と貝殻腹縁文を組み合わせた打越式が出土しているのに対し、佛ヶ尾遺跡では隆帯を貼付するものが存在しないことと、両遺跡で出土している東海系土器の時期差を踏まえると両遺跡で出土した打越式には時間差がある可能性がある。ただし、打越式の従来の編年では隆帯を持つものは新しい段階のものと認識されていることから、この点は今後さらなる検討が必要である。いずれにしても今後の打越式研究において東海東部の資料は欠かせないものであると言える。

8. おわりに

　今回、東海地方における縄文時代早期後葉〜前期初頭にかけての東海地方における貝塚と土器について概観した。東海地方の様相と東海系土器は、打越式の成立を考える上で、大きく関連していると思われる。今後の研究の進展に期待するとともに、本稿がその一助となれば幸いである。

縄文時代の植物食
―縄文時代に農耕はあったのか―

中沢道彦

1. はじめに

「縄文時代に農耕はあったのか？」これが今回、私に与えられた課題である。経済史的に見れば、一般に縄文時代は狩猟・漁撈・採集により生業が成り立ち、植物質食料では堅果類を中心に多種多様な食用植物が利用された。弥生時代に至り、朝鮮半島から本格的な水稲耕作技術が伝来し、農耕社会に入るという考えが一般的だ。そして、本格的な水稲耕作は西日本では縄文時代晩期後半突帯文土器までは遡り、この時期を「弥生時代早期」と扱う研究者も少なくない。

最近は縄文時代の植物栽培存否の論議が特に活発だが、縄文時代の「農耕」存否の議論は古くからある。古くて新しい課題なのだ。

戦前は1886年の神田孝平、1927年の大山柏などに代表される打製石斧農耕具説（神田1886、大山柏1927）、昭和年間でも戦後は藤森栄一による縄文中期農耕説（藤森1965他）、賀川光夫の縄文後晩期農耕説（賀川1972他）、中尾佐助らの照葉樹林文化論（中尾1966他）など体系化した仮説が提案された。

1970年代に至り、本格的に自然科学分野と連携した検証作業もはじまる。その成果が1981年の文部省科学研究費特定研究「古文化財」総括班によるシンポジウム「縄文農耕の実証性」であり（戸沢1983）、今日的な学際的研究の嚆矢となる。

平成年間に至り、新資料による縄文時代の植物栽培の根拠も示された。縄文時代における「植物栽培」を「確実視」する論稿・著作も少なくない。

基本的に私は縄文時代の植物質食料の利用を、基本的に堅果類を主体として、地域や時期に応じ多種多様な資源を利用したものと理解している。縄文

縄文時代の植物食

時代の植物食を体系的にまとめた渡辺誠の『縄文時代の植物食』(渡辺1975)では縄文時代遺跡から出土した植物は39種類。今日でもそれ程種類の数は増えていないようだ。ただ、縄文時代遺跡から栽培植物が出土した事例、または栽培植物が存在した証拠は少なからず報告されている。例えば採集植物について、縄文時代後晩期にトチの実の食用化が活発化するが、トチの実の食用化にあたっては、土器や水を管理した「水場遺構」などで多量にトチの実を処理し、灰による中和技術で食用に至る。このようにトチの実の食用化をはじめとして、有用植物の食用化などで高度な技術知をもつ縄文人が、食用可能な植物の種子が地に埋まればしかるべき季節に芽生え、育ち、収穫に至る点を知っていた、また、ある特定種の周辺の雑草を取り除くなど手を入れると実付きが良くなる点を知っていた可能性は高い。クリの管理などは古くから論じられてきた（酒詰1957）。縄文時代において多種多様な有用植物の利用の一形態として、植物の生育過程で周囲の環境に人間が関与する「管理」、種蒔きから人が関与し、植物を育種的に改変、田畠などを作る生育環境の人工化を行う「栽培」を導入していた蓋然性を私は否定しない。ただ、「管理」や「栽培」の概念を「縄文農耕」に含め、「縄文時代には農耕があった」という議論で「縄文時代に栽培種植物が存在する」という考えの根拠に問題のあるものが多い。

　縄文時代で西日本晩期後半突帯文土器期を除けば、現状で農耕なり、栽培の証拠となる生産遺構としての水田址、畠・畑址などの検出事例はない。遺跡から出土した栽培種植物種子や土器にある栽培種植物種子圧痕が栽培種植物の存在を直接的に示す資料とされる。これらを種子の同定と年代、圧痕をもつ土器の時期について、厳密に検討すると、問題点がいくつか見えてくる。

2. 植物栽培の根拠の検証

　ここでは、検証の目線で縄文時代の栽培種植物存在の根拠となった出土種子と種子圧痕をまず概観する。

(1) イネ

　縄文時代遺跡から出土した晩期後半突帯文土器群を遡る米とされる資料や、

I 富士見に海が来た頃

　縄文時代の「籾圧痕」と報告された資料は少なからずあるが、米の確実な例は現状で西日本の突帯文土器期までしか遡らない。九州北部でこの時期の水田が検出され、朝鮮半島から水稲耕作技術が本格的に伝播したと理解できる。

　突帯文土器群を遡る時期の米、もしくは「籾痕」土器とされる資料の問題点は、同定と「籾痕」土器の時期比定の不確かさにある。平成年間で特に「縄文時代に稲あり」の根拠とされた代表的な資料の問題点に触れよう。縄文遺跡出土米そのもので年代検証され、調和的な数値が得られた例はない。青森県風張遺跡では縄文時代後期後葉「十腰内4式」期の32号住居址覆土から炭化米が出土し、AMS年代測定で2540±240B.P.、2810±270B.P.の年代値が得られた（A.C.D'Andreaほか1995）。風張遺跡例は縄文時代後期の炭化米と扱われることもあるが、筆者はこれまでその年代数値と同遺跡で縄文時代晩期後葉〜弥生時代前期の土器も出土することから、風張遺跡例は縄文時代晩期後葉か弥生時代前期の米が縄文時代後期後葉の住居に混入と考えた。しかし、最近、国立歴史民俗博物館で同住居出土の別の炭化米を新たに年代測定した結果、173±35（AD1720-AD1815 48.2%）と極めて新しい年代数値が得られている（西本編2007、設楽2009）。現時点で風張遺跡例は更に要検討資料と扱わざるを得ない。

　岡山県南溝手遺跡出土の「縄文時代後期後葉」「晩期」とされる第1図1〜3の2点の籾痕土器（平井・渡部1995）は顕微鏡拡大写真による渡部忠世の同定から籾痕であることに問題はない。土器の時期比定に問題がある。第1図1〜6の例は「縄文時代後期後葉福田K3式」とされているが、このような壺の器形が後期後葉土器と考えにくく、出土状況からも突帯文土器か弥生時代前期の可能性が高い。また、もう1点の第1図4〜6は河道1出土の浅鉢で、突帯文土器群の沢田式精製浅鉢である。

　岡山県福田貝塚出土の縄文時代後期後葉福田K3式の「籾痕」とされている例（高橋護1992）は、呈示写真で見る限り、稲籾として顆粒の表面や桴毛があるのか判断できず、同定できない状態だ。

　九州方面では山崎純男をはじめ、小畑弘己、仙波靖子らによる縄文時代後晩期土器の圧痕をレプリカ法で観察する研究成果が近年、注目されている

縄文時代の植物食

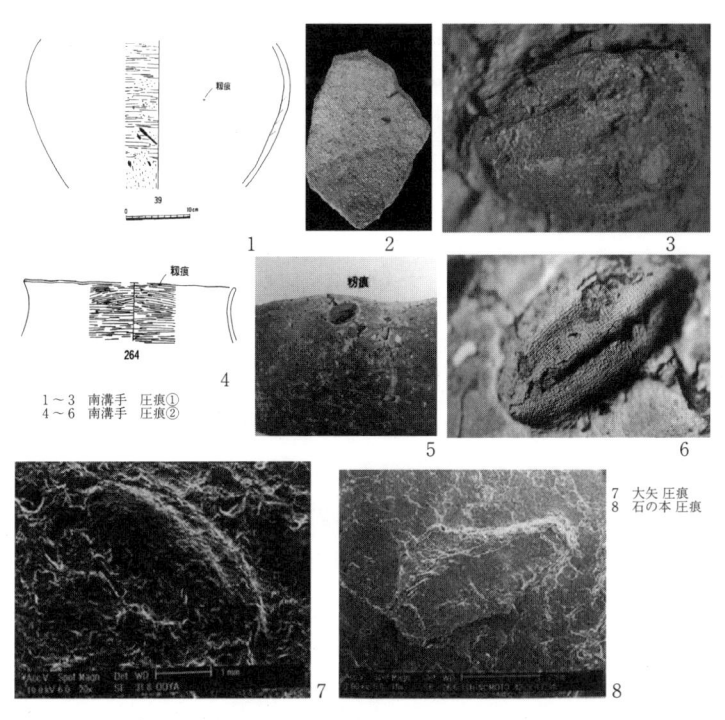

1～3 南溝手 圧痕①
4～6 南溝手 圧痕②

7 大矢 圧痕
8 石の本 圧痕

縄文時代後期～弥生時代前期編年表と籾圧痕・米の出現

第1図 コメはいつから？

Ⅰ 富士見に海が来た頃

(山崎2007、小畑・仙波2006・2007他)。山崎は稲籾や米による圧痕の可能性を検討するため、「イネタイプ」とした稲籾に近い形状の種子圧痕はまだ同定に至らないという。私見を述べれば、第1図7の熊本県大矢遺跡の中期後半阿高式の圧痕は米による圧痕と断定するのは正直難しい。筆者が気にするのは、第1図8の熊本県石の本遺跡出土の後期鳥居原式土器の圧痕だ(山崎2005)。形状に難はあるが、表面に稲の特徴とされる「顆粒状突起」らしきものが認められる。石の本遺跡例が米である可能性を否定しないが、表面の「顆粒状突起」だけなら、同じイネ科のサヤヌカグサの種子にもあり、肯定もできない。

なお、山崎、小畑、仙波や中山誠二らは縄文遺跡出土土器の圧痕を徹底的に観察する手法により、今日的に稲の害虫であるコクゾウムシの圧痕が31点確認されている(2008年3月時点)。第2図1・2は長崎県大野原遺跡の縄文時代後期太郎迫式土器のコクゾウムシ圧痕である。これらは「稲の存在を示す状況証拠」となる可能性はあるのだが、コクゾウムシが米などの穀物以外を食べ、世代を継ぐか否かが問題となる。小畑弘己、仙波靖子は、ドングリ類を餌とする条件でコクゾウムシを飼育した実験を行なっているが、今後もその実験回数を重ねる必要がある(小畑2008)。

稲はコクゾウムシを根拠にすれば縄文時代後晩期に遡る可能性をもつが、確実な話ではない。西日本の突帯文土器期に遡る遺存体や籾痕が確実な例であり、その時期に朝鮮半島から九州北部経由で体系的な水稲農耕技術とともに伝播した。

(2) 大麦

一般に大麦は中近東で自生する野生二条大麦が栽培化され、伝播したとされている(阪本1996)。日本列島では朝鮮半島から九州北部経由の他、吉崎昌一のように南北2系統で渡来を想定する見解もある。筆者は以前、縄文時代遺跡出土の大麦資料を集成し、西日本で縄文時代後晩期、東日本で晩期後半に大麦栽培された見通しを述べた(中沢ほか2002)。しかし、西日本関係で筆者が資料集成した中で大麦自体を年代測定し、縄文時代後晩期の推定値と調和的な値が得られた例がない。議論に厳密さを求めるため、西日本の後晩

縄文時代の植物食

1 大野原
2 コクゾウムシ圧痕
3 現生オオムギ
4 現生コムギ
5・6 中道
　　　オオムギ圧痕
7 石の本 圧痕

第2図　ムギとコクゾウムシ

期大麦の栽培の論を撤回する。可能性は山崎純男がレプリカ法で観察した第2図7の熊本県石の本遺跡の後期末天城式の「大麦」とされる圧痕となる。ただし、これについて小畑弘己は「内穎が襞になる部分の段が不明瞭で、しかも収束する部分が「V」字ではなく「Y」字に近い。（中略）また、本例は現状（上半部欠損）で4mmもあり、復元すると7mmと、大麦として若干大き過ぎる」観があり、大麦とするには決定的証拠に欠けると指摘している（小畑 2008）。

　西日本では佐賀県菜畑遺跡、鳥取県目久美遺跡で突帯文土器期に穎の検出例がある。これらは年代検証されていないが、西日本ではこの時期か弥生前期の例ならば蓋然性は高そうだ。

　中部高地では第2図5・6の山梨県中道遺跡の縄文時代晩期末氷Ⅰ式か弥生時代前期氷Ⅱ式となる土器に大麦の圧痕が確認されている（中沢・丑野・

Ⅰ 富士見に海が来た頃

松谷2002)。大麦には種子の長さで長短2種が知られ、穎と穎皮が癒着する皮性麦と癒着しない裸性麦の2形質が知られている。椿坂恭代は大麦で長粒＝皮性、短粒＝裸性の相関関係を考察されるが (椿坂1998)、中道遺跡の大麦圧痕は高瀬克範により長粒タイプの可能性を指摘している (高瀬2004)。

東北では福島県上野尻遺跡の弥生時代前期御代田式土器の内面に付着する種子が大麦の可能性がある。しかし、東日本縄文時代遺跡から出土した大麦種子の年代測定結果では、新潟県御井戸遺跡で縄文時代晩期後葉層から出土した大麦の値は350±40BP (今村2004)、北海道塩谷3遺跡の縄文時代後期か晩期末～続縄文時代の土坑から出土した大麦の値は265±19BP (山田2007)、青森県八幡遺跡の弥生時代前期砂沢式期の12号住居から出土した大麦の値は950±40BPと後世の大麦の混入が明らかになった。よって、筆者も旧稿 (中沢ほか2002) の内容を改め、東北、北海道で確実に縄文時代に遡る大麦の事例はないと言わざるを得ない。

(3) 小麦

一般に大麦と同様に中近東で栽培化されたと考えられている。朝鮮半島では無文土器前期以降に南部内陸部で麦類の出土例が増え、その多くは小麦という (安2008)。

縄文時代の小麦で確実なものはない。かつて長崎県筏遺跡第3層で縄文時代後期後半御領式に伴い野生燕麦や小麦が出土したが、燕麦の発芽率の高さから後代の種子の混入と結論し (古田・松本1974)、熊本県一尾貝塚の縄文時代後期層から検出された小麦も最近の年代測定で470±40BPと後世の年代数値が得られている (小畑2008)。長野県屋代遺跡で縄文時代中期中葉のSB5311から小麦炭化胚乳が検出されているが、後世の混入の可能性が高い。

(4) アワ

アワは同じエノコログサ属の野生種エノコログサが東アジアで栽培化されたとされる (木原・岸本1942)。中国内蒙古の興隆溝遺跡で8000年前のアワの栽培が確認され (小畑2008)、華北裴李崗・磁山文化期の磁山遺跡貯蔵穴からアワが多量に出土している。朝鮮半島南部では東三洞貝塚で櫛目文土器 (韓国新石器) 時代中期の1号住居からアワ75点、キビ16点が検出され、ア

ワの年代測定で4590±100BPの数値が得られている。また上村里遺跡で櫛目文土器（韓国新石器）時代後期住居址から検出されたアワとキビはそれぞれ4060±140BP、4030±100BPの数値が得られている（Crawford and Gyoung-Ah ほか 2003）。

　福岡県重留遺跡で縄文時代後期末土器片の圧痕がアワの圧痕と報告されている。ただし、同じエノコログサ属のアワとエノコログサの種子は形態が近似する。那須浩郎によると、果実外頴の形状ではアワやキンエノコログサは円形、エノコログサは細長いが、縦横比は最大—最小値で2.35-1.76、標準偏差で2.16-1.91の範囲にあるものは区別できない。外頴表面に分布する乳頭突起ではアワは8-15μmで、突起の基部が盛り上がらないのに対し、それ以外のエノコログサ属は乳頭突起が15-20μmで、突起の基部が歓上に盛り上がるという（Nasu et al. 2007）。第3図1～4の重留遺跡例は内外頴の乳頭突起がまばらであり、また第3図1、3の種子そのものの形状が円形というより楕円形に近く、エノコログサ属で間違いないが、アワに絞り込むことはむずかしい。第3図6～8は晩期初頭古閑式土器圧痕内に炭化種子が残存する例。第3図7は「頴果の表面の長細胞」がアワ同定の根拠とされるが、これもアワに絞り込むことはむずかしい。

　青森県是川中居遺跡でも縄文時代晩期中葉〜後葉の12d層からアワを2点検出したとされているが、これは年代測定がなされていない。

　縄文時代のアワについては、現状で晩期に「可能性のある種子」はあるが、確実な話ではない。ただし、前述のとおり朝鮮半島南部で東三洞貝塚、上村里遺跡出土アワ資料を定点とすると、縄文時代前期以降に九州と朝鮮半島南部との交流があるという考えが最近では一般的だ。併せて雑穀栽培情報が伝わったか否か、同定や年代検証に厳密な目線をもちながらも、その追究を続ける価値はあると考えている。

(5) キビ

　キビの野生種は判然としないようだが、アジアで馴化、栽培化されたと推定されている（星川1980）。前述のとおり、朝鮮半島南部東三洞貝塚で櫛目文土器（韓国新石器）時代中期1号住居からアワに伴いキビ16点が検出され、

I 富士見に海が来た頃

上村里遺跡で櫛目文土器（韓国新石器）時代後期住居址からキビが検出され、4030±100BP の数値が得られ、確実な資料と評価できる（小島編 2006、松谷 2006）。

国内で確実な資料では滋賀県竜ヶ崎 A 遺跡で縄文時代晩期末長原式底部内面炭化物塊からキビ粒が検出され、2550±25BP（800-745calBC 55.5％）の年代測定値が得られている。

(6) ヒエ

日本国内のヒエ属は栽培種の他、野生種のイヌビエ、タイヌビエなどがある（山口 2007）。タイヌビエは稲の随伴雑草で水稲農耕とともに渡来したと推定されるが、縄文時代の東北・北海道でイヌビエが列島内で馴化、栽培化され、栽培ヒエになるとする仮説がある（吉崎 1997・2003）。吉崎によると、①北海道、東北の縄文時代遺跡で検出されたヒエ属は頴果の状態で出土、②縄文時代早期～前期出土はイヌビエに類する頴果、前期から中期にかけては小型ではあるが、栽培ヒエに近い形態、後期から続縄文時代にかけては現在の栽培ヒエと同一の形態となる③炭化した頴果は住居址焼土や屋外焼土から出土する点から縄文時代のヒエの馴化、栽培化を想定し、第3図9・10の青森県富ノ沢遺跡出土など、イヌビエと異なる栽培ヒエに近い形状でヒエを「縄文ヒエ」と仮称している。栽培はともかくも、上述の①③からイヌビエが有用植物として利用され、雑草除去など管理され、馴化された蓋然性は高いだろう。

しかし、北海道ハマナス野遺跡でヒエに共伴した「縄文時代前期～中期のソバ」とされた種子が年代測定で 160±30BP と現代の数値が得られ、共伴のヒエも混入の可能性がある。年代検証された資料で馴化のモデルを再編する必要がある。現状では定点を青森県富ノ沢遺跡の中期末イヌビエ（細型ヒエ）の 4265±35BP、「縄文ヒエ」（丸型ヒエ）の 4145±45BP（西本・三浦・住田・宮田 2007）に設定したい。ただ、現生栽培ヒエに近い大きさのヒエが出現する確実な時期は検証する必要がある。

(7) ソバ

最近の研究でソバの野生種が中国四川省、雲南省、チベットで発見され、

縄文時代の植物食

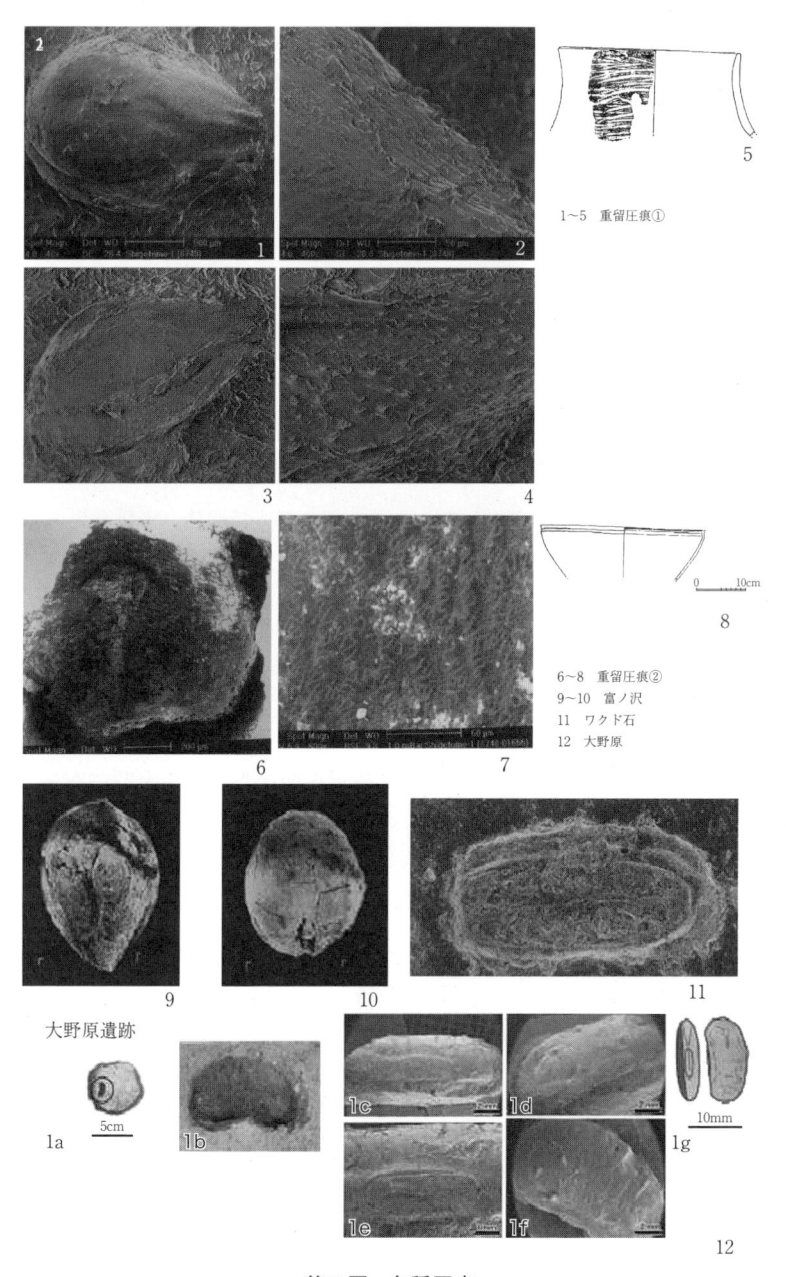

1〜5 重留圧痕①

6〜8 重留圧痕②
9〜10 富ノ沢
11 ワクド石
12 大野原

大野原遺跡

第3図 各種圧痕

47

I 富士見に海が来た頃

起源地が特定されつつある（大西2001）。中国では唐代に栽培されたとされ、朝鮮半島では統一新羅時代（661-935年）の漆谷遺跡の出土例、沿海州では渤海国（698-926年）のゴルバトカ遺跡での出土例が最古となり、出現は古代以降だ。帰属が縄文時代前期～中期とされた北海道ハマナス野遺跡検出のソバの年代測定結果は160±30BPと現代の数値となる。これまで、埼玉県真福寺貝塚泥炭層でソバ種子が検出されたり、青森県亀ヶ岡遺跡調査などの花粉分析でソバの花粉が検出され、縄文時代のソバ栽培の仮説もあったが、野生種の起源地が日本列島に無く、大陸側の状況を考慮、また花粉分析の花粉では年代検証ができないため、小畑弘己の指摘どおり、縄文時代のソバが存在した蓋然性は低いといえる（小畑2008）。

(8) **ダイズ**

栽培ダイズはダイズ属の野生種ツルマメがアジアで馴化、栽培化されたものとされている（前田1987）。ツルマメはシベリア、中国、朝鮮、日本、台湾に野生する。農学側では現生のツルマメとダイズの遺伝的変異の解析からその進化も説明され、「グラシリス」と仮称される中間型の存在も追究されている（阿部・島本2001）。

最近、縄文時代の「ダイズ」の議論が盛んだ。契機は山崎純男がレプリカ法観察で第3図11のような九州の縄文時代後期後半～晩期土器にある長さ4～5mm、幅1.2～1.6mmの長楕円形で周囲を囲むような細い帯状の突起があり、中央部縦方向に1本の浅い溝が通っている特徴的な圧痕を「ワクド石タイプ」と類型化（山崎2005）、それを小畑弘己、佐々木由香、仙波靖子が大型マメ種子の臍（hilum）であると明らかにした。かつLackeyのマメ科種子の臍による分類、同定基準の適用から復元された種子の長さがダイズ属でも栽培ダイズ相当と結論、また第3図12の長崎県大野原遺跡や礫石原遺跡、三万田遺跡などで縄文時代後期土器の種子圧痕が栽培ダイズとした（小畑・佐々木・仙波2007）。また、中山誠二、長沢宏昌、能代幸和、保坂康夫は山梨県酒呑場遺跡の縄文時代中期前半井戸尻I式の種子圧痕が栽培ダイズと指摘している（保坂・能代・長沢・中山2007）。縄文時代中期にダイズが本格的に栽培されていたとは考えにくいし、「これらが野生種ではない」とする

証明も必要かもしれないが、縄文人がダイズ属に何らかの手を加えていた可能性は高そうだ。なお、小畑、中山ともダイズが渡来の他、列島内で馴化、栽培化された可能性を指摘している。ダイズ属野生種ツルマメは山梨県天神遺跡の縄文時代前期諸磯b式土器に圧痕があり、更に長野県山の神遺跡の早期中葉土器の圧痕もツルマメの可能性が高い。まずは縄文時代における野生種ツルマメの利用を明らかにし、これらと比較検討する必要がある。

(9) アズキ

アズキは同じササゲ属で野生種のヤブツルアズキやノラアズキが馴化、栽培化されたものとされる。縄文時代遺跡出土のササゲ属まで絞れるマメ科種子は少なからずあるのだが、野生種のヤブツルアズキと栽培種のアズキを大きさで区分することは難しい。小畑弘己は九州で縄文時代後期中葉からササゲ属種子圧痕が増加傾向にあることを注目し、栽培化を見通すが、仮説であり、検証が課題となろう。

なお、かつて福井県鳥浜貝塚出土で縄文時代前期の「リョクトウ」とされたササゲ属種子は松本豪により、野生種ヤブツルアズキの可能性が高いと結論付けられている（松本1994）。

(10) シソ属

シソ属には、エゴマ、シソ、野生種のレモンエゴマがある。松谷暁子によると、いずれも植物学的に近縁で、果皮表面に網目状の文様、種子表面にわらじ状細胞があり特徴的で、レモンエゴマ、シソ、エゴマの順に大きくなるが、大きさに変異もあり、種子での区分は難しいという（松谷1983他）。シソ・エゴマとも「栽培種」とされるが、いずれも「雑草型」もある。アジアのシソ属のDNA分析をした新田みゆきによると、エゴマはシソ、シソ雑草型から分化したという。今日的には、シソは放任、エゴマは畑で播種、栽培される。新田によると、シソやエゴマ雑草型と異なり、エゴマ種子は休眠性をもたないため、秋に収穫された種子が人の管理のもとで春の安全な時期に播種されないと種子が硬くなり（「種子の軟実性」が維持できない）、エゴマの有用性が保てないという（新田2003）。種子の管理が発生するとなると、縄文時代遺跡出土のシソ属種子のエゴマとシソの分別は重要であるが難しいの

I 富士見に海が来た頃

が現状だ。

　縄文時代遺跡では古いものでは、千葉県神門遺跡で早期末〜前期初頭層でエゴマ近似種、石川県三引遺跡で早期末〜前期初頭層でシソ属、福井県鳥浜貝塚で草創期〜早期層からシソ属、京都府松ヶ崎遺跡で早期末〜前期初頭層で「エゴマ」が出土する。また、山梨県原平遺跡の早期末の48号住居から出土した所謂クッキー状炭化物から「エゴマ」が確認され、7150±130BPの年代測定数値が得られている。早期末にはシソ属が利用されている。シソ属種子は早期末以降、縄文時代全般的に検出例があるが、長野県荒神山遺跡、大石遺跡出土のクッキー状炭化物などからシソ属が観察された事例は著名である。シソ・エゴマは縄文時代に居住空間近くで馴化され、調味料などで利用されたといえる。収穫された果実が貯蔵・管理されただろう。ただ、その栽培を論ずるには、シソ・エゴマの分別に難しい点、仮にエゴマとしても、前述の「栽培エゴマ種子管理の必要性」から縄文遺跡出土のエゴマの種子が硬実なのか、軟実なのか、その見極めが課題となる。

3. まとめ

　以上、縄文時代の栽培植物とされた植物遺存体や種子圧痕資料について概観し、問題点を整理した。筆者は決して栽培種植物の存在を否定しないのだが、問題が多々あることに気付く。イネはその今日的害虫であるコクゾウムシが存在するという状況証拠がある。九州では縄文時代後期後半には存在した可能性はあるが、確実な資料は今のところない。確実な資料は西日本の突帯文土器期の籾圧痕資料である。今後は西日本各地の出現期突帯文土器の時期にイネが存在したか確認することも重要な作業だ。オオムギ、アワ、キビも可能性はともかくも、現状では確実に突帯文土器期を遡るものはない。アワ、キビについては、朝鮮半島南部で新石器時代中期の存在が判明、また九州と朝鮮半島南部との遺物の交流が確認されているにも関わらずである。北海道、東北の野生ヒエが管理、利用された縄文ヒエの蓋然性は高いだろうが、これが栽培とまで言えるか否かはまだ検証が必要となる。中部や九州の栽培ダイズ大のダイズについては、現状でこれらを野生種と論ずる材料をもって

いない。小畑弘己の指摘どおり、渡来か列島内で馴化、栽培化された可能性がある。シソ・エゴマなどのシソ属は管理までは間違いない。栽培の検証は課題だ。コクゾウムシが存在する状況証拠はともかくも、遺存体や圧痕検証の目線で見る限り、縄文時代晩期後半突帯文土器期を遡る栽培植物の存在は「縄文ビエ」、ダイズ、シソ属は検証できるが、イネ・オオムギ、アワは可能性を論じられるが検証できない。また、ソバ、コムギ、キビは現状で可能性を論ずる材料が無いとしか言いえない状況だ。「縄文ビエ」、ダイズ、シソ属に関しては仮に栽培があったとしても、冒頭で述べたとおり、堅果類を主体として、地域や時期に応じ多種多様な有用植物資源を利用する一環として評価すべきと理解する。

　なお、ここで栽培について考えると、日本列島において畑での栽培を考える場合の障壁は酸性土壌の問題だ。日本列島は火山灰土起源で雨が多く、土壌が酸性で植物の栽培に適さない（酒詰1957、勅使河原1998）。酸性土壌を克服する一案として焼畑での栽培を想定しても、焼畑として毎年作付け対象を変更しないと連作障害が生じる。前述のとおり、確認された栽培種植物の種類は少なく、その複合を論ずる段階にない。仮に栽培があったとしても小規模なものが予想され、社会を変質させたものではないと考えられる。

　「縄文時代に農耕はあったのか？」今回の設問で縄文時代における栽培植物の存否について、出土植物種子と種子圧痕の検証から現状を上記のとおりに展望した。正直なところ、筆者自身は2005年に鳥取県米子市で開催された第16回中四国縄文研究会「縄文晩期の山陰地方」で山陰地方の縄文時代の栽培植物に関する研究発表をするまでは西日本の縄文時代後晩期農耕論の積極論者だった。発表準備期間に中国地方を中心に資料の再検討を行う過程で慎重派に転向した自分史をもつ。今後どのような資料が検出されるかもしれないが、筆者自身もしばらくはその議論に加わりたいと思っている。

　ただ、それにしても私が痛感するのは、「これまで「縄文農耕」に関する多くの議論によって、縄文時代の学問が如何に発達してきたか」という点である。神田孝平、大山柏らにより打製石斧が土堀具と指摘された。藤森栄一・賀川光夫の縄文農耕論で地域の特徴ある豊かな文化の成立と背景を追究

Ⅰ 富士見に海が来た頃

する意識や朝鮮半島・大陸との対比の意識が高まった。長野県大石遺跡、荒神山遺跡出土シソ属炭化種子塊の同定に走査型電子顕微鏡の有効性が広く認識され、今日での積極的利用に至る。シンポジウム「縄文農耕の実証性」は今日的学際研究の嚆矢、丑野毅が開発したレプリカ法を応用した山崎純男の資料の悉皆調査は多様な種子や昆虫の圧痕を検出し、研究に新たな展望を開いた。

縄文時代に農耕があろうが、なかろうが、議論の結果の知の蓄積には驚くものがある。

本研究は平成20年度・平成21年度基盤研究（A）（一般）「レプリカ・セム法による極東地域先史時代の植物栽培化過程の実証的研究」（研究代表者：小畑弘己）、および2009年度明治大学大久保忠和考古学振興基金奨励研究「中部高地における縄文時代植物質食料の研究」（研究代表者：会田進）による研究成果の一部を含む。

図版出典

第1図　1～6（平井・渡部他1995）　7・8（山崎2005a、b）
第1図　表　中沢作成
第2図　1・2小畑弘己・仙波靖子撮影　3～6（中沢・丑野・松谷2002）
第3図　1～8（山崎2007）　9・10（吉崎2003）　11（中沢・丑野2005a）
　　　12（小畑・佐々木・仙波2007）

II 打越式土器とその時代

"打越式"への研究史

毒 島 正 明

1. はじめに

　日本先史考古学の体系を組織されたのは、山内清男氏（以下山内氏）である。

　山内氏が、型式とその研究方法について言及している代表的な著作は、1935年に発表した「縄紋式文化」（山内1935）である。その論文で「縄紋式文化の構造（縦）」と題し、山内氏は型式の制定について、「型式は一定の内容を持ち、一遺物層、一地点又は一遺跡から純粋にそればかり出で、他の型式とは内容を異にし、遺物層、地点又は遺跡を異にして発見されることになるのである。これらの型式は即ち短時日に残された土器の一群を意味し、年代的変遷の一階段に相当する」としている。「先づ変遷の各段階を作ることが必要で、次に階段を年代順に並べ、これによって変遷の行程を推察すると云う順序を追う訳である」とし「各型式の年代順は斯様な層位的重畳によって漸次確定する」そして「縄紋土器の型式間には不連続の部分が殆んど無く、若しあれば、後で中間型式の脱落して居た為と解る場合が多い」としている。

　鈴木徳雄氏は、山内氏の型式について「おおよそ、①型式の制定→②編年的把握→③系統的把握→④その他の文物との対比というように進行するものと考えてよい」とし「「地方差・年代差」を示す編年論的な単位というきわめて実用的な視点から区分されたもの」（鈴木2008）であるとしている。

　山内氏の型式は、「①型式の制定→②編年的把握→③系統的把握→④その他の文物との対比」といった階層的な認識構成をとっているものである。このような捉え返しを通し「地方差、年代差を示す年代学的の単位」（山内1932）として定義されたものであり、縄紋式土器の研究方法として極めて有

意であると考えている。

　型式とは、山内氏曰く「短時日に残された土器の一群を意味し、年代的変遷の一階段に相当する」ものである。貝殻腹縁連続山形文の土器は、「地方差、年代差を示す年代学的の単位」として、ゆれつづけた土器型式の研究史である。研究史を振り返ることで、型式の問題点について再確認したい。

2. ふたつの子母口式

　まずは、山内清男氏と甲野勇氏の子母口式を理解することが、重要であると考える。ここでは、ふたつの子母口式について振り返ってみる。

(1) 山内氏の子母口式

　子母口式は、山内氏により 1930 年に設定された。1929 年に行われた大山史前学研究所の子母口貝塚の発掘資料を検討し「繊維土器に就て追加第三」（山内 1930b）で、「層位的な根拠がある訳ではない」が「縄紋以前らしく、そして繊維混入が行われる土器」という特徴から「茅山式以前、三戸式以後」に位置づけられた。

　この報文では、図示はないが提示された唯一の文様は微隆起線であった。山内氏は「特に文様と云うべきものは乏しいらしく、一例には細隆線による文様がある。これは甲野氏の報告された生見尾村バンシン台貝塚（移川氏等の所謂子安貝塚）の二例（人類学雑誌 39 巻 194 頁拓本 10、11）とよく似て居る。又槻木 1 にも類似の文様（前報 51 頁、図版中の 9 はその一例）がある」と記している。山内氏は、槻木貝塚の層位所見から貝層下出土の薄い・繊維混入のない・縄紋がなく・条痕のある型式（槻木下層式又は槻木 1）が、貝層出土の粗大な・繊維混入のある・縄紋があり・内面に条痕がある型式（槻木上層式又は槻木 2）より古いという認識を持っていた（山内 1929b）。その槻木 1 式との比較から子母口式の編年的位置を考えたと思われる。

　矢島清作氏によると山内氏は、「昭和 11 年暮れから 12 年春にかけて」子母口貝塚を発掘し、「昭和 14 年大口坂貝塚」を発掘している（矢島 1942）。その成果に基づき、1941 年に『日本先史土器図譜』（以下『図譜』）第 XII 輯「子母口式」が報告される（山内 1941）。その『図譜』掲載の資料は、山内氏

"打越式"への研究史

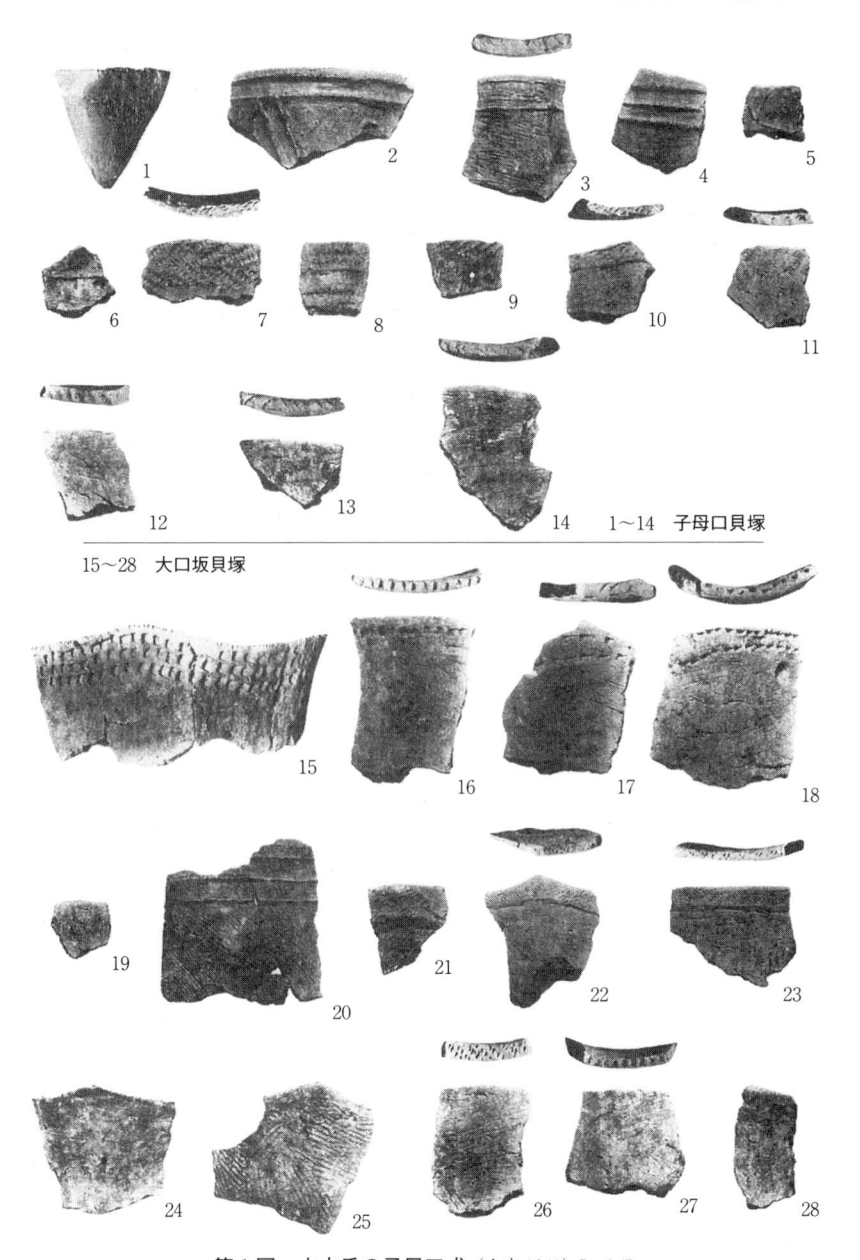

1～14 子母口貝塚

15～28 大口坂貝塚

第1図 山内氏の子母口式 (山内 1941) S＝1/5

の子母口式を理解する基本資料である（第1図）。

　山内氏は『図譜』で「昭和14年に至り横浜市子安区大口坂貝塚にこの式の出土する事を池谷健治氏の注意によって知り、資料の発掘蒐集に努力した。これによって待望の子母口式に対する比較資料が得られたし、又下層に子母口式、上層に茅山式が発見される事実も判明し、甚だ有益であった」とし、大口坂貝塚を比較資料にして両貝塚の資料で子母口式の特徴を記述している。

　1992年に山内資料を再報告した金子直行氏は、「山内資料は第2貝塚（D地点）を発掘した資料であるが、その他の地点の土器群も含まれていた。正確に出土地点を限定することはできず、各地点の遺物が混在していた可能性もある」（金子1992b）、「子母口貝塚からは新旧の土器群が出土している。メモ等から山内博士は、子母口式とする土器群が層位的な所見から混じりがあるものの、総体的にはより下層に出土することを把握していたものと思われ、大口坂貝塚出土土器を基本にして、様々な土器群の中から『日本先史土器図譜』の子母口式を抽出した様である」（金子1992a）としている。

　『図譜』の子母口式は、繊維混入は微量しかし多数の土器に認められる。器面には貝殻の腹縁による条痕も少数あるが、擦痕が多い。縄紋はほとんど見られない。器形の変化ほとんど無く、大部分は深い鉢形、器壁の湾曲の少ないものである。底は尖底のものが多く、小形の平底が幾分ある。文様は、点列の文様、細い隆線・微隆起線、口縁部に絡条体圧痕文を施文、口唇部に絡条体圧痕文や貝殻文・刺突文が施文されるものがある。

(2) 甲野氏の子母口式

　1935年、甲野勇氏（以下甲野氏）の「関東地方に於ける縄紋式石器時代文化の変遷」（甲野1935）により大山史前学研究所発掘資料が報告される。「本論に於て筆者の試みた土器の分類は、先史東京湾沿岸地帯の貝塚より、史前学研究所員の蒐集せる資料に基いてこれを行ひ」とあり、「此の研究に當って、筆者の採用した分類法は一つのFundと認定される遺物層中の土器を出来る丈け精密に、その型態、装飾、製作等に就てこれを分析的に観察し」という方法論に基づいたものである。子母口式は、茅山式と共に第一群土器に分類されA～D類を子母口式（第2図1～4）、E～G類を茅山式（第2図5～7）

"打越式"への研究史

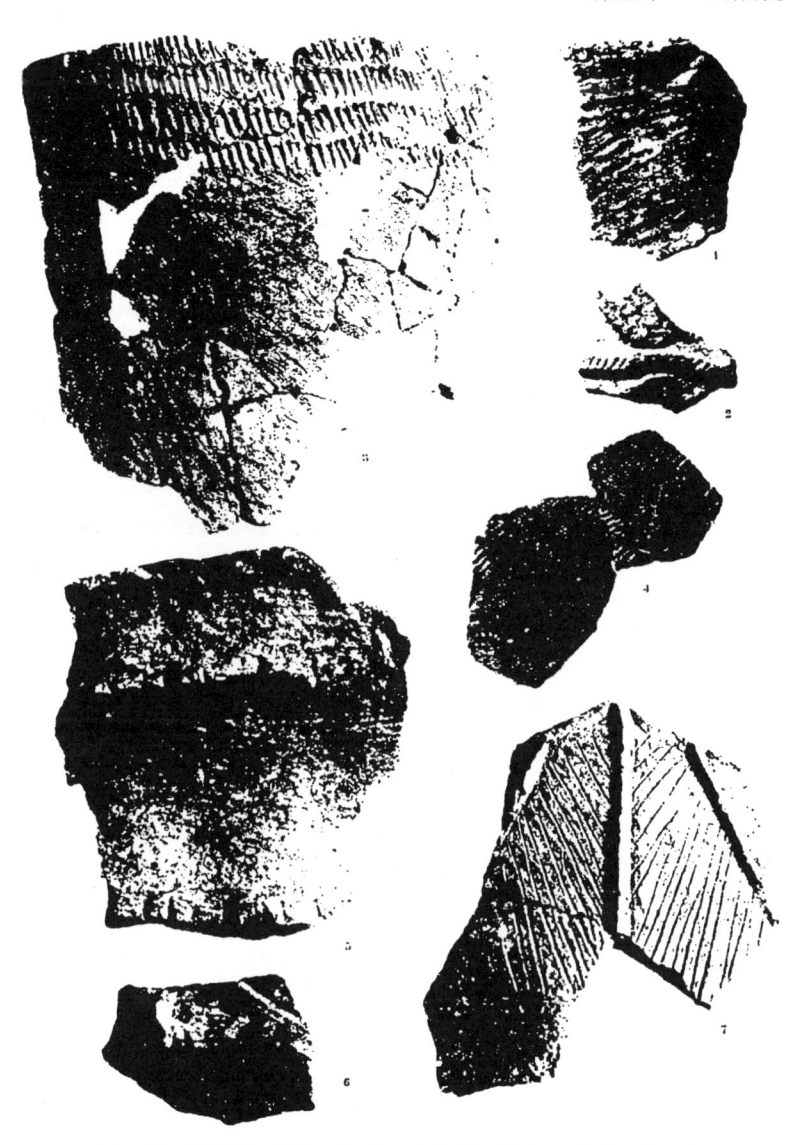

第2図　甲野氏の子母口式（1〜4）と茅山式（5〜7）（甲野 1935）

Ⅱ 打越式土器とその時代

に分類している。

　甲野氏の第一群土器の記載によれば、子母口貝塚出土土器の特徴は、器形は変化に乏しく深鉢形が多く、底部は丸底・尖底・乳房状で平底は稀、器壁は厚手・中厚手で焼成もあまり充分ではなく吸水性に富むもの多く、土質は粗く内部に繊維を多量に含み、縄紋は極めて稀、文様は隆起線文・点列文・貝殻の殻脊を押捺した線列文等、土器面に櫛目状の条痕を施したものが多量に発見される、としている。

　さらに子母口式は、A～D類に分類され写真図版と共に具体的に論じられている。主に文様要素により分類されており、A類（第2図1）は無文・条痕、B類（第2図2）は隆起線文、C類（第2図3）は水平・鋸歯状に施される帯状の刻目、D類（第2図4）は一定の幅の溝の平行線・貝殻を弧状に重ねる・棒状のものに繊維を巻きつけ羽状に押捺、という特徴がある。第2図4は、貝殻腹縁文を山形に連続して施文（以下「貝殻腹縁連続山形文」）している。なおD類の図版第一12-13は史前学雑誌第7巻中には見当たらなかったが、「棒状のものに何かの繊維を巻きつけ之を羽状に押捺したもの」とは、後に山内氏によって命名された絡条体圧痕文のことであろう。

　以上のように甲野氏の子母口式は、その文様要素の多様さだけでなく、繊維の混入・条痕の有無などの点でもかなり山内氏の子母口式とは異なったものであるといえよう。ちなみに甲野氏は、子母口式を第二群土器（花積下層式）より古期と考えてはいるが、第一群である茅山式との編年的関係は明示していない。

(3) 子母口貝塚について

　子母口式の標識遺跡である子母口貝塚は、神奈川県川崎市に所在する。多摩川と矢上川に挟まれた標高26mほどの舌状台地の先端部斜面に4地点の地点貝塚が確認されている（第3図）。その調査史については、1989年に増子章二・浜田晋介氏による「川崎市高津区子母口貝塚調査報告」（増子・浜田1989）と2007年の岡本孝之氏により「子母口貝塚の調査史」（岡本2007）が発表されており詳しく記載されている。筆者も領塚正浩氏と共に「子母口貝塚採集の考古資料について」（毒島・領塚1998）を報告し、子母口貝塚につい

"打越式"への研究史

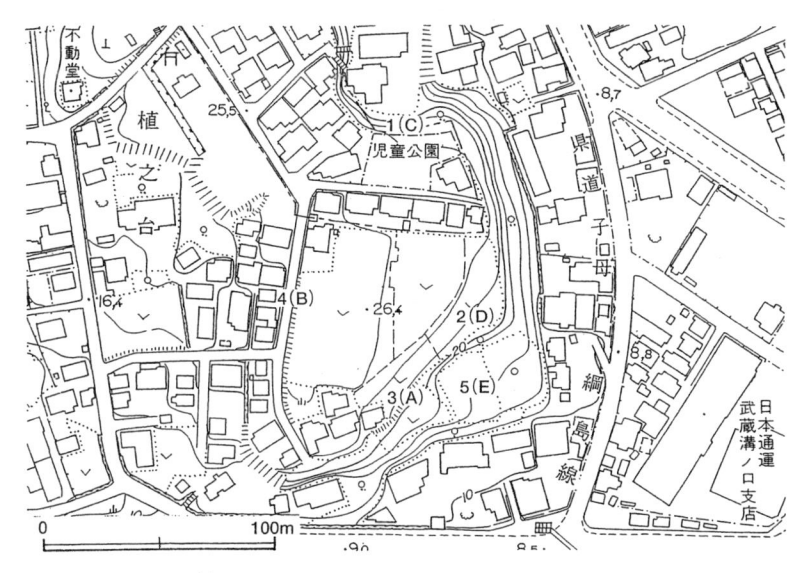

第3図　子母口貝塚全体図（毒島・領塚1998）

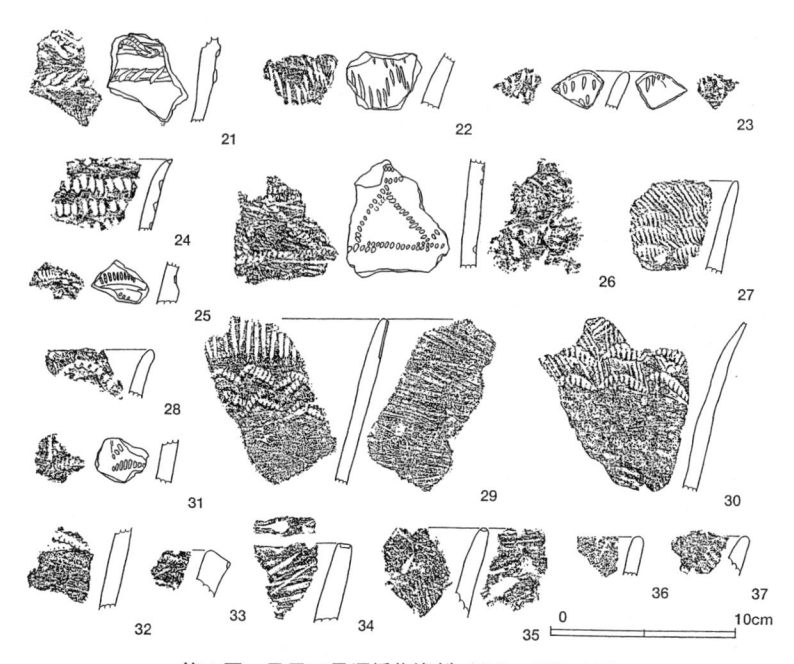

第4図　子母口貝塚採集資料（毒島・領塚1998）

II 打越式土器とその時代

て検討を行った（第4図）。4地点の貝塚は、第1貝塚（C地点）、第2貝塚（D地点）、第3貝塚（A地点）、第4貝塚（B地点）の名称が与えられている。かつて第2貝塚（D地点）と第3貝塚（A地点）の中間に第5貝塚（E地点）の存在を認める意見があったが、増子・浜田両氏による試掘調査で2次堆積であることがわかった（増子・浜田1989）。

子母口貝塚には、このように4地点の貝塚がある。子母口貝塚は、茅山式以前に位置づけられる「山内氏の子母口式」と、茅山式以後に位置づけられる。

「甲野氏の子母口式」が共に出土する貝塚であった。どちらも子母口貝塚を特徴づける土器である。山内氏は、子母口貝塚の茅山式以前の土器を子母口式とすることを強く意識していたが、甲野氏は子母口貝塚のFundである一括性を重視している。山内氏の子母口式は、大口坂貝塚との比較検討から茅山式以前に位置づけられたものである。甲野氏の子母口式は、おそらく第1貝塚（C地点）の主体を占めるものであり、現在では茅山式以後に位置づけられるものである。

型式とは、「地方差、年代差を示す年代学的の単位」であるが、ふたつの子母口式は年代差があり編年的位置が異なっていた。すなわち同じ子母口式という名前であるが、別の型式であったのである。その結果、編年的な位置が異なるふたつの子母口式が存在することとなる。

そして、山内氏の子母口式だけでなく、甲野氏の子母口式の貝殻腹縁連続山形文の土器も子母口式のメルクマールとして認識されるようになる。

3. 2系統論と茅山式の細分

江坂輝弥氏の2系統論は、山内氏の子母口式と甲野氏の子母口式が同一型式であるという認識から生じたものであった。この2系統論に終止符を打つのが、赤星直忠・岡本勇氏の茅山式研究であった。

(1) 江坂輝弥氏の2系統論

1934年に鈴木尚氏は「東京市王子区上十條清水坂貝塚」を報告した（鈴木1934）。貝殻腹縁連続山形文の土器と縄紋施文の土器を清水坂土器とし「無

"打越式"への研究史

条痕系土器と内条痕系土器との中間性を有する一つの形式を形作つて居る様に思へる」として茅山式・子母口式と蓮田式の中間に位置づけている。

同年、岡栄一氏が「武蔵国橘樹郡橘村新作八幡台貝塚調査報告」(岡1934)で、貝殻腹縁連続山形文の土器を子母口式としたが「子母口式は史前学研究所の指扇式に相当する様である。只ここでは地理関係より子母口式の稱称を逐った」とした。

写真1　子母口貝塚出土土器
(江坂・吉田1942)

1939年、江藤千萬樹・長田実氏により北伊豆地方の遺跡群の調査の成果が報告される(江藤・長田1939)。その中で、貝殻腹縁連続山形文の土器を裾野遺跡群第三類として子母口式に分類し、列點状絲紋土器(ミヲ坂式)に伴うものとしている。

同年、河邊嘉榮・佐藤民雄・江藤千萬樹氏により前報の成果をふまえ「伊豆伊東町上の坊石器時代遺跡調査報告」(河邊・佐藤・江藤1939)が発表された。貝殻腹縁連続山形文の土器を第四類土器として子母口式に比定しているが、列點状絲紋土器(ミヲ坂式)は出土しなかった。このことから「系統的に異り、一應別個に考へられる可き性質を持つたもの」とした。

1942年、江坂輝弥・吉田格氏による「貝殻山貝塚」(江坂・吉田1942)の報告中に子母口貝塚出土の土器が示された。「アナダラ属貝殻腹縁による施文法によって、しかもなほ右上の棒捲撚絲圧痕文の効果を得やうとしているものもある」と記している。この写真図版は、江坂氏の論文に度々使用されている(写真1)。

1950年、江坂輝弥氏が子母口式について言及する(江坂1950)それによると子母口式は僅少な繊維混入、無文土器が多く、条痕・擦痕が若干あり、装飾的な文様には、細隆起文・列点文・絡条体・疑似絡条体圧痕文(貝殻で絡条体に近似な文様)があるとしている。

Ⅱ 打越式土器とその時代

第1表 江坂氏の2系統論（江坂1959）

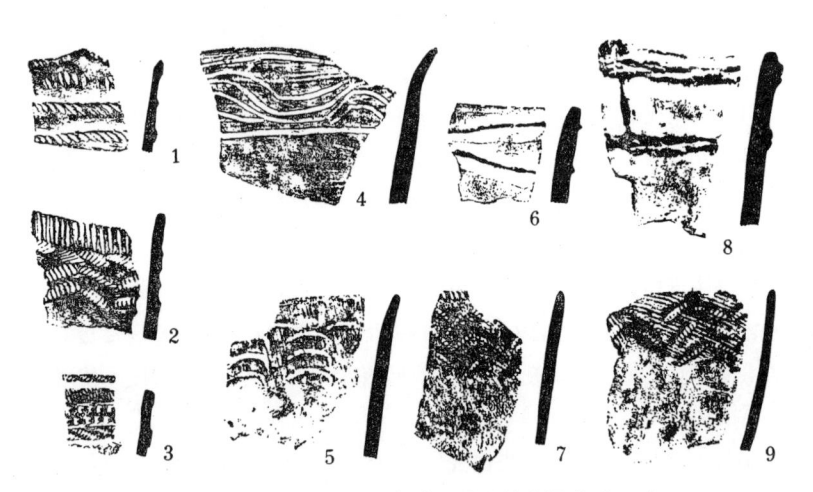

第5図 江坂氏の子母口式（1～3）と清水坂式（4～9）
1～3子母口貝塚、4～9稲原貝塚（江坂1959）

1959年、江坂輝弥氏は、『世界考古学体系・第1巻』（江坂1959）で「東京都清水坂貝塚や横浜市梶山貝塚などで発見された清水坂式とよばれるものから、横浜市菊名貝塚下部層発見の菊名I式までの土器は丸底にちかい尖底か、丸底をなすものが多く、文様が子母口式の一部に近似し、子母口式から清水坂を経て菊名I式土器への推移をみとめることができる。しかし茅山上層式から清水坂式、菊名I式などへの推移は考えられない」という2系統論を提示した（第1表）。江坂氏の1942年・1950年の論考から江坂氏は、子母口貝塚で絡条体圧痕文から疑似絡条体圧痕文（第5図2）の系統関係を導き、貝殻腹縁連続山形文（第5図5・7・9）への推移を考えたことが推察される。

(2) 赤星・岡本氏による茅山式の細分

　1948年、赤星直忠氏により野島貝塚の発掘調査報告がなされる（赤星1948）。主に貝層より出土した土器は、後に野島式と命名される。

　1956年、坪井清足氏により滋賀県石山貝塚の成果が報告された（坪井1956）。石山貝塚の層位所見から押型文→穂谷式→茅山式→粕畑式→上ノ山式→入海I式→入海II式→石山式の推移が確認され東海、近畿地方の早期末葉の編年の大要が決定した（第2表）。

　1957年、赤星直忠・岡本勇氏により茅山貝塚の報告がなされる（赤星・岡本1957）。1954年に行なわれた茅山貝塚の発掘結果から野島式→茅山下層式→茅山上層式が層位的に確認された。さらに鵜ヶ島台遺跡の資料を文様・器形の比較をとおして野島式→鵜ヶ島台式→茅山下層式という序列のなかに位置づけた。ここに従来茅山式と呼ばれたものが、4細分されることになる。

　1959年、岡本勇氏によって馬の背山遺跡の報告がなされる（岡本1959）。同遺跡で茅山上層式と粕畑式が出土したこと及び石山貝塚の発掘所見から編年表が提示された。岡本氏は、粕畑式と茅山上層式の併行から「茅山上層式土器と前期初頭の花積下層式土器との間には、畿内地方や東海地方—中略—の場合に比較して大きな空白のあることに気付くのである」とし茅山上層式以降花積下層式までの間に型式の空白があることを指摘した。

　1962年、赤星直忠・岡本勇氏により吉井城山第一貝塚の概報が報告される（赤星・岡本1962）。下部貝層で茅山上層式に粕畑式が9対1の割合で共伴

II 打越式土器とその時代

第2表 石山貝塚の層位
(坪井 1956)

深さ	層位	土器型式
0〜10〜50	表土	陶質土器等
10〜50〜60〜70	貝	石山式土器
60〜70〜90〜100		入海Ⅱ式土器
90〜100〜103〜135		入海Ⅰ式土器
103〜135〜140〜150	層	上ノ山式土器
140〜150〜160〜180		粕畑式土器
160〜180〜180〜200	混土貝層	茅山式土器
180〜200〜200〜220	黒土層上部	(穂谷式土器)抑型文土器
200〜220〜220〜240	黒土層下部	ナシ
220〜240〜	褐色土層	ナシ

第3表 岡本氏の編年表
(岡本 1962)

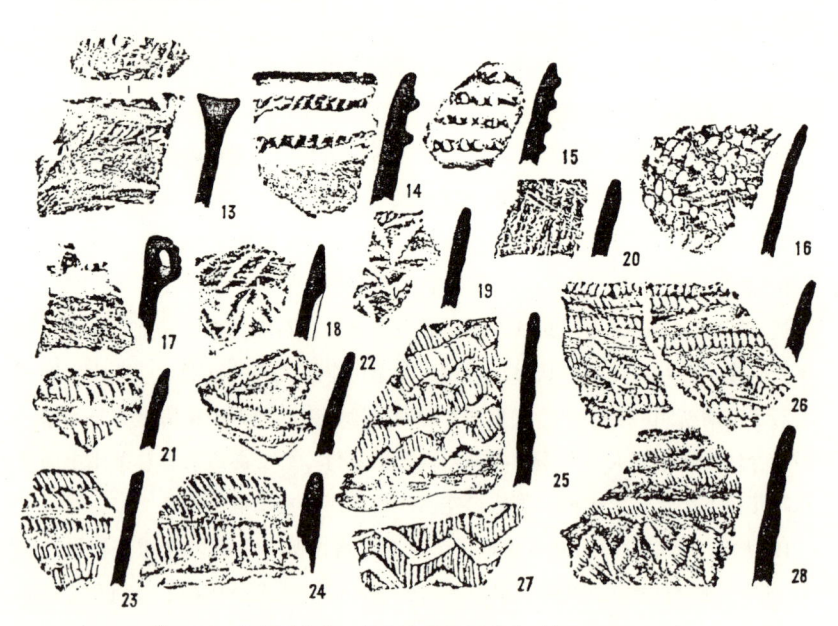

(吉井貝塚)	(三浦半島)	(石山貝塚)
	野島鵜ヶ島台	＋
貝層直下	茅山下層	＋
貝層	茅山上層	粕畑
		上ノ山
貝層直上	＋	入海Ⅰ
	＋	入海Ⅱ
		石山
中間土層?	花積下層	木島

第6図 吉井城山第一貝塚下部貝層直上 (赤星・岡本1962)

する事実が明らかになり、1959年の岡本氏の編年が裏付けられた（第3表）。赤星氏は、下部貝層直上の土器群を吉井式と仮称した。しかし岡本氏は「ここでの主体となる土器は、一つの型式として認定しうるほど十分な根拠を持っていなかった」としている。貝層直上の土器群の中には、貝殻腹縁連続山形文（第6図25）も含まれていた。貝殻腹縁連続山形文の土器の編年的位置が、茅山上層式以降であることが層位的事実から明らかになった。

同年に発行された日本考古学協会編『日本考古学辞典』（日本考古学協会1962）には、子母口式として江坂氏の子母口貝塚写真（写真1）が掲載された。

このように茅山式の細分及び東海地方の編年整備の成果により茅山上層式以降花積下層式の間に型式の空白のあることが指摘された。すなわちそれは、従来の茅山式が野島→鵜ヶ島台→茅山下層→茅山上層に4細分されたことと、東海地方の型式が茅山下層→粕畑→上ノ山→入海Ⅰ→入海Ⅱ→石山→天神山→塩屋→木島とほぼ確定したことに基づく成果といえよう。この結果、江坂氏の2系統論は否定されることとなる。

4. 貝殻腹縁連続山形文土器研究の深化

貝殻腹縁連続山形文の土器は、平方貝塚や打越遺跡などで東海地方の石山式・天神山式と共伴し、その編年的位置は確定する。しかし、「吉井式」、「打越式」、「E相・W相」「向山式」、「恋ヶ窪南式」と様々な型式名で呼ばれることとなった。

(1) 平方貝塚の報告と下吉井式・神之木台式の設定

1970年、岡本勇氏を中心とする横須賀考古学会により調査された下吉井遺跡の報告が発表され、下吉井式と仮称された（岡本1970）。

1971年、榎本金之丞氏により『埼玉考古』9号に平方貝塚の調査の成果が報告された（榎本1971）。そこで、貝殻腹縁連続山形文の土器が天神山式土器と共伴したことが確認された。また、縄文施文の土器も出土した（第7図）。

同じ『埼玉考古』9号で谷井彪氏は、前年設定された下吉井式の分析を通して、空白の茅山上層式以降の土器について言及する（谷井1971）。その際に谷井氏は、東海地方の入海Ⅱ式から木島Ⅰ式まで継続して使用する主要

Ⅱ 打越式土器とその時代

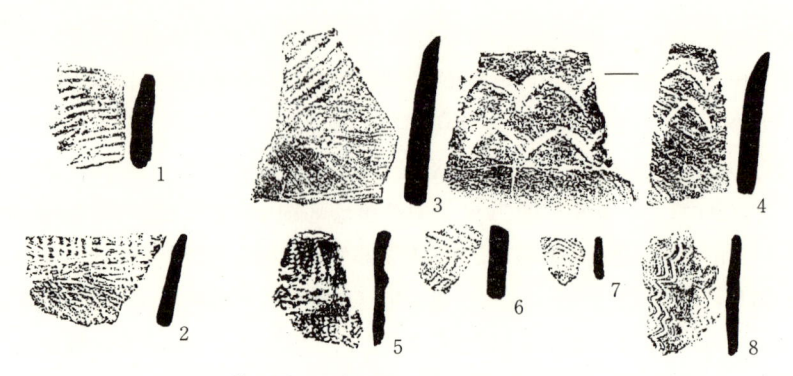

第7図　平方貝塚（榎本1971）S＝1/5

モチーフの波状文に注目した。同様のモチーフをもつ、貝殻腹縁連続山形文の土器群を前述の平方貝塚の併出例から、石山式あるいは天神山式と併行するものとし、茅山式及び花積下層式と明らかに分離すべきものと位置づけた。谷井氏は、貝殻腹縁連続山形文の土器群を「最初に着目された遺跡名をとって吉井式と仮称」した。

　1976年、谷井彪氏により鶴ヶ丘遺跡の発掘調査報告がなされる（谷井1976）。Ｃ区で第2群ｂ類と分類された土器は、繊維を多量に含み、条痕が盛行し、太い隆帯と絡条体圧痕文に近似する特殊な刺突文を特徴とする。谷井氏は、宮の原貝塚との類似及び茅山式4型式の土器にみられなく、東海的色彩をもつ土器がなく、条痕が明瞭なことから本群を「吉井式以前の土器群で、粕畑式以後、入海Ⅱ式土器の間のいずれかに併行すると思われる」と位置づけた。

　1977年、高橋雄三・吉田哲夫氏によって1968年に発掘された神之木台遺跡が報告され、下吉井式が細分され神之木台式が設定された（高橋・吉田1977）。その編年的位置は、神之木台式・下吉井式・菊名下層式の比較検討により、下吉井式土器の直前に位置づけられた。

(2) 打越式の設定と研究の深化

　1978年、荒井幹夫・小出輝雄氏によって打越遺跡の報告がなされる（荒井・小出1978）。住居跡・土拡・炉穴等の遺構内から出土した「貝殻腹縁文土

"打越式"への研究史

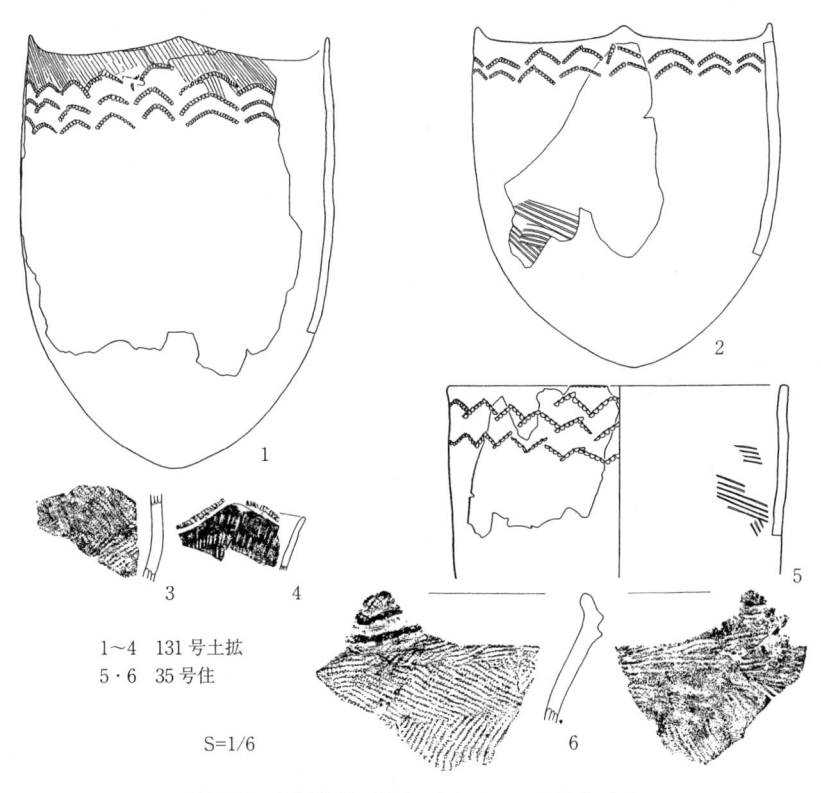

1～4　131号土拡
5・6　35号住

S=1/6

第8図　打越遺跡（荒井・小出 1978・1983）S=1/6

器、条痕文土器、斜縄文土器をセットとし、東海地方の石山式、天神山式を伴出する土器群を仮称打越式」とし打越式を設定した。そして「石山式、天神山式の伴出関係及びモチーフの差から打越式を打越Ⅰ式、打越Ⅱ式に分離が可能であること、また打越式が仮称下吉井式に先行する土器群である蓋然性が強いということ」が述べられた（第8図）。

　1979年、山本暉久氏によって上浜田遺跡の報告がなされた（山本1979）。第Ⅱ群Aと分類された貝殻腹縁文・刺突文・隆帯文を主体とする一群と、第Ⅱ群Bと分類された東海地方の上ノ山・入海Ⅰ、Ⅱ・石山の各式が出土した。山本氏は、第Ⅱ群Aを第Ⅱ群Bとの併出関係から、同様の関係をもつ

69

II 打越式土器とその時代

吉井城山第一貝塚下部貝層直上付近出土の一群、宮の原貝塚第1群の一部と共に総称して吉井式と仮称した。

1982年、安孫子昭二氏によって「子母口式土器の再検討—清水柳遺跡第二群土器の検討を中心として—」が『東京考古』1号の誌上に発表された（安孫子1982）。茅山上層式の直後に「口唇部を上から押圧して小波状を呈する貝殻腹縁文・絡条体圧痕文の土器、折返し状口縁と絡条体圧痕文が何段か施文される特徴がある」一群を下沼部式と仮称し常世2式を茅山上層式の直後と考え、両者を茅山上層式以後の絡条体圧痕文をもつ一群と位置づけている。

1983年、荒井幹夫・小出輝雄氏によって打越遺跡の最終報告がなされる（荒井・小出1983）。また荒井氏により「早期末葉の貝殻腹縁文土器の実態とその編年」（荒井1983a）が発表される。貝殻腹縁文の詳細な分析が行われ、打越式は打越I式・打越II式を破棄し、3段階の細分とした。

同年、神奈川考古同人会主催によるシンポジウム「縄文時代早期末・前期初頭の諸問題」が開かれた（神奈川考古同人会縄文研究グループ1983）。関東・中部・東海の研究者が一同に会し、茅山上層式以降の編年について話し合われた。その際、谷口康浩氏は打越式段階にふたつの異なる地域相があることを述べる。この見解は翌年「「打越式土器」の再検討」（谷口1984）でまとめられ「①貝殻腹縁文土器・縄文土器を中心とした組み合わせを示す奥東京湾方面のE相と、②貝殻腹縁文土器、隆帯文土器、斜格子目条痕文土器の組み合わせを見せる静岡・神奈川県方面のW相」に分けられた。打越式はE相、小山田No.28遺跡出土の隆帯がつく貝殻腹縁連続山形文の土器はW相と捉えられた。

1986年、井口直司・市川一秋氏により向山遺跡の報告がなされる（井口・市川1986）。隆帯と羽状縄文・貝殻条痕文・貝殻腹縁連続山形文のセットを打越式との地域差として向山式を提唱した。

2000年、縄文セミナーの会による「早期後半の再検討」が開催され、早坂廣人氏による発表が行われた（早坂2000a）。早坂氏は、打越式を3段階に細分した。

2003年、中西充氏により武蔵国分寺跡遺跡北方地区の報告書が出された（中西ほか 2003）。「時間差か地域差かは今後の研究に負う」とした上で、隆帯がつく貝殻腹縁連続山形文の土器が、従来の打越式と異なるとし、恋ヶ窪南式が提唱された。

5．まとめ

"打越式"への研究史と題して、貝殻腹縁連続山形文の土器の研究史を概観した。貝殻腹縁連続山形文は、1935年に甲野氏が子母口式について記述した中で子母口式の特徴とされた。以後、子母口式のメルクマールとなる。山内氏の子母口式は、茅山式以前に位置づけられ、甲野氏の子母口式とは別の型式であった。しかし、ふたつの子母口式は江坂輝弥氏により同じ型式であると認識され、子母口式から花積下層式につながる2系統論の根拠ともなっていた。江坂氏の2系統論は層位に基づく編年的把握に論を置かなかったために、赤星・岡本氏の茅山式の研究成果と東海地方の編年整備により否定されることとなる。

その後、貝殻腹縁連続山形文の土器は、東海地方の石山式と天神山と共伴することが明らかになりその編年的位置がほぼ確定した。しかし、「吉井式」、「打越式」、「E相・W相」「向山式」、「恋ヶ窪南式」と様々な型式名で呼ばれることとなった。

今日では山内氏の子母口式が、子母口式として広く認知されている。そして、甲野氏の子母口式を型式として使うことはない。しかし、貝殻腹縁連続山形文の土器を初めて型式設定されたのは甲野氏である。プライオリティを考えると貝殻腹縁連続山形文の土器は、子母口式となる。加曾利E式と加曾利B式は、

写真2　山内清男氏（左）と甲野勇氏（右）
（椚國男氏撮影・中村 1996）

Ⅱ 打越式土器とその時代

加曾利貝塚の発掘地点が型式名になった。それと同じようにふたつの子母口式は、推定される発掘地点にちなんで山内氏の子母口式を子母口Ｄ式、甲野氏の子母口式を子母口Ｃ式と呼ぶべきであったのかもしれない。

　型式とは、「地方差、年代差を示す年代学的の単位」である。それを踏まえ「吉井式」、「打越式」、「Ｅ相・Ｗ相」「向山式」、「恋ヶ窪南式」については、まず型式として地方差なのか年代差なのかを検討していきたい。そのためには、小地域ごとに、遺構の共伴関係を把握し、編年的把握を行い、系統的連続性をたどるという階層的な手順こそが型式を確かなものにすると信じている。

謝辞

　小論をまとめるにあたり、打越式シンポジウム実行委員会の金子直行、加藤秀之、早坂廣人、領塚正浩、和田晋治の各氏との討議は有意義であり、いろいろとご教授いただいた。また、中村五郎、椚國男、池谷信之、岡本孝之、小崎晋、齋藤弘道、笹原千賀子、鈴木德雄、鈴木正博、原田雄紀、野内秀明の各氏にご教授とご協力を賜った。ここに銘記して、感謝の意を表したい。

打越式土器の範囲・変遷・年代

早坂廣人

1. はじめに

　現在、土器の研究は多様化し、特に道具としての土器の研究（使用痕跡など）に新たな展開が見られる。しかし、ここでは古典的な編年論を行う。すなわち、文様を主とした製作時の視覚的属性による分類と、層位論的まとまりに依拠した、時空間的まとまり（編年単位）の析出、およびそれらの編年単位間の系統論的関係性の推定である。打越式土器と称される土器群の変遷、構成、分布を目的とするが、必要な範囲で、隣接地域や前後の型式にも言及する。

2. 打越式とは

　「打越式」という用語の提唱に至るあゆみは毒島氏の発表や荒井氏の講演にまとめられている。
　現在の資料状況から再定義すると、
(1) 打越遺跡からまとまって発見された貝殻腹縁を利用した連続山形文を中核とする土器群（以下「貝殻文土器」と略す）。
(2) 打越遺跡例を中心に、それらと系統的に連続する貝殻文土器を顕著に含む編年単位も含む。
(3) 貝殻文土器に伴う土器には、貝殻腹縁によるさまざまな装飾、貝殻以外の施紋具による装飾もある。貝殻文土器と素地や色調、製作手法に共通性が高く時空的分布も一致するものは問題なく打越式に含められる。突き引き短線列や交差条痕を主たる装飾とするものなどである。製作手法や素地が異なるもののうち、他地域の土器型式と共通性の高いものは搬入品または模倣品

II 打越式土器とその時代

としてのぞく。東海西部系（石山〜天神山式）や中部高地系、下沼部系がある。製作手法や素地に顕著な違いがあっても、他地域にその本拠地が見いだせないものは暫定的に打越式に含む。縄紋の土器や表裏条痕の土器がある。

　中核的な打越式の器形は尖底砲弾型で、明瞭な段やくびれをもたない。胴径と口径がほぼ等しい。器高と胴径の比は 1 式で 10:7、2 式で 10:8、3 式で 10:7 が多い。平縁を主とし波状口縁や山形・台形・耳状の突起を持つものもある。形態の変化が乏しいのみならず、大きさも胴径 25 センチ前後に集中する（集中の程度は遺跡により異なる）。例外的に高さ 10 数センチの小形や 30 数センチの大形がある。

　中核的な打越式の胎土は、繊維を含まないか少量含む。色調は鈍い橙〜暗い赤色。厚さは 6〜9 ミリ程度。縄紋土器全体から見れば中程の厚さである。

　器面は貝殻条痕で調整した後に撫でる。外面には基本的に装飾以外の条痕を残さない。内面には胴部下部に条痕が残存することが多いほか、指頭圧痕が目立つものも多い。調整に関しては打越式の変遷に伴う変化もあり、後述する。

3. 用語の整備

　打越式に特徴的な装飾要素を次のように呼ぶ

　貝殻紋：貝殻による施紋の総称だが、打越式ではハイガイなどの肋条のある貝殻の腹縁を用いるものばかりであり、以下の説明ではそのことをいちいち記さない。

　貝殻腹縁紋：貝殻紋のうち腹縁の押捺または、貝殻のサイズに比べ充分短い引きずりによる圧痕。それを描線の主要素としている文様を「腹縁文様」と呼ぶ。

　貝殻腹縁紋は次のように分類する。

　貝殻鋸歯線：貝殻を器面に対して垂直に近い角度で押捺（刺突）した結果生じた鋸歯状の圧痕。

　貝殻列点：貝殻を器面に対して寝かせ気味に押捺した結果生じた列点状の圧痕。角度や押捺の深さにより鋸歯紋に近くなる場合もあり、押捺動作が器

第1表　打越式の技法の分類例

山本(1979) 上浜田第Ⅱ群A第1類	荒井(1983)	新井(1995)	松田(1999) 臼久保遺跡第Ⅳ群	本稿
a種「貝殻腹縁を器面に対して垂直に近く立てて、押捺し、鋸歯状の圧痕」4片	押捺手法 第Ⅰ形態 鋸歯状	10類「貝殻腹縁をたてて押すか、押して短く引くもの」	6類：山形貝殻文土器（打越式土器）	c種「貝殻を器面に垂直気味に立てて刺突し、引きづりをほとんど行わないもの。圧痕は鋸歯状を呈する」図示4点	貝殻鋸歯線
b種「貝殻腹縁を器面に対して平行に近くして圧痕し、連続施文したもので圧痕は鋸歯状とはならず、列点状を呈する」29片	押捺手法 第Ⅱ形態 線鋸歯状			b種「貝殻の引きづりが短く、圧痕が列点状を呈するもの。貝殻の引きづりは4〜5mm付近のものを主とする」図示49点	貝殻列点
	押引手法 第Ⅰ形態 列点状				
c種「貝殻腹縁をb種と同様、器面に対して水平近くにおき、押捺しながら、わずかにひきずった文様」22片	押引手法 第Ⅱ形態 太列点状	7類「貝殻腹縁を押して引く、あるいは引きずるようにして施文するもの」		a種「貝殻の引きづりが長く、圧痕が短条状を呈するもの。圧痕の下端には粘土が微隆起状に盛り上がったものが多い。貝殻の引きづりは7〜10mm程度のものが主」図示136点	貝殻列短線
	特異な押引	8類「貝殻腹縁を引きずるもの」	該当土器片無し		短条痕
d種「貝殻腹縁を押引いて短沈線文を連続してつけたもの」21片	引曳手法 第Ⅰ形態 列短線状	6類「棒のような施文具で引っかくように刺突するもの」	5類「棒状工具の先端を縦方向に動かして施文した刻みや同工具による縦長の刺突文を連続的に配したもの」図示87点	突引き列短線

面に垂直でない場合は列短線に近くなる。

　貝殻列短線：貝殻を器面に対して寝かせ気味に押捺し、条痕のように表面をながすのではなく、めり込ませるように引きずる手法（この手法を「引き掻き」と呼ぶことにする）で生じた平行線状の圧痕。終端側に粘土が盛り上がる。

　突き引き短線：棒状の施紋具を器面に斜めに付くようにしてから、引き抜くように引く短い沈線。この短線を並列させて構成する線を「突き引き列短線」と呼ぶ。腹縁紋と同じ場に用いられ、腹縁紋と誤認されることがあるためここで説明した。

　腹縁文様は、腹縁紋を組み合わせた単位図形と、その配置として記述できる。次のような単位図形がある。

　山形文、三角文（鱗文）、菱文、目結文（以上4種を山形文類と呼ぶ）、横線、縦弧、横弧。

　山形文や菱文は線が多重化することがあり二重山形文などと呼ぶ。単位図

Ⅱ 打越式土器とその時代

形の配置は、横列状のもの、縦列状のもの、面的なものがある。横列状のものには、単列では、連続山形文、横線付連続山形文、列状三角文、連続菱文、連続目結文、横列縦弧文、横線（類沈線）があり、その組合せは同種の繰返しか、山形文類と横線の組合せである。縦列状のものには、縦列山形文、縦列弧文がある。縦列状のものは、並列して用いることが通常で、その上や下に横線が組み合わされることも多い。面的なものには網状菱文、網状目結文、充填三角文、充填縦弧文などがある。これも上や下に横線が組み合わされることがある。

　標準的な横列基調の貝殻文様は、貝殻紋→単位図形→列状文様→列の組合せによる文様帯、という構成を取っており、図形の構造としては、施紋の最低単位である貝殻紋の内部にも構造があるということになる。

　条痕：施紋具の長さに比べはるかに長い引きずりによる痕跡の総称。通常は器面調整だが、装飾的意図が明らかな場合は「条痕紋」と呼び、それが図形を構成する場合は「条痕文様」と呼ぶ。通常は貝殻が施紋具であるため、必要がある場合それぞれの前に「貝殻」など施紋具名を付す。

　条痕紋・条痕文様に次のようなものがある。

　短条痕：長さ数センチ程度の装飾のための条痕。列短線は稀な例外を除き図形線の軸と動作方向が直交するが、短条痕は動作方向が線軸となる。

　交差条痕：ほぼ直交する2方向の条痕を交差させ、または交差させたように見える条痕文様の総称。「斜交」「格子目」「市松」等がある。

　斜交条痕：斜位の条痕を密に施した後に逆の斜位の条痕を帯状に施紋するもの。少数、帯状施紋の後でその隙間に逆斜位を充填する場合があり、区別が必要な場合に「上書」「挿入」と呼び分ける。

　格子目条痕：両方向とも帯状施紋であるため格子目状を呈する条痕文様。斜めの場合が多いが、そうでない場合もあり、必要により「正格子」「斜格子」と呼び分ける。

　斜市松条痕：異方向の斜条痕が市松状に配置されたもの。類するものとして「縦位羽状条痕」もある。

　条痕文様は一段のみであり、その下限に腹縁紋による横線が組み合わされ

ることがある。条痕を区画文的に用いることはない。
　隆線：打越式の凸線状装飾は隆帯と呼ばれることが多い。これは前後の型式との関連を意識しながら論じられてきたことが原因であろう。しかし、他の土器型式で隆帯という語が用いられる場合は、粘土紐を調整・加飾した結果、粘土紐の上（口縁側ではなく、器面から離れている側を指す）に面が形成されていることが普通である。打越式の場合、断面を三角形に仕上げ、その上が「線」となるのが基本であるから、隆線と呼ぶべきであろう。貼付による場合と口唇の調整によるはみ出し・つまみ出しの場合がある。貼付による場合両裾を器面に撫で付け密着させる。ナデ付により生じる凹線は見えず、巧みな力の加減をしているようだ。隆線上を刻むものが多い。刻みは隆線と直交する。貝殻鋸歯線によるものと棒状やヘラ状のものがある。口唇の外角または、口縁から数センチ下がって水平に巡らされるものが普通である。口唇内角に巡らされるものも珍しくない。口唇と水平隆線の間の空間に山形など斜めの隆線をもつものがある。波頂下に縦の隆線が垂下することがあるが、突起の変化とみた方がよい。

4. 変遷の概要
(1) 細分名称
　研究史をたどると、今回打越式とくくった一群は、貝殻紋の手法や隆帯・条痕の用い方で大きく3様相が認識されてきた。これを早坂 (2000) では (古)(中)(新) と表記したが、各段階の独立性と組成を知るには充分な資料が蓄積されたので、そろそろ細分型式としての呼称を与えてよいと思われる。ローマ数字では荒井・小出 (1978) とまぎらわしいので、1・2・3式とする。
(2) 打越1式
　臼久保、冷川、青根馬渡 No.2 などの遺跡が、この時期を主とする。学史的には、子母口貝塚の出土例が著名である。
　貝殻列短線および、突き引き列短線を特徴的手法とする。列短線の間にナゾリを加え擬隆帯化するものや、それが変化して沈線で表現するものもある。ナゾリがなくても、貝殻を引きずったものは列短線の下部が微隆帯状になる

II 打越式土器とその時代

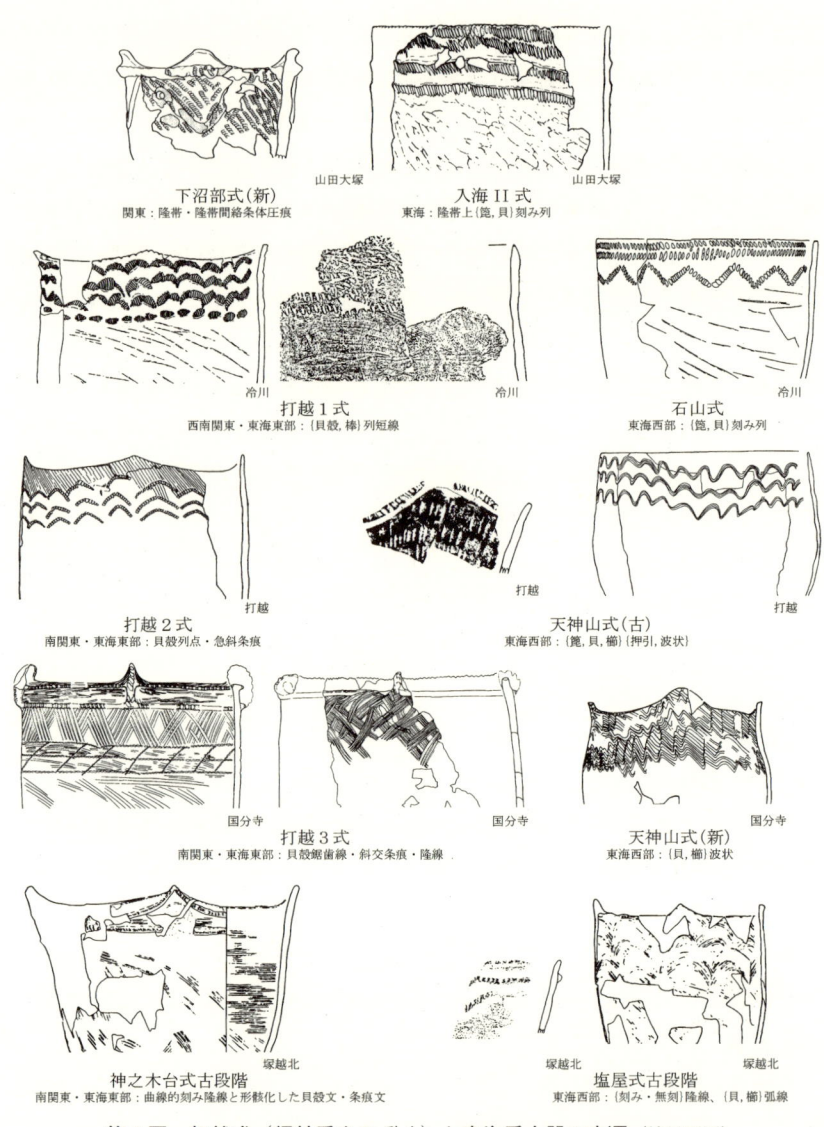

下沼部式（新）
関東：隆帯・隆帯間絡条体圧痕

入海II式
山田大塚
東海：隆帯上〔篦、貝〕刻み列

打越1式
冷川
西南関東・東海東部：〔貝殻、棒〕列短線

石山式
冷川
東海西部：〔篦、貝〕刻み列

打越2式
打越
南関東・東海東部：貝殻列点・急斜条痕

天神山式（古）
東海西部：〔篦、貝、櫛〕〔押引、波状〕

打越3式
国分寺
南関東・東海東部：貝殻鋸歯線・斜交条痕・隆線

天神山式（新）
国分寺
東海西部：〔貝、櫛〕波状

神之木台式古段階
塚越北
南関東・東海東部：曲線的刻み隆線と形骸化した貝殻文・条痕文

塩屋式古段階
塚越北
東海西部：〔刻み・無刻〕隆線、〔貝、櫛〕弧線

第1図　打越式（縄紋系をのぞく）と東海系土器の変遷（縮尺不同）

打越式土器の範囲・変遷・年代

第2表　打越式と関連する諸型式の編年

	東海西部	東海東部	南関東	北西関東・長野	
BC.5600?	入海II		下沼部(新)	(向六エ)	
BC.5500?	石山 入海II残存?	打越1(+石山)	(宮廻)	(向林)	膳棚B
BC.5400? アカホヤ	天神山(古) 塩屋中層B,C	打越2	(外播山?) (+縄紋系)	(梨久保・清水田)	
	天神山(新) 櫛描波紋・無紋	打越3	(外播山?) (+縄紋系)		
BC.5300?	塩屋(古)楠廻 間,塩屋上層一部	神之木台(古)	(外播山?)		
BC.5200?	塩屋(中) 塩屋上層	神之木台(新)		塚田	
	塩屋(新) 宮の原・羽豆岬	下吉井	(久保田)		
BC.5100?	木島1 (+下吉井系)		花積下層 (+下吉井系)	中道	

第3表　打越期とその前後の各地の主要な遺跡

東海西部	東海東部	中駿	駿東豆北	西相模	相模川上流	相模野	横須賀	鶴見川	多摩丘陵	多摩下流	台地南部 武蔵野	黒目川	富士見	大宮台地	下総台地
入海I・II 二股貝塚	入海I・II	冷川	下大ノ窪 上黒岩	井ノ口平治山 砂田台	寺野	慶応SFC 上浜田	吉井城山	山田大塚	下沼部 南大谷稲荷 TNT344	山	恋ヶ窪南 野川	立野	氷川前5J	篠山,赤山 深東B-23	三輪野山
石山 塩屋中層A	打越1 +石山	冷川	下大ノ窪 柳沢B	井ノ口平治山	青根馬渡2	上浜田 白久保	吉井城山	子母口	田中谷戸 山崎北		向郷	向山	宮廻	八雲,梅所	向原
天神山/古 塩屋中層BC	打越2	山王A	上黒岩 佛ヶ尾	真田大原	美通	上浜田 白久保	吉井城山	(子母口 新羽)	藤の台 TNT457			向山	打越	平方,鶴巻	大椎第2 有吉
楠廻間の一部 天神山/新	打越3	山王B	下大ノ窪上 川	雨沼	ナラサス	本入 大入	吉井城山	大塚台	小山田28 TNT210,534		国分寺跡 神明上		氷川前2J	大宮 北宿西 大古里	復山谷 飛ノ台
楠廻間,塩屋 塩屋/古中	神之木台	木島	乾草峠	上ノ在家 久野坂下窪	青根引山 原平	慶応SFC上 浜田	下吉井	神之木台	藤の台		野川	多聞寺前	打越6J	大宮A230	長田和田

79

II 打越式土器とその時代

し、突き引きの場合は上側が深く下に抜けるような動きであるため、微隆帯の下寄りに刻みを入れた場合と類似した効果を示している。列短線は図形線と直交させることが普通だが、図形線方向に工具を動かすものが少数ある。横線および連続山形が代表的文様。突き引きは横位平行線のみのものが目立ち、貝殻列短線は山形文類を伴うものが多い。2式以降に比べ、上位横線が有るものが多い。口縁条線帯は、沈線によるものと貝殻条痕によるものがある。口縁条線帯の条痕は器面への押しつけが弱く、下部に粘土が盛り上がることはない。入海II式の口縁刺突列に対応する。

体部は条痕のあとでナデ調整するが、平滑に仕上げる指向がなく、ナゾリ状の斜の調整痕が目立つ。口縁が弱く外反するものが目立つ。

主体的分布域は静岡県東部と神奈川県。多摩川以北は下沼部式の系統を引き継ぐ土器が主体となり打越1式が伴う。以前八雲段階と表現したものである。向郷、宮廻、向山の一部などが該当する。

(3) 出自

突き引き列短線も、貝殻列短線も、入海II式の施紋効果を別の施紋具・手法で表現したものである。しかし、入海II式と同時異相ではなく、石山並行である。入海II式は静岡県域まで主体的分布圏としていたが、胎土や技法において、東海西部と東部の違いがある（池谷2008）。入海II式と同一施紋具による刻みで隆帯貼付・作出の工程を略して施紋効果を少し変えたものが石山式であり、入海II式のうち隆線底部側を刻むものと同じ施紋効果を別工具で実現したものが打越1式である。目結文は南関東的要素であるが、打越1式の中心となるものではない。

打越1式分布圏の西縁である冷川遺跡では、石山式・打越1式突き引き類・打越1式貝殻文類が共存し、文様構成の主体が少しずつ異なる。そして、冷川の石山式の文様構成は、塩屋遺跡中層A類と打越1式の中間的様相を示している。

もし、打越2式と天神山式が明確な別型式に分離せずに推移したならば、打越1式は石山式の地域色と評価されたかもしれない。

打越式土器の範囲・変遷・年代

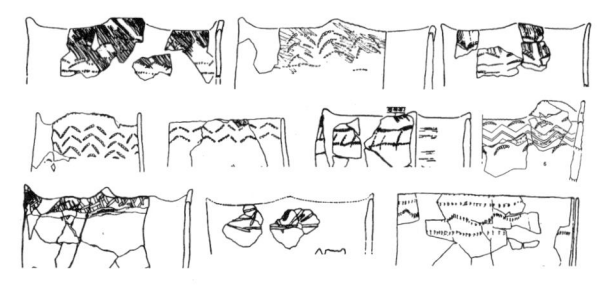

第2図　向山遺跡の打越2式土器

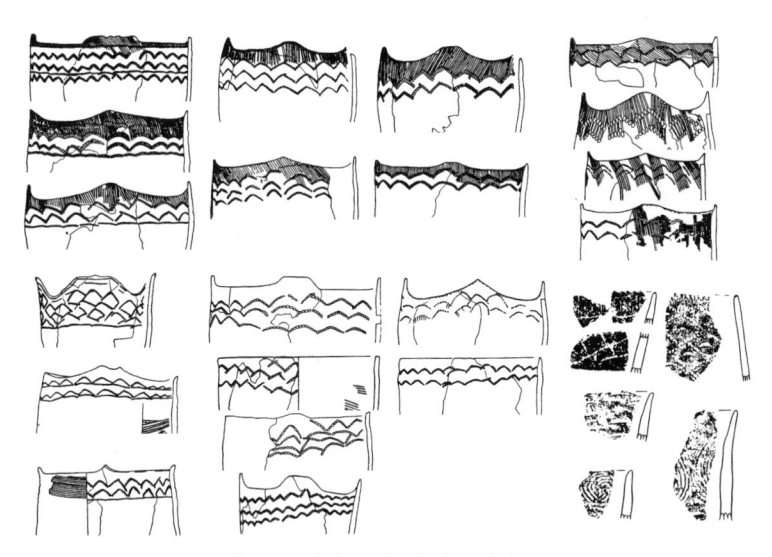

第3図　打越遺跡の打越2式土器

(4) 打越2式

　打越遺跡で認識された段階。貝殻列点を代表的手法とする。少し引きずるものや、貝殻鋸歯線となるものもある。口縁部条線帯があるものと無いものが半ばする。条線は貝殻条痕が主だが沈線もある。打越遺跡では明確な斜交でも丁寧な平行でもなく、少し斜め気味に施紋する。佛ヶ尾遺跡では明確な交叉条痕を含む。時間差か地域差かは保留する。条線帯が貝殻文の部位まで広がるものが珍しくない。

　横位隆線は無いが、佛ヶ尾で縦位貼付をもつものがある。冷川にも同様の

81

Ⅱ 打越式土器とその時代

貼付があり、粕畑〜入海式に由来する静岡方面の伝統である。口唇部装飾は貝殻またはヘラ状工具による刻みのみ。

　打越遺跡、佛ヶ尾遺跡に代表される。向山遺跡もこの時期の土器を多く出土しているが、前段階と重複しており、慎重に取り扱う必要がある。主体的分布圏は静岡東部から埼玉南部までは確実。山梨東部と千葉も、多量にまとまる遺跡はないものの同時期と見なせる在地土器が見あたらず、主体的分布圏であろう。埼玉北部及び山梨西部〜長野南部の数遺跡で客体的に出土。それらの遺跡の主体的土器はいわゆる梨久保段階の絡条体圧痕紋系土器。

(5) 打越3式

　武蔵国分寺跡遺跡北方地区で確定した段階を中核とする。まずその中核となる段階を説明する。典型例は、口唇外角または少し下げたところに隆線。口唇内角も突出させたり貼付隆線とすることが多い。隆線上は直交する刻み（丸棒またはヘラまたは貝殻腹縁）。隆線の下位に斜交条痕。条痕の下位に貝殻腹縁文。貝殻腹縁をもたないもの、貝殻腹縁と隆線を持たないものも多い。貝殻腹縁のみはなく、隆線のみは稀。隆線の下位にすぐに貝殻腹縁文のものもない。貝殻腹縁文は垂直刺突による貝殻鋸歯線が主になるが、貝殻列点も

第4図　武蔵国分寺跡遺跡北方地区の打越3式土器

珍しくない。耳状突起が発達する。

　斜交条痕の代替として格子目沈線を施すものがある。貝殻文の代替に格子目沈線のものが稀にある。格子目沈線と貝殻文が併存するものは無い。貝殻文は連続山形を主とする。目結文や菱目もある。条痕帯の下位区画としての類沈線のみのものもある。国分寺跡遺跡北方地区と神明上遺跡では

　　交差線帯を持つもの⊃隆線も持つもの⊃貝殻文も持つもの

という秩序が認められる。これが打越3式が確立している段階である。

　一方では、隆線帯の下位にすぐに貝殻文帯が来る例も知られている（山王遺跡例、大古里遺跡例、大入遺跡例など）。隆線が構成する文様から、神之木台式として周知されている段階には含み得ないものの、神之木台式古段階でも、隆線文帯の直下または帯内に貝殻文を施す例があるから、上記のような事例は、打越3式から神之木台式への移行過程を示すのだろう。打越3式に含んでおくが、将来はその中の1段階として確立する可能性がある。

　主体的分布圏は静岡東部から多摩までは確実。山梨と埼玉南部～千葉も、まとまる遺跡はないが主体的分布圏であろう。浜名湖西岸の新居町天白遺跡で多量の東海西部系に混じって6片出土している。

5. 縄紋施文土器

　打越2式にともなう縄紋施紋土器として、打越例と向山例が著名である。波頂部下に隆帯を持つ資料は、下沼部式からの脈絡をたどりやすい。恋ヶ窪南遺跡や山田大塚遺跡など、入海II式並行期の下沼部式には絡条体圧痕を充填するものがある。国分寺跡北方地区SI-8例は、この段階とした方が理解しやすく、縄紋施文土器の出現を示す例となる可能性がある。

　打越1式並行期の下沼部系の土器は、八雲貝塚や宮廻遺跡で概要を窺うことができる。それらの遺跡には縄紋施紋土器がある。縄紋施紋土器は隆帯や割管状施紋具による沈線、刺突文を伴う。量的にまとまらないため、評価に苦労するが、他時期の縄紋施紋土器の混入としようにも、ではどの型式かと問い返さざるを得ない。茅野市向林遺跡57号土坑では石山式を伴って、縄紋地紋や撚糸紋地紋で沈線による弧線や波線と隆帯を施す土器がまとまる。

II 打越式土器とその時代

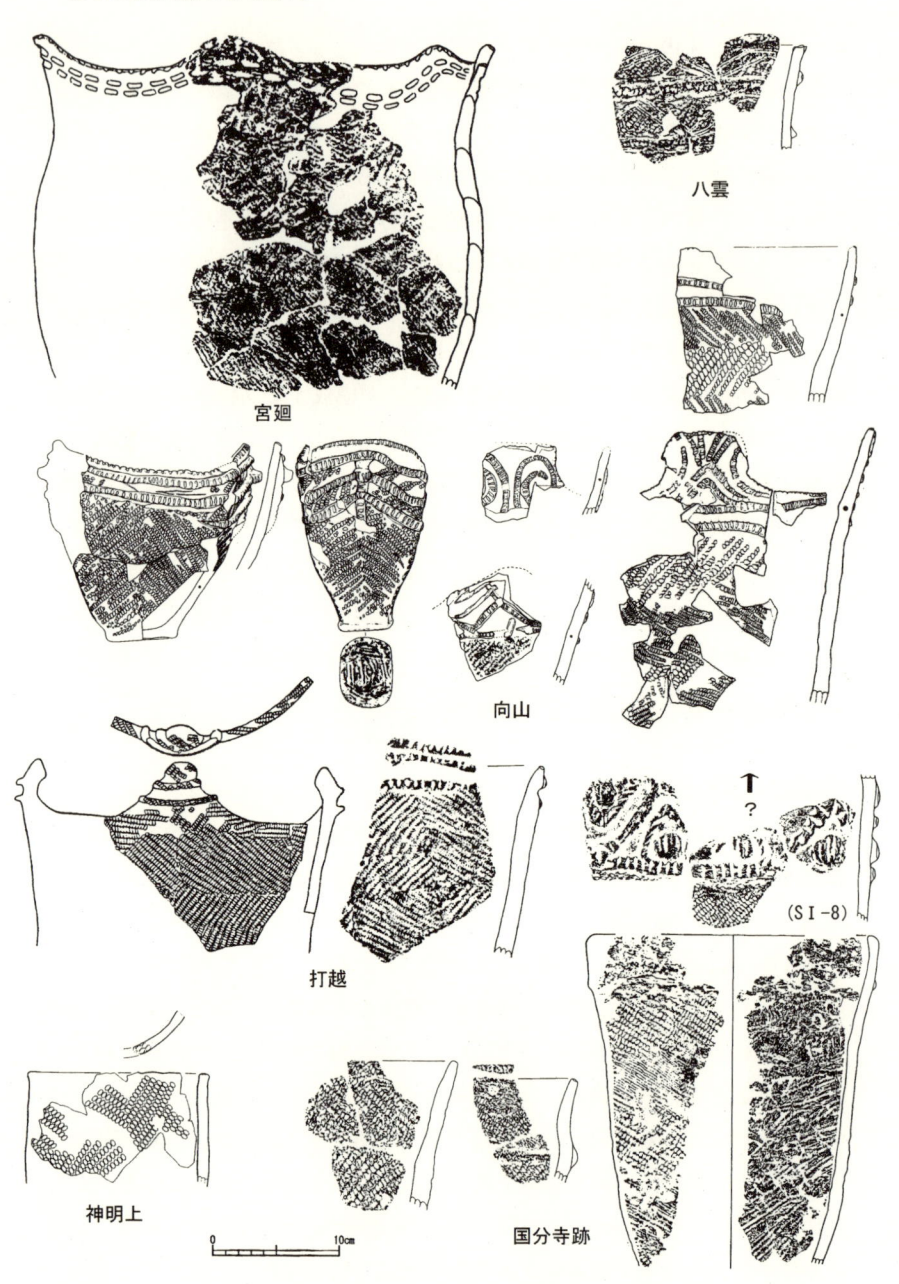

八雲

宮廻

向山

打越

(SI-8)

神明上　　　　　国分寺跡

第5図　打越式にともなった縄紋施文土器

84

いわゆる膳棚B式に特徴的な眉状絡条体圧痕紋も伴う。

　向林例は、石山―膳棚B―打越1並行期の縄紋・撚糸紋施紋土器の内容を示す好例であり、それと比較すると、八雲例や宮廻例も理解しやすい。宮林例もこの段階に置くべきであろうか。向林に類する縄紋地沈線文の土器は、関東地方北部〜長野県東部に主体的分布をもつ型式になりそうだが現状の資料は断片的である。これらと比べると、打越例や向山例は別系譜となりそうであり、あるいは、武蔵野台地北部で北関東と関わり合いながら打越式内部の異系統土器として保持されたとも思える。並行関係の手掛りに不足する外擂山例（藤巻1992）が類似した隆帯文を持っており、注意される。

　打越3式の縄紋施紋土器はさらに不明の点が多い。恋ヶ窪南・国分寺跡北方地区では入海II〜石山並行期との分別が困難であるが、SK-79例は、隆帯と口縁の間に無紋帯があり、それ以前の段階と異なる特徴を示している。神明上遺跡では、縄紋のみの深鉢が共伴した。他の遺跡では胴部破片が少し伴うだけである。

　かつて谷口康浩氏が指摘し（谷口1984）、筆者が同感（早坂2000a）したように、斜市松条痕と隆線をもつ打越式土器は打越2式に伴う羽状縄紋＋隆帯の土器と図形効果がよく似ている。そのような形で打越式内部の異系列を融合・吸収したと理解してはどうだろうか。

6. 東海西部との関係

　知多半島を中心に形成されたいわゆる東海編年は、層位的根拠を得ていない部分がある。東海西部の遺跡は多時期にわたることが通常で、引き算による検証も困難であるが、打越式の遺跡は編年上の一段階で途切れるものが多く、限られた時間幅の様相を抽出できる。以下の記述は、打越式編年から検証した東海（西部）編年ということでもある。

　打越1式には狭義の石山式（塩屋中層A）が伴う。入海2式に分類できる土器も少数伴出するようだ。

　打越2式には「塩屋中層B」と「塩屋中層C（狭義の天神山）」が伴出する。両者は一時期の組成であり天神山式古段階と扱うべきだろう。

II 打越式土器とその時代

　打越 3 式に伴う東海西部的な薄手土器は、天神山式の中でも多歯施紋具（貝殻・櫛）による波状文を主体に少なからぬ無紋土器を含む。武蔵国分寺跡北方地区における天神山式土器の出土量は、調査面積が桁違いとはいえ、東海西部の資料に比肩するものであり、一段階の設定根拠として充分だろう。

　いわゆる楠廻間式（筆者は塩屋式の古段階として捉え直すべきと考えている）に該当する資料が釈迦堂遺跡群塚越北遺跡から得られている。神之木台式の古い部分に関わっていると考えられる。楠廻間式の要素とされた多歯施紋具（貝殻・櫛）による連弧状文も塚越北に出土したほか、大塚台遺跡の出土例に注意される。

　多数の遺跡で上述の並行関係案に沿った組合せが確認できる。ただし、下ノ大窪遺跡と大入遺跡の事例は説明に困る。

7. 中信地域との関係

　諏訪湖の北にある岡谷市域には、谷を挟んで隣り合う梨久保遺跡、清水田遺跡とその 2 km 西の膳棚 B 遺跡がある。この 3 遺跡で出土する東海西部系土器は石山式から塩屋式までの各段階が揃っており、在地土器もその時間幅をカバーしているものと考えられる。膳棚 B 式が（入海 II ～）石山式並行であることはすでに指摘されている。眉状絡条体圧痕はそれに先行する鋸歯状絡条体圧痕からの変化として説明は可能だが、打越 1 式にやや目立つ貝殻の湾曲部を利用した弧状貝殻列短線との類似は無視できない。影響の方向は判断不能だが、相互に意識したものであろう。なお、伊那地域における打越式としていくどか言及された下の段遺跡例は眉状絡条体圧痕である。梨久保遺跡例は 23a 住→ 23b 住という切り合いで土器の先後が確かめられたように引用されることがあるが、報告者は、1 軒かもわからないとしているのであり、2 箇所から出土した土器の型式学的前後関係の判断から切り合いの可能性を想定している。したがって、1 軒の住居跡と扱って同一段階の組成という立場からの評価も可能である。清水田遺跡 46・47 号住も主に天神山並行と扱えるだろうが、石山式と呼ばざるを得ない破片も出土しており、一段階の資料として扱うことは困難である。梨久保例・清水田例は中沢（1997）の

「プレ塚田式」、綿田（2000）の「梨久保段階」に相当する。南関東〜東海の編年に対比すると2ないし3段階の時間幅を有するが、細分の手掛りが見いだせない。

8. 他の年代決定法との関わり

打越遺跡の資料からはまだ炭素年代が得られていないが、打越期の諸遺跡からは少なからぬ炭素年代値が得られており、概ね相互に整合的である。

国際標準較正曲線IntCal04を用いると、打越1式がBC5500以前、打越3式がBC5400頃に年代の1点を持ちそうだ。打越式の時間幅はBC55世紀を中心に、長くて300年程度、短くて百数十年だろう。

アカホヤ火山灰との関係は池谷（2006）で整理されている。確実な層位関係は、冷川遺跡の打越1→アカホヤのみである。龍ノ口遺跡例は、出土土器が打越3式期とできるものの、アカホヤとの上下関係について確実な証拠が示されていない。とはいえ、アカホヤに与えられている炭素年代（6280±130BP；町田ほか2003）や水月湖年縞年代（BC5330；福沢1995。IntCal04で対応するBP値は6375±16）は、打越3式より神之木台式に近いから、龍ノ口例に喧伝されてきた層位関係と符合する。

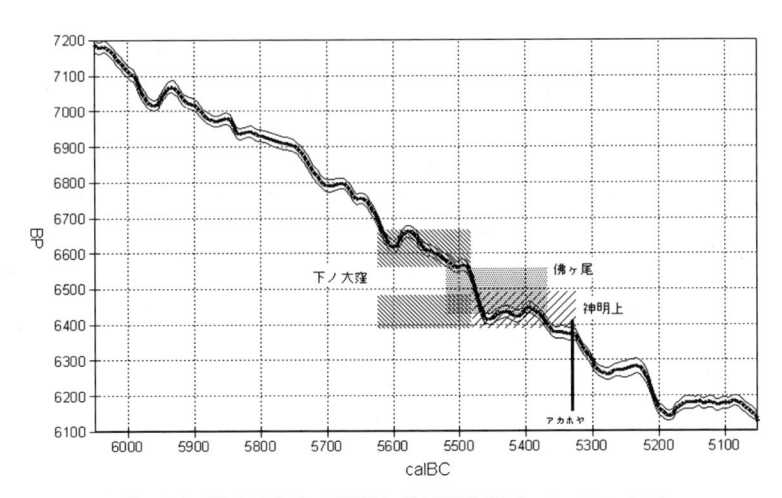

第6図 縄文早期末の炭素年代較正曲線（IntCal 04による）

II 打越式土器とその時代

第4表 打越式とそれに関連する諸型式の炭素年代

遺跡	資料	時期	補正後BP	備考
今井見切塚	住居床炭化種実	花積下層直前	6170±35	群馬埋文2005
池田B	住居覆土炭化物	下吉井	6200+-50, 6240+-50	静岡埋文2000
入江内湖	土器付着炭化物	塩屋(中)(新)	6160+-40, 6165+-30, 6190+-30, 6215+-40, 6260+-35	遠部ほか2008
		塩屋(古)	6355+-35	
慶応SFC I区	集石炭化物	下沼部 or 神之木台(古)	6140+-40, 6230+-50, 6230+-40	直接共伴土器無し 平均6200
アカホヤ火山灰	日本各地の炭素年代測定例から		6280±130	町田ほか2003
	水月湖年縞 BC.5330 に対応するBP値		6375±16	福沢1995
龍ノ口	包含層炭化材	打越3?	6330+-85	同層でアカホヤ
乾草峠	住居覆土クルミ	神之木台	6390+-50	
西田H		大畑G	6405+-45	小林2007
神明上	住居跡炭化材	打越3	6495+-45, 6460+-70, 6390+-40	平均6450
国分寺跡	遺構覆土炭化材	打越3	6410+-140, 6310+-90, 7200+-120	学習院
	charred material (土器付着炭化物?)		6490+-40, 6320+-40, 6420+-40	地球化学研究所 平均6410
佛ヶ尾	土器付着炭化物	打越2	6350±40, 6430±40, 6450±40, 6450±40, 6460±40, 6520±40, 6560±40, 6700±40	平均6490(離れた値を除くと6480)
下ノ大窪	集石木炭	打越3or入〜石	6080±40, 6390±40	6400BP前後は打越3に関わる年代か? 6600BP前後は石山の年代か?
	住居床木炭	打越3	6480±40	
	住居炉跡木炭	打越3or入海I	6410±40	
	住居炉跡木炭	打越3or石山	6420±40	
	東海系土器付着炭化物	塩中Bor石山	6410±40	
	東海系土器付着炭化物	石山or天神山	6630±40	
	条痕土器付着炭化物	入〜石or打越3	6600±40	
冷川	V層 炭化材	アカホヤ?上	6300+-140	Ⅶ層下部にアカホヤ様火山ガラスのピーク
	XI層 泥炭	アカホヤ?下	6440+-90	
	XIII層 木材	上ノ山〜打越1	6790+-110	
楠廻間	木炭	上ノ山に伴出?とされる	**6809±28**, 3195±27	東海縄文研入海式シンポ資料集より、名古屋大学測定、**太字**が上ノ山、波線が楠廻間段階に対応し海洋効果300yrsBP程度か?
	ハイガイ		**7044±28**, 6628±29	
	マガキ		6614±29	
	ハイガイ	楠廻間段階に伴出?とされる	**7115±30**, 6574±29	
	ハマグリ		6658±29	
	炭化物		4789±24	
天神前	貝(おそらくハイガイ)	下沼部	6980+-60	海洋効果不明
八王子	土器付着炭化物	粕畑	6845+-35, 6800+-35	愛知埋文2003
西田H	土器付着炭化物	常世II	6950+-40	小林2007

縄文時代早期の貝塚と水産資源利用
―東京湾沿岸の事例を中心として―

領 塚 正 浩

はじめに

　後氷期の急激な温暖化を背景として、海水準は約10000～6000年前までの約4000年間[1]に約40mもの急激な上昇をとげ（遠藤1999）、その過程で縄文時代早期の東京湾沿岸に広大な浅海域を出現させた。こうした海水準の上昇と広大な浅海域の形成は、やがて東京湾沿岸を全国一の貝塚密集地帯へと変貌させ、縄文時代を通じて950ヶ所近くの貝塚が形成される。

　貝塚の出現は、縄文文化を特徴付ける重要な要素の一つであり、縄文時代早期の貝塚から出土した水産資源関係の遺物を抽出し、その利用実態を解明することは、縄文文化の成立を考える上でも重要である。

　ここでは、東京湾沿岸に分布する縄文時代早期の77ヶ所の貝塚（第2表参照）を対象とし、そこから出土した水産資源関係の遺物を抽出することにより、縄文時代早期の水産資源利用について考えてみたい。

1. 時期的特徴

　縄文時代早期の範囲については、研究者によって異なるところであるが、ここでは撚糸文土器群の井草式・大丸式を早期初頭、条痕文土器群の下吉井式を早期最終末とし、撚糸文土器群をⅠ期、貝殻・沈線文土器群をⅡ期、条痕文土器群をⅢ期と3期に大別し、さらに各期を数型式単位で計11期に区分した（第1表）。

　細別時期については、報告書に掲載された土器などから筆者が独自に判断し、報告書と異なる時期としたものがあることを、予めお断りしておきたい。以下、こうした大別・細別区分に基づきながら、時期的な特徴を述べてみた

II 打越式土器とその時代

い。

(1) I期の貝塚

　I期は、早期前葉の撚糸文土器群の時期とし、詳細な時間軸を設定することを目的として、これを更にa期；井草・大丸期、b期；夏島・稲荷台期、c期；花輪台・平坂期に細別した。具体的には、神奈川県横須賀市の平坂貝塚（岡本1953、剣持・野内1983、領塚1984）・夏島貝塚（杉原・芹沢1957）、千葉県船橋市の取掛西貝塚（船橋市教育委員会2009）、館山市の沖ノ島遺跡（岡本・松島ほか2006）の4ヶ所の貝塚があり、平坂貝塚と夏島貝塚がIa期とIb期、平坂貝塚・取掛西貝塚・沖ノ島遺跡がIc期に属する。

　I期の貝塚としては、平坂貝塚や夏島貝塚が古くから知られていたが、夏島貝塚でヤマトシジミやマガキを主体とするIa期の貝層の存在が指摘されたり（岡本1989）、最近になって取掛西貝塚でヤマトシジミ主体の貝塚が発見され、新しい調査成果が得られている（船橋市教育委員会2009）。取掛西貝塚では、竪穴住居跡の覆土中からイノシシの頭骨12個体分やニホンジカの頭部2個体分などが平面的にまとまって出土し、その上を覆うように貝層が形成されていた。船橋市教育委員会によると、これらは儀礼行為にかかわるものとされている（船橋市教育委員会2009）。

(2) II期の貝塚

　II期は、早期中葉の貝殻・沈線文土器群の時期とし、詳細な時間軸を設定することを目的として、これをa期；竹之内・三戸期、b期；田戸下層期、c期；田戸上層期に細別した。具体的には、神奈川県夏島貝塚（杉原・芹沢1957）と子母口貝塚（渡辺1968）の2ヶ所の貝塚があり、夏島貝塚はIIb期、夏島貝塚と子母口貝塚はIIc期に属する。IIa期の貝塚は未確認である。これまでの研究では、夏島貝塚の第一混土貝層が田戸下層期（IIb期）、第二貝層が田戸上層期（IIc期）とされているが、第二貝層の出土土器の主体は田戸下層II期つまりIIb期であり、従来の田戸上層期のみとする意見には賛同できない。子母口貝塚は、子母口式土器の標式遺跡として著名であるが、A地点ではマガキを主体とし、ヤマトシジミやハイガイを多く含む貝層中から、田戸上層（新）期つまりIIc期の土器が出土し（渡辺1968）、子母口式に先行

する時期の貝層が確認されている。かつては、千葉県館山市の稲原貝塚に田戸上層期（IIc期）の貝層を認める意見（江坂1973）もあったが、土器研究の進展により、早期後葉（III期）の貝塚であることが明らかになった。

(3) III期の貝塚

III期は、早期後葉の条痕文土器群の時期とし、詳細な時間軸を設定することを目的として、これをa期；子母口・野島・鵜ヶ島台期、b期；茅山下層・茅山上層期、c期；上ノ山・入海併行期、d期；打越期、e期；神之木台・下吉井期に細別した。III期の貝塚は74ヶ所で確認されているが、詳細な時期を特定できた貝塚は、半数以下の32ヶ所にとどまっている。内訳は、IIIa期7ヶ所、IIIb期11ヶ所、IIIc期5ヶ所、IIId期3ヶ所、IIIe期7ヶ所であり、III期前半が18ヶ所、III期後半が15ヶ所であった。

III期の貝塚は、一般に遺構内に形成された小規模なものが多く、74ヶ所の貝塚のうち、竪穴住居跡の覆土に形成されたもの12ヶ所、炉穴の覆土に形成されたもの30ヶ所、土坑の覆土に形成されたもの10ヶ所となっている。竪穴住居や炉穴内に水産資源の残滓を集約する貝塚形成のあり方は、現・奥東京湾沿岸に分布するIII期の貝塚を特徴付けるものであり、それらは現東京湾湾奥部の東岸と奥東京湾の南部沿岸に集中する。これに対して、現東京湾の湾口部にある茅山貝塚（赤星・岡本1957）・吉井城山第一貝塚（赤星1962、神沢1962）・稲原貝塚（石橋2000）などは、台地の斜面に大規模な貝塚を形成しており、両者のあり方は大きく異なる。

現・奥東京湾沿岸ではIII期に至り、ほぼ全域に鹹水産貝類あるいは汽水産貝類主体の貝塚が形成されるが、それらは海水準の高位安定期の直前に急増しており、水産資源利用の活発化を一面では物語っているが、その程度は必ずしも一様なものではない。現東京湾沿岸では、吉井城山第一貝塚・第二貝塚（赤星・岡本1962、神沢1962）や飛ノ台貝塚（金子・篠原ほか1978）など、積極的な水産資源利用の痕跡が認められる遺跡がある一方で、奥東京湾沿岸の貝塚のように、貝塚の規模が小さく利用の痕跡が乏しい地域もあり、水産資源利用のあり方には地域性がある。

II 打越式土器とその時代

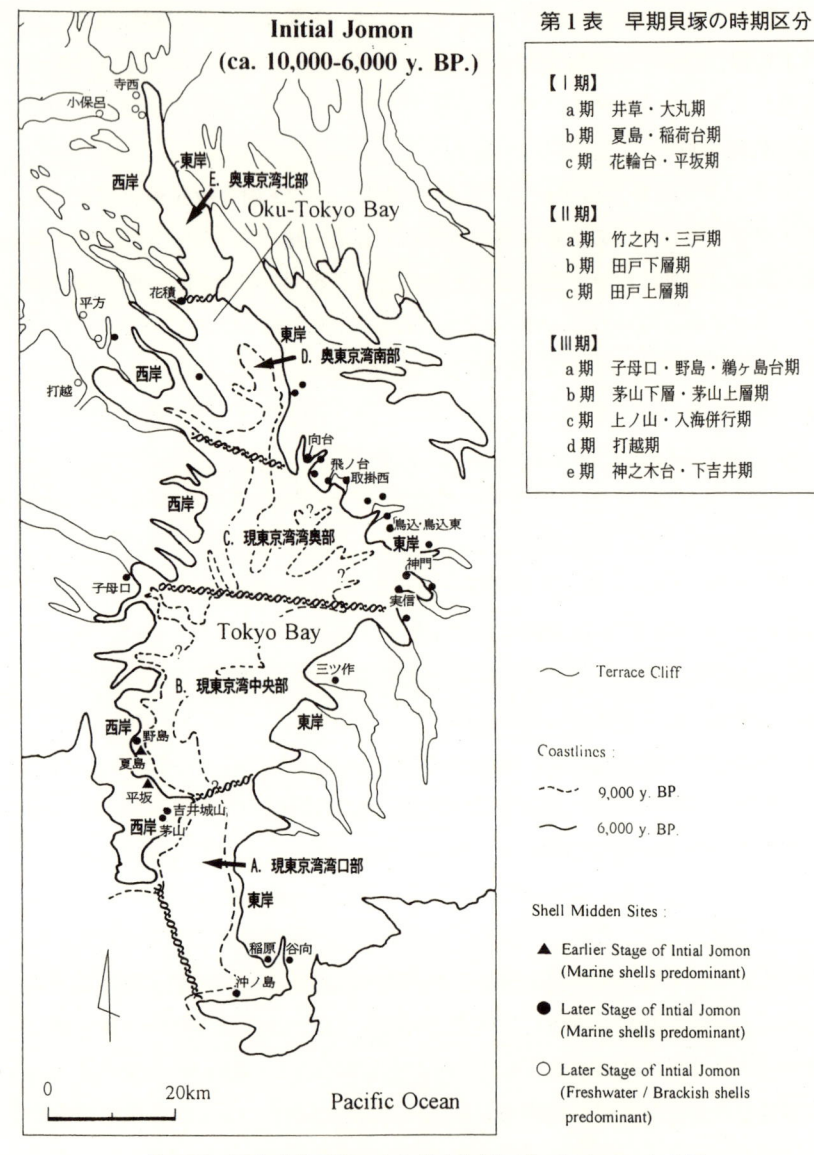

Initial Jomon (ca. 10,000-6,000 y. BP.)

第1表　早期貝塚の時期区分

【Ⅰ期】
　a期　井草・大丸期
　b期　夏島・稲荷台期
　c期　花輪台・平坂期

【Ⅱ期】
　a期　竹之内・三戸期
　b期　田戸下層期
　c期　田戸上層期

【Ⅲ期】
　a期　子母口・野島・鵜ヶ島台期
　b期　茅山下層・茅山上層期
　c期　上ノ山・入海併行期
　d期　打越期
　e期　神之木台・下吉井期

地図ラベル：
- 寺西、小保呂、東岸、西岸
- E. 奥東京湾北部 Oku-Tokyo Bay
- 花積、平方
- 打越
- D. 奥東京湾南部
- 向台、飛ノ台、取掛西
- 鳥込・鳥込東、神門、実信
- C. 現京湾奥部
- 子母口
- Tokyo Bay
- 三ツ作
- B. 現東京湾中央部
- 野島、夏島、平坂、吉井城山、茅山
- A. 現東京湾口部
- 稲原、谷向、沖ノ島
- Pacific Ocean

〜 Terrace Cliff

Coastlines：
------- 9,000 y. BP.
——— 6,000 y. BP.

Shell Midden Sites：
▲ Earlier Stage of Initial Jomon
　(Marine shells predominant)
● Later Stage of Initial Jomon
　(Marine shells predominant)
○ Later Stage of Initial Jomon
　(Freshwater / Brackish shells predominant)

第1図　縄文時代早期の東京湾と海域区分（樋泉2007を改変）

2. 地域的特徴

　ここでは、東京湾沿岸の地域性を明らかにするために、湾内を暫定的に細かく区分することにしたい。具体的には、まず三浦半島先端の剱崎と房総半島の洲崎を結んだ線を東京湾の南限（入り口）とし、そこから横須賀市の観音崎と富津市の富津岬付近を結んだ線までを「湾口部」、それ以北の現東京湾沿岸を川崎市と大田区の中間を流れる多摩川、市原市を流れる養老川を結んだ線で二分し、南側を「中央部」北側を「湾奥部」とした（第1図参照）。

　また、奥東京湾と呼ばれる地域は、埼玉県春日部市の大衾とさいたま市岩槻区の小溝を結んだ線で二分し、南側を「南部」北側を「北部」とした。以下、現在の東京湾を「現東京湾」、縄文海進にともない、その北部に出現した東京湾を「奥東京湾」と呼称し、話を進める。

(1) 現東京湾湾口部

1) 西岸地域

　III期の貝塚が5ヶ所確認されている。IIIb期に属する茅山貝塚（赤星・岡本1957）や吉井城山第一・第二貝塚（赤星・岡本1962、神沢1962）は、遺構外に広がるマガキ主体の大規模な斜面貝塚であり、水産資源が積極的に利用されている。

2) 東岸地域

　I期1ヶ所、III期4ヶ所の貝塚が確認されている。春日山（不入斗）貝塚（金子1983）以外で、イルカ類の出土が確認されており、対岸の現東京湾湾口部・中央部と並んで、出土頻度が他地域を凌駕している。特に館山市の稲原貝塚では、黒耀石が突き刺さったイルカ類の骨が出土し、研究者の注目を集めているが、その詳細な時期については不明である。

(2) 現東京湾中央部

1) 西岸地域

　この地域では、I〜III期までの幅広い時期の貝塚が確認されているが、総数は9ヶ所と少ない。具体的には、I期の平坂貝塚（岡本1953、剣持・野内1983、領塚1984）や夏島貝塚（杉原・芹沢1957）、II期の夏島貝塚（杉原・芹沢1957）や子母口貝塚（渡辺1968）、III期の野島貝塚（赤星1948）などがあり、

II 打越式土器とその時代

遺構外の斜面貝塚が目立つ。食用あるいは利器・装飾品の素材として水産資源が多様に利用されており、食用とする魚類を捕獲するための精巧な釣針やヤス状の刺突具なども、平坂貝塚・夏島貝塚・子母口貝塚・野島貝塚から出土し、質量ともに他地域を凌駕している。この地域には、I期以降に継続して多様な水産資源を利用する集団がいたと考えられる。

2) 東岸地域

袖ヶ浦町にあるIIIb期の三ツ作貝塚のみである。茅山上層式を主体とする遺構外の斜面貝塚であるが、貝類以外の動物遺体は報告されていない。

(3) 現東京湾湾奥部

1) 西岸地域

この地域では、これまでにI～III期の貝塚は確認されていない。東京都北区の清水坂貝塚（鈴木1934）は、前期初頭の花積下層期の所産とされているが、貝塚が二ヶ所の貝層からなっていたこと、打越式土器をまとまって出土することから、IIId期の貝層があった可能性も残るが、可能性を指摘するにとどめたい。

2) 東岸地域

この地域は、これまでに26ヶ所の貝塚が確認されており、現・奥東京湾最大の密集地帯となっている。内訳はI期1ヶ所とIII期25ヶ所であり、I期の取掛西貝塚（船橋市教育委員会2009）は新たに確認されたものである。おそらく、今後もIII期を中心に小規模な貝塚が確認されよう。貝塚の分布には粗密があり、花見川周辺（8ヶ所）や村田川周辺（7ヶ所）に集中する傾向がある。

花見川周辺では、ハイガイを主体とする貝塚が目立ち、鳥込貝塚（古内2000）周辺では4ヶ所の貝塚が隣接し、III期前半という時間幅の中で、継続的に貝塚が形成されている。また、一方でハマグリを主体とする花咲貝塚（堀部1971）・神門遺跡（小池・加藤ほか1991）・実信貝塚（佐藤・新田1997）なども散見され、必ずしもマガキやハイガイが主体となる貝塚ばかりではないことがわかる。こうした集中地域からは外れるが、船橋市の飛ノ台貝塚（金子・篠原ほか1978）では、食用としたコウイカの甲羅やカニ類が出土したり、

ハマグリやカガミガイを加工した貝刃が出土するなど、水産資源を積極的に利用した集落として注目される。コウイカは、縄文時代後期の堀之内貝塚（市川市）にまとまった出土例があるが、その捕獲がIIIa期（野島期）にまで遡ることは、注目すべきであろう。

また、村田川流域では、神門遺跡（小池・加藤ほか1991）や実信貝塚（佐藤・新田1997）などIII期に属する低位性（低地性）貝塚が確認されており、この地域の大きな特徴となっている。神門遺跡は、遺物が少なく詳細な時期の特定が困難であるが、IIIb期（茅山下層期）やIIIe期（下吉井期）の土器が出土しており、付近からIIIe期（下吉井期）の集石遺構が確認されていることから、IIIe期には貝塚が形成されていたと推定される。このような低位性（低地性）貝塚は、市川市の雷下遺跡（四柳2007）でも報告されており、II期やIII期の土器を包含する貝層の存在が指摘されるが、未報告でもあり、可能性を指摘するにとどめたい。現東京湾の湾奥部東岸では、前期以降にも低位性（低地性）貝塚が見られるが、こうした貝塚が少なくともIII期には出現し、その後も断続的に形成される。

(4) 奥東京湾南部
1) 西岸地域

この地域の貝塚は、「古入間湾」に面した貝塚群と本谷側の小支谷に面した貝塚からなり、後者はすべて異なる支谷に面して、貝塚が形成されている。「古入間湾」に面した貝塚群では、III期の貝塚が19ヶ所で確認されており、現・奥東京湾西岸では最も分布密度が高い。詳細な時期が特定できないものが多いが、特定できたものではIII期前半（ab期）が1ヶ所、III期後半（cde期）が5ヶ所と、後者が目立つ点に特徴がある。ヤマトシジミを主体とした貝層の形成は、この地域の最大の特徴であり、遺跡付近に河口域または潟湖[2]のような環境があったことを物語っている。こうした環境を裏付けるかのように、埼玉県富士見市の打越遺跡（金子1978）ではアシハラガニがまとまって出土している。堀越正行氏も指摘しているように（堀越2009）、「古入間湾」の想定には再考の余地があろう。

「古入間湾」沿岸以外でもIII期の貝塚が3ヶ所で確認されているが、時

II 打越式土器とその時代

期のわかる蓮田市の天神前遺跡がIIIc期、春日部市の花積貝塚(下村・金子 1970) の7号住居址がIIIe期というように、時期的にも一定せず、水産資源利用の痕跡に乏しい。

2) 東岸地域

この地域では、III期の貝塚が7ヶ所確認されており、野田市と流山市にまとまっている。ハイガイやマガキなどの鹹水産の貝類が主体を占めており、ヤマトシジミがまったく含まれていないことから、この付近に塩分の高い海水が流入し、内湾が形成されていた可能性が高い。

市川市から松戸市にかけての地域では、これまでにI～III期の貝塚は確認されていない。この付近では、下総台地西方の低地部分に波蝕台が分布していることから、縄文海進期の浸食作用で当該期の貝塚が消滅した可能性があり、こうした状況は現東京湾湾奥部の西岸と共通する。

(5) 奥東京湾北部

最奥部(西岸)の群馬県板倉町で小保呂第一貝塚・同第二貝塚・一峯貝塚・離山貝塚・寺西貝塚 (相沢・宮田 1989、宮田 1999) などIII期の貝塚が5ヶ所、東岸の埼玉県杉戸町の向台遺跡でIII期の貝塚が1ヶ所確認されている。板倉町にあるIII期の貝塚群は、ヤマトシジミを主体とする貝塚であり、寺西貝塚でIIIc期の可能性がある土器も出土しているが(近藤義郎氏調査資料)、全体としてはIII期前半 (ab期) の貝塚が主体をなしており、その点で奥東京湾南部西岸(古入間湾)の貝塚群と異なる。III期前半 (ab期) に形成された小保呂第一貝塚・同第二貝塚・寺西貝塚などでは、マガキ・ハイガイ・オキシジミ・アカニシ・ウミニナなどの貝類が出土し、小規模なマガキの純貝層ブロックも確認されているが、これらは遺跡から離れた場所で採集された可能性があり、必ずしも周辺の環境を直接的に反映したものとはいえない。おそらく、奥東京湾の本谷に注ぐ河川の流路に沿って、細長い入り江状の内湾が形成され、満潮時に塩分の高い海水が流入していたのであろうが、ヤマトシジミが生息しない鹹度の高い海域との境界は不明である。板倉町には、ほかにも飯島山・原宿台・原宿・新内山など、III期の可能性が指摘されている貝塚もあるが(外山 1989)、現状では判断しかねるために、ここで

縄文時代早期の貝塚と水産資源利用

第2表　現・奥東京湾沿岸に分布する縄文時代早期の貝塚一覧

A. 現東京湾湾口部
＜西岸地域＞
【神奈川県三浦市】
1. 岩井口貝塚　Ⅲ期
【神奈川県横須賀市】
2. 茅山貝塚　Ⅲb期
3. 下吉井遺跡　Ⅲe期
4. 吉井城山貝塚　Ⅲb期
5. 高坂貝塚　Ⅲe期
＜東岸地域＞
【千葉県富津市】
6. 春日山貝塚　Ⅲ(ab)期
【千葉県南房総市】
7. 谷向貝塚　Ⅲ(ab)期
【千葉県館山市】
8. 稲原貝塚　Ⅲ(ade)期
9. 沖ノ島遺跡　Ⅰc期

B. 現東京湾中央部
＜西岸地域＞
【神奈川県横須賀市】
10. 平坂貝塚　Ⅰabc期
11. 夏島貝塚　Ⅰabc/Ⅱbc/Ⅲ(abcd)期
12. 野島貝塚　Ⅱab期
【神奈川県横浜市】
13. 白幡西貝塚　Ⅲe期
14. 大口坂貝塚　Ⅲ(ab)期
15. 神之木台遺跡　Ⅲe期
16. 宮の原貝塚　Ⅲc期
17. 権田原遺跡　Ⅲ期
【神奈川県川崎市】
18. 子母口貝塚　Ⅱc/Ⅲ(abcd)期
（2）東岸地域
【千葉県袖ヶ浦町】
19. 三ツ作貝塚　Ⅲb期

C. 現東京湾奥部
＜西岸地域＞
【東京都北区】
※清水坂貝塚　Ⅲd期？
＜東岸地域＞
【千葉県市川市】
20. 向台貝塚　Ⅲ期
21. 杉ノ木台貝塚　Ⅲa期
22. 美濃輪台貝塚　Ⅲb期
【船橋市】
23. 飛ノ台貝塚　Ⅲab期
24. 取掛西貝塚　Ⅰc期

25. 藤崎台貝塚　Ⅲ期
【千葉県習志野市】
26. 花咲貝塚　Ⅲb期
【千葉県千葉市】
27. 大道遺跡　Ⅲ期
28. 清水作貝塚　Ⅲa期
29. 長作城山貝塚　Ⅲb期
30. 鶴牧貝塚　Ⅲ期
31. エゴタ遺跡　Ⅲc期
32. 鳥込西貝塚　Ⅲ期
33. 鳥込貝塚　Ⅲ(ab)期
34. 鳥込東貝塚　Ⅲ期
35. 鳥喰東遺跡　Ⅲ(ab)期
36. 向ノ台貝塚　Ⅲ期
37. 中野遺跡　Ⅲ期
38. 神門貝塚　Ⅲ(be)期
39. 伯父名台遺跡　Ⅲb期
40. 小金沢古墳群　Ⅲb期
41. 押沼大六天遺跡　Ⅲb期
※原屋敷貝塚　Ⅲ期？
※東ノ上東貝塚　Ⅲ期？
※オクマンノ貝塚　Ⅲ期？
【千葉県市原市】
42. 六之台貝塚　Ⅲ期
43. 辰巳台遺跡群　Ⅲb期
44. 実信貝塚　Ⅲ期
45. 天神台（諏訪台）貝塚　Ⅲ期

D. 奥東京湾南部
＜西岸地域＞
【埼玉県富士見市】
46. 北通遺跡　Ⅲ期
47. 氷川前遺跡　Ⅲ期
48. 打越遺跡　Ⅲde期
49. 谷津遺跡　Ⅲd期
50. 山室遺跡　Ⅲa期?d期？
51. 貝塚山遺跡　Ⅲ期
【埼玉県ふじみ野市】
※川崎遺跡　Ⅲ期？
【埼玉県川越市】
52. 小仙波貝塚　Ⅲ期
【埼玉県上尾市】
53. 畔吉貝塚　Ⅲ期
54. 平方貝塚　Ⅲd期
55. 稲荷台遺跡　Ⅲ期
56. 薬師耕地前遺跡　Ⅲa期
【埼玉県さいたま市】
57. 五味貝戸貝塚　Ⅲ(ab)期

58. 下加貝塚　Ⅲ(ab)期
59. 北宿遺跡　Ⅲe期
60. 篠山遺跡　Ⅲ期
61. 八雲貝塚　Ⅲc期
【埼玉県川口市】
※赤山貝塚　Ⅲ期？
※石臼稲荷貝塚　Ⅱc期？
【埼玉県蓮田市】
62. 天神前遺跡　Ⅲc期
【埼玉県春日部市】
63. 花積貝塚　Ⅲe期
64. 坊荒句北遺跡　Ⅲ期
＜東岸地域＞
【千葉県野田市】
65. 岩名第14遺跡　Ⅲ期
66. 岩名貝塚　Ⅲa期
67. 宝蓮坊貝塚　Ⅲ期
68. 北前貝塚　Ⅲc期
【千葉県流山市】
69. 三輪野山北浦遺跡　Ⅲa期
70. 三輪野山八重塚遺跡　Ⅲ期
71. 北谷津第Ⅰ遺跡　Ⅲ期
※長崎貝塚　Ⅲ期？
※前ヶ崎(東)貝塚　Ⅲ期？
【千葉県松戸市】
※谷ツロⅡ遺跡　Ⅰ期？
※二ツ木向台貝塚　Ⅰ期？

E. 奥東京湾北部
【群馬県板倉町】
＜西岸地域＞
72. 小保呂第一貝塚　Ⅲ(ab)期
73. 小保呂第二貝塚　Ⅲa期
74. 一峯貝塚　Ⅲ期
75. 離山貝塚　Ⅲ(a)期
76. 寺西貝塚　Ⅲ期
※飯島山貝塚　Ⅲ期？
※原台地貝塚　Ⅲ期？
※原宿貝塚　Ⅲ期？
※新内山貝塚　Ⅲ期？
＜東岸地域＞
【埼玉県杉戸町】
77. 向台遺跡　Ⅲ期

＜凡　例＞
ⅠⅡⅢabcde；貝層の時期
（　）；推定される貝層の時期
※；可能性がある遺跡

97

Ⅱ 打越式土器とその時代

は扱いを保留しておきたい。

　また、東岸にある埼玉県杉戸町の向台遺跡では、炉穴内からハイガイやマガキを主体とし、オキシジミやハマグリを含むⅢ期の貝層ブロックが確認されており、付近に塩分の高い内湾が存在していた可能性が高い。

3. 水産資源の利用形態

　Ⅰ～Ⅲ期の貝塚から出土した水産資源は、①食料として利用されたもの、②土器の文様を描くための施文具として利用されたもの、③利器など実用品の素材として利用されたもの、④装飾品として利用されたもの、⑤その他に分類することができるので、以下、それらを具体的に取り上げてみたい。

(1) 食料として利用されたもの

　量的に卓越することはいうまでもないが、それらは貝類（腹足類・斧足類）・頭足類・甲殻類・海胆類・魚類・哺乳類と多岐にわたっており、その組成や出現頻度は同じ東京湾でも地域によって異なる。

1) 貝類（腹足類・斧足類）

　Ⅰ～Ⅲ期の貝塚から出土した貝類は110種類以上にも及ぶが、貝類の生息環境が塩分濃度・水深・堆積物などに影響されるため、貝種の組成や主体となる貝種は地域や遺跡によって異なっている。奥東京湾沿岸に分布するⅢ期の貝塚32ヶ所のうち、10種類以上の貝種が報告されている遺跡は2ヶ所、10種類以下は27ヶ所、不明は3ヶ所となっており、水産資源として利用された貝種が少ないことがわかる。これに対して、現東京湾沿岸に分布するⅠ～Ⅲ期の貝塚42ヶ所のうち、10種類以上の貝種が報告された遺跡が16ヶ所、10種類以下が21ヶ所、不明が5ヶ所となっており、奥東京湾沿岸と比較して、貝種が相対的に多いことがわかる。特に現東京湾湾口部沿岸にあるⅢ期の茅山貝塚（赤星・岡本1957）・吉井城山第一貝塚（赤星・岡本1962）・稲原貝塚（石橋2000）などでは、40種類以上の貝種が報告されており、そのすべてが食用にされていなかったとしても、多種にわたる貝類の利用がおこなわれていたことがわかる。現東京湾の湾口部に近いほど貝種が増加する傾向にある点は注目すべきであろう。

今回、現・奥東京湾沿岸に分布するIII期の貝塚を対象として、出土した貝類の貝種を集計したところ、最も多かったのはマガキとハイガイ（同数）で、以下ハマグリ→オキシジミ→シオフキ→アサリ・ヤマトシジミ（同数）→アカニシ→カガミガイ→サルボウガイ・ツメタガイ（同数）→マテガイ→オオノガイという結果が出た。マガキとハイガイを出土する遺跡が最も多いことは、これまでの調査結果と符合しており、そのことが集計上からも裏付けられた。奥東京湾の南部西岸と北部北岸にヤマトシジミが主体を占めるIII期の貝塚群があることは、従来から知られていたが、現東京湾の湾奥部にある飛ノ台貝塚（金子・篠原ほか1978）・鳥込貝塚（古内2000）・鳥込東貝塚（古内2000）のようにハイガイが主体を占めるIII期の貝塚群がある一方、同じ湾奥部東岸でも同時期にハマグリが主体となる花咲貝塚（堀部1971）・神門遺跡（小池・加藤ほか1991）・実信貝塚（佐藤・新田1997）などの貝塚があることがわかった。神門遺跡や実信貝塚などの低位性（低地性）貝塚の場合、集落に近い泥底の干潟ではなく、集落から離れた砂泥底の干潟まで出向き、貝類を採取していた可能性がある。また、イボキサゴが現東京湾の湾奥部東岸を中心に出土すること、ツメタガイが奥東京湾沿岸では出土していないことなどもわかり、出土する貝種や主体を占める貝種に大小の地域差があることが明らかになった。

2) 頭足類

飛ノ台貝塚（金子・篠原ほか1978）では、IIIa期に属するコウイカの出土が報告されており、コウイカが産卵のために寄り付くような、アマモなどの海藻の存在が想起される。

3) 甲殻類

フジツボ類やカニ類の出土が報告されている。フジツボ類は、食用にできる部分が極めて少ないことから、マガキなどに付着して混入したものであろう。カニ類は、埼玉県富士見市の打越遺跡（金子1978）や千葉県船橋市の飛ノ台貝塚（金子・篠原ほか1978）で出土が報告されている。打越遺跡の事例は、IIId期のアシハラガニ（21個体分）が土坑内から出土したもので、飛ノ台貝塚の事例はIIIa期のイシガニ類であった。

Ⅱ 打越式土器とその時代

4) 海肝類

　吉井城山第一貝塚（赤星・岡本 1962）から Ⅲb 期のムラサキウニ（皮の部分）が出土しているが、その絶対量は不明である。

5) 魚類

　Ⅰ～Ⅲ 期の貝塚から出土した魚類は 40 種類以上にも及ぶが、その多くは現東京湾沿岸の貝塚から出土したものである。現東京湾の湾口部沿岸と中央部西岸では、スズキ・クロダイ・マダイ・マグロ類・サメ類・エイ類がⅠ～Ⅲ 期まで時期を問わずに出土するが、現東京湾湾奥部の貝塚では飛ノ台貝塚でスズキ・クロダイ・マダイ・コチ・ボラ・ウナギ・イワシ類・サメ類などが出土している以外、市原市の辰巳台遺跡群でイワシ類、市川市の向台貝塚でクロダイの椎骨が 1 点出土しているに過ぎない。奥東京湾の貝塚では、Ⅲe 期の花積貝塚 7 号住居址内の貝層中から、鹹水産の複数の種類の魚骨の出土が報告されているが、こうした事例は他に例がない。奥東京湾沿岸における魚類の捕獲と食用は、早期の段階では極めて稀であったことがわかる。

　夏島貝塚では、Ⅰb 期の第一貝層や Ⅱbc 期の第二貝層から、精巧な釣針やヤス状の刺突具が出土しており、これらを用いた魚類の捕獲がおこなわれているし、平坂貝塚では Ⅰab 期と Ⅰc 期の貝層中からマイワシが出土し（岡本 1953、剣持・野内 1983）、特に東貝塚の Ⅰb 期の貝層サンプルからはマイワシの椎骨が多数確認されている（剣持・野内 1983）。当時の技術で製作された釣針や刺突具でイワシ類を捕獲することは困難であり、魚網などによる捕獲を想定せざるをえない。現東京湾湾口部や中央部の西岸では、ほかにも Ⅱc 期の子母口貝塚・Ⅲa 期の野島貝塚・Ⅲb 期の吉井城山第一貝塚（赤星・岡本 1962）から、食用とする魚類を捕獲するための精巧な釣針あるいはヤス状の刺突具などが出土しており、この地域では釣針・刺突具・魚網などによる魚類の捕獲が Ⅰ 期からおこなわれていた可能性がある。

6) 哺乳類

　最も出土頻度が高いのはイルカ類であり、Ⅰ 期の平坂貝塚（岡本 1953、剣持・野内 1983、領塚 1984）・夏島貝塚（杉原・芹沢 1957）・沖ノ島遺跡（岡本・松島ほか 2006）、Ⅱ 期の夏島貝塚（杉原・芹沢 1957）、Ⅲ 期の茅山貝塚（赤星・岡

縄文時代早期の貝塚と水産資源利用

本1957)・吉井城山貝塚（赤星・岡本1962)・野島貝塚（赤星1948)・春日山（不入斗）貝塚（金子1983)・谷向貝塚（野口・伊勢田1948)・稲原貝塚（石橋2000）など、9ヶ所の貝塚で出土が報告されている。現東京湾湾口部や中央部西岸では、I～III期までの時間幅で継続的に出土しており、イルカ類の捕獲がI期からおこなわれていた。銛やヤスなどの刺突具（漁具）に乏しい場合には、積極的なイルカ漁を想定することに問題が残るが、千葉県館山市の沖ノ島遺跡（岡本・松島ほか2006）に見られる多量のイルカ類は、刺突具の出土と合わせて、イルカ漁の存在を想起させるものである。

また、現東京湾中央部西岸にある横浜市の野島貝塚（赤星1948）でゴンドウクジラ？製の骨斧の出土が報告されていること、湾口部西岸の吉井城山第一貝塚（赤星・岡本1962）でクジラ類やアシカなどの海獣類の出土が報告されていることは、湾口部周辺の地域性を物語るものである。

7）爬虫類

夏島貝塚（杉原・芹沢1957）でIII期の淡水産のイシガメ、吉井城山第一貝塚（赤星・岡本1962）でIIIb期、飛ノ台貝塚（金子・篠原ほか1978）でIIIa期に属するウミガメの出土が報告されている。

(2) 土器の文様を描く施文具に利用されたもの

現・奥東京湾沿岸の縄文人たちは、II期からIII期にかけて土器の文様を描く際の施文具として、ハイガイやサルボウガイなどのフネガイ科の貝殻を利用している。II期には、こうしたフネガイ科の貝殻を用い、土器外面の図形文様の一部に貝殻腹縁文、土器外面の地文に貝殻条痕文が施されるが、III期には土器内面の地文としても、貝殻条痕文が施されるようになる。地文の貝殻条痕文は、IIa期に現東京湾沿岸で出現し、分布範囲を急速に広げるが、それは恰も縄文海進による海岸線や浅海域の拡大と連動するかのようである。縄文海進という環境の変化は、土器の文様にも大きな影響を与えたのである。施文具としての貝殻は、貝塚以外の集落でも利用されていることから、II期やIII期に利用された水産資源の中では、最もポピュラーなものといえるかもしれない。

Ⅱ 打越式土器とその時代

(3) 利器の素材として利用されたもの

　貝殻を利用した貝刃・貝斧やクジラの骨を利用した骨斧などの出土が報告されている。貝刃は、Ic 期の取掛西貝塚（船橋市教育委員会 2009）、Ⅲab 期の飛ノ台貝塚（金子・篠原ほか 1978）、Ⅲb 期の吉井城山第一貝塚（神沢 1962）、Ⅲ期の稲原貝塚（石橋 2000）の 4 ヶ所しか確認されていない。取掛西貝塚の貝刃はハマグリ製があるが、整理中のため数量などは不明である。飛ノ台貝塚の貝刃は、ハマグリ製が主体でカガミガイ製が僅かに見られるが、貝塚自体はハイガイが主体を占めることから、貝種を意図的に選択していたことがわかる。吉井城山第一貝塚の貝刃は、ハマグリ・バカガイ・カガミガイ・ミルクイなどを素材としていたが、やはりハマグリ製の貝刃が主体を占めていた。稲原貝塚の貝刃もハマグリ製であるが、詳細な時期は不明である。また、水産資源を利用した斧状の遺物として、現東京湾中央部西岸の野島貝塚（赤星 1948）から出土したクジラ製の骨斧、湾口部東岸の稲原貝塚（石橋 2000）から出土したマガキ製の貝斧があるが、詳細な時期は不明である。

(4) 装飾品の素材として利用されたもの

　貝輪は、Ⅱbc 期の夏島貝塚（杉原・芹沢 1957）、Ⅲa 期の野島貝塚（赤星 1948）、Ⅲa 期の飛ノ台貝塚（金子・篠原ほか 1978）、Ⅲb 期の吉井城山第一貝塚（神沢 1962）、Ⅲ期の寺西貝塚（宮田・相沢 1989）などから出土しているが、1 遺跡あたりの点数は決して多くはない。吉井城山第一貝塚は、その中で最も出土した点数が多くカキ・オオツタノハ・ベンケイガイ？を素材とした貝輪が破片の状態で計 5 点出土している。Ⅲ期には、奥東京湾の北部沿岸でも貝輪が使用されていたようであり、寺西貝塚からサルボウガイ製の貝輪が出土しているが、付近にサルボウガイが生息する環境が想定できないこと、貝輪を出土する貝塚が奥東京湾沿岸にないことから、現東京湾の沿岸から製品の状態で搬入された可能性がある。なお、Ⅲb 期に属する飛ノ台貝塚と吉井城山第一貝塚（神沢 1962）では、中央部に穿孔があるイタボガキの貝殻が出土しているが、これが貝輪の未成品であるのか、他の製品であるのかは不明である。

　また、サメ歯製の垂飾が Ic 期の沖ノ島遺跡（岡本・松島ほか 2006）や Ⅲb

期の吉井城山第二貝塚、魚骨（椎骨）製の玉類がIII期の寺西貝塚（宮田1999）、イモガイ製の玉類がIIIa期の飛ノ台貝塚（金子・篠原ほか1978）やIIIb期の吉井城山第一貝塚（神沢1962）、ツノガイ製品がIc期の取掛西貝塚（船橋市教育委員会2009）やIIIb期の草刈六之台遺跡（西野2001）、赤彩品を含むツノガイ製の小玉や未成品を含む二枚貝製の小玉がIIIb期の吉井城山第二貝塚から出土しており、魚類や貝類の一部が素材として利用されていたことがわかる。特に取掛西貝塚のツノガイ製品（垂飾）は、整理中とのことであるが、これまでに700点以上も確認されており、遺跡内での製作活動を物語るものとして注目される（船橋市教育委員会2009）。

(5) その他

埼玉県さいたま市の篠山貝塚では、オキシジミと推定される貝殻の内側に粘土を詰め、形状をコピーして焼成した貝殻形の土製品もしくは貝殻の印象化石と考えられる遺物が出土している。こうした遺物は、類例に乏しく性格も不明であるが、縄文人たちの水産資源への関心の高さを物語るものであろう。

おわりに

以上、東京湾に分布する早期の貝塚をI〜III期に大別し、それらを更に計11期に細別した上で、東京湾全体を5つの海域に区分し、各々の沿岸地域の水産資源利用について考えてみた。

その結果、現東京湾湾口部沿岸と中央部西岸では、I〜III期にわたって継続的に貝塚が形成されており、食用あるいは利器・装飾品の素材として水産資源が多様に利用されていること、それ以外の地域ではI〜III期を通じて継続的に貝塚が形成されることはなく、III期の段階でも貝類以外の水産資源利用が稀であることがわかった。このことから、現東京湾湾口部沿岸と中央部の西岸には、縄文時代早期を通して海洋適応に長じ、多様な水産資源を利用していた集団の存在を指摘できる。この地域の北西部にある草創期の前田耕地遺跡でサケ類の歯骨が多数出土していること、長野県の湯倉洞穴遺跡から草創期の魚貝類が出土していることなどから、水産資源の利用がI期以前

II 打越式土器とその時代

の晩氷期にまで遡る可能性が指摘されているが（樋泉2007）、この海洋適応に長じた集団の系譜を追及することは、今後の大きな研究課題となろう。

一方、奥東京湾沿岸では魚類を稀にしか捕獲せず、III期の段階でも水産資源の利用が低調であった。おそらく、急速な海水準の上昇が海岸線や浅海域の急速な拡大をもたらしたものの、水産資源を利用する知識や技術の普及が追い付かず、多くの場合、貝類を採取する程度にとどまったと考えられる。縄文時代早期の貝塚は、もとより縄文海進にともなう浸食作用で消滅したり、沖積層下に埋没している可能性があり、現存する遺跡のみで水産資源利用の起源に言及することには、少なからずリスクをともなっている。そのことを付記して一文を締め括りたい。

本稿は、シンポジウム「打越式土器とその時代」の開催時に刊行された資料集の原稿を改稿したものである。末筆になったが、小稿をまとめるにあたり、阿部常樹・鈴木正博・西野雅人・毒島正明・早坂廣人の各氏にご教示とご協力を賜った。明記して感謝の意を表したい。

註
1) 放射性炭素による未較正の測定年代による。
2) シンポジウムでの鈴木正博氏のご教示による。

打越期の石器と石製品

加藤秀之

1. はじめに

　縄文時代早期末葉から前期初頭にかけての研究の進展は、土器群の型式学的研究を中心に進められてきた。一方、石器群については、報告書中で遺跡内での特性が指摘されるのみで当該期全体として議論されることは極めて少なかったといえる。そこで、当該期の主要遺跡のデータを検証し石器群について、組成を中心としてその傾向を読み取っていくこととする。

2. 打越遺跡の石器群

　まずは型式名となった標識遺跡である打越遺跡での石器群の内容を見てみることとしよう。報告（荒井ほか1978・1983）において打越期あるいは早期末葉と認定された遺構内出土の石器の記述は土器に比して極めて乏しく、実測図で図示されたものは第68・128・141・183・187住居跡（以下「J」と略称）、記述のあるもの6・57Jと、合わせても7軒の住居跡のみである。この記載が当該期の石器群の様相を示しているかどうか、今回の企画に際し、土器群とともに資料の再確認作業を行った。

　結果、打越式・下吉井式・早期末葉に比定された遺構からは、35軒の住居跡、6基の土坑、1基の炉穴から271点の石器が出土していることが明らかとなった（第1表）。住居跡数でみると58軒中35軒（60.35％）であり、半数以上の住居跡から石器が出土している。

　その内容をみると、トゥールとして最も多いのが敲石・磨石類（敲石・磨石は、単独型式もあるが、複合石器のものも多いため、一括して扱うこととした）の61点（31.8％）であり、次いで斧形石器30点（15.6％）、石皿22点（11.5％）、

II 打越式土器とその時代

第1表　遺構別に見た打越遺跡の石器群-1（時期は保管資料再検討結果による）

遺構名	時期	石鏃	尖頭器	石匙	石錐	斧形石器	削器	細部調整剥片	使用痕有剥片	ピエス・エスキーユ	剥片	石核
6J	神之木台+					1					2	
23J	早期末+					1						
26J	早期末+											
27J	早期末											
30J	打越++											
32J	早期末+											
33J	早期末+											
34J	打越+											
35J	(打越)++											
36J	打越++											
38J	早期末+											
41J	(下吉井)+											
45J	(打越)++					4						
49J	(打越)+											
53J	(下吉井)++					1						
54J	打越+					1						
55J	打越+											
56J	打越+											1	
57J	打越+											1	
60J	打越+												
62J	(打越)												
63J	早期末++												
64J	打越++												
66・67J	打越++						1						
68J	打越++	2	1	3	1	12	1	1	1	3	2	1
69J	打越												
76J	打越+												
77J	打越												
81J	打越+												
83J	(打越)++												
84J	打越+												
86J	(打越)++												
92J	打越+					1							

打越期の石器と石製品

+、++は覆土に前期以降の土器を少量ないし多量に含む

礫器	敲石	棒状礫石器	磨敲石	石皿	軽石製品	石製品	不明他	合計	備考
			4	1				8	
1					1			3	
								0	
								0	
					3			3	
								0	
								0	
	1		1	1				3	
			1		1			2	磨石は球状
				1				1	
								0	
								0	
			4					8	
								0	
			3					4	斧形石器は磨製か？
			1	1		1	1	5	石製品は片岩製扁平石器？
			3					3	磨石は3点とも球状
1			4					6	
					1			2	
								0	
								0	
			1	1				2	
								0	
								1	
4	4	3		9		1	4	53	石製品は管玉状（滑石製）
								0	
				1				1	
								0	
								0	
			3					3	
								0	
			1					2	

107

Ⅱ 打越式土器とその時代

第1表 遺構別に見た打越遺跡の石器群-2（時期は保管資料再検討結果による）

遺構名	時期	石鏃	尖頭器	石匙	石錐	斧形石器	削器	細部調整剥片	使用痕有剥片	ピエス・エスキーユ	剥片	石核
93J	打越	1									2	
95J	打越											
97J	打越					1						
101J	(打越)++											
114J	下吉井											
125J	下吉井++											
126J	下吉井	1										
127J	下吉井++											
128J	(打越)	7	1							1		
129J	早期末											
130J	早期末											
138J	下吉井++											
140J	打越+											
141J	打越++	2				1					4	
156J	下吉井+				1						1	
166J	(打越)+					1		2			11	1
180J	(打越)										1	
181J	下吉井	1									15	
183J	(打越)+						2				12	
185J	(打越)+					1					2	
187J	(打越)++	2				2						
195J	早期末											
196J	打越								1		6	
197J	打越	1				1				1	17	
109JD	早期末										2	
112JD	早期末											
127JD	打越											
131JD	打越					1						
134JD	早期末											
136JD	打越					1						
30FP	打越	1										
合計		18	2	3	2	30	3	5	1	5	79	2

108

+、++は覆土に前期以降の土器を少量ないし多量に含む

礫器	敲石	棒状礫石器・敲石	磨石	石皿	軽石製品	石製品	不明他	合計	備考
	3		2					8	磨石のうち1点は球状
								0	
			1					2	斧形石器は厚形
								0	
								0	
								0	
								1	
								0	
						1		10	石製品は玦状耳飾
								0	
								0	
				1				1	
								0	
4	1			1			1	14	
			1			1		4	石製品は片岩製扁平石器?
	5	2	1			1		24	
			1	2				4	
	1							17	
	6		1	1			1	23	
	4							7	
								4	他に剥片数点
							2	2	
								7	
			2	1				23	
								2	
	2							2	
								0	
	1							2	
								0	
								1	
								1	
10	28	5	33	22	7	5	9	269	

Ⅱ 打越式土器とその時代

石鏃 19 点 (9.9%) となる。総体としてみると打越遺跡における早期末葉の石器群は、敲石・磨石類、石皿という石材段階の石器が主体であり、これに斧形石器と石鏃が伴うという傾向を見ることができよう。

遺構（住居跡）別の出土点数をみると、最も多いのが 68J の 53 点であり多様な石器型式で構成されるが、これは打越遺跡においては特殊な事例であり、他の遺構では 20 点台 2 軒、10 点台 3 軒、一桁台 29 軒であった。一桁台のうち 5 点未満の住居跡が 22 軒にもなり、遺構に伴う石器の量が少ないことが特徴といえようか。

石器の中で特徴的なものをいくつか挙げておくこととしよう（第 1・2 図）。主体となる敲石・磨石類であるが、拳大の手頃なサイズの礫を利用した多様な形態なものの中で、35・55・93J に見られるような直径 4〜5cm 程の球状を呈する磨石も見られる。早期後半以降出現する「挟入磨石」は遺構外出土を含めても確認できなかった。敲石・磨石類と対になるとされる石皿は、僅かに凹みを有する程度のものが中心である。

斧形石器は、中期に見られるような一般的な「打製石斧」という形態ではなく、片面は原礫面や剝離面を大きく残し周縁は侵度が浅く厚形の細部調整によるものが目立つ。これまで亀甲形の打製石斧、あるいは礫器の中に分類されていたものである。

棒状石器・礫は、東久留米市向山遺跡（向山遺跡発掘調査団 1986）において注意されたものである。端部等に僅かな敲打痕や研磨痕、あるいは礫の硬度が高く痕跡が認められないものであり、5 点が確認された。

石鏃は凹基のものが多く、僅かに平基のものがあるようである。石製品には 128J で玦状耳飾（滑石製）、68J で管玉状の石製品（滑石製）が出土しているほか、板状の片岩を素材として周縁に細部調整を施した扁平石器がある。この扁平石器については、日野市神明上遺跡の報告（長田 2005）において国分寺市恋ヶ窪南遺跡・武蔵国分寺跡遺跡北方地区例とともに検討された「石剣」に類することから石製品として分類したが、明瞭な研磨痕が認められないことは留意しておく必要があろう。また、これも石製品に含めてもよいであろうが、6 軒の住居跡から軽石が出土している。特に形態的特徴を有する

打越期の石器と石製品

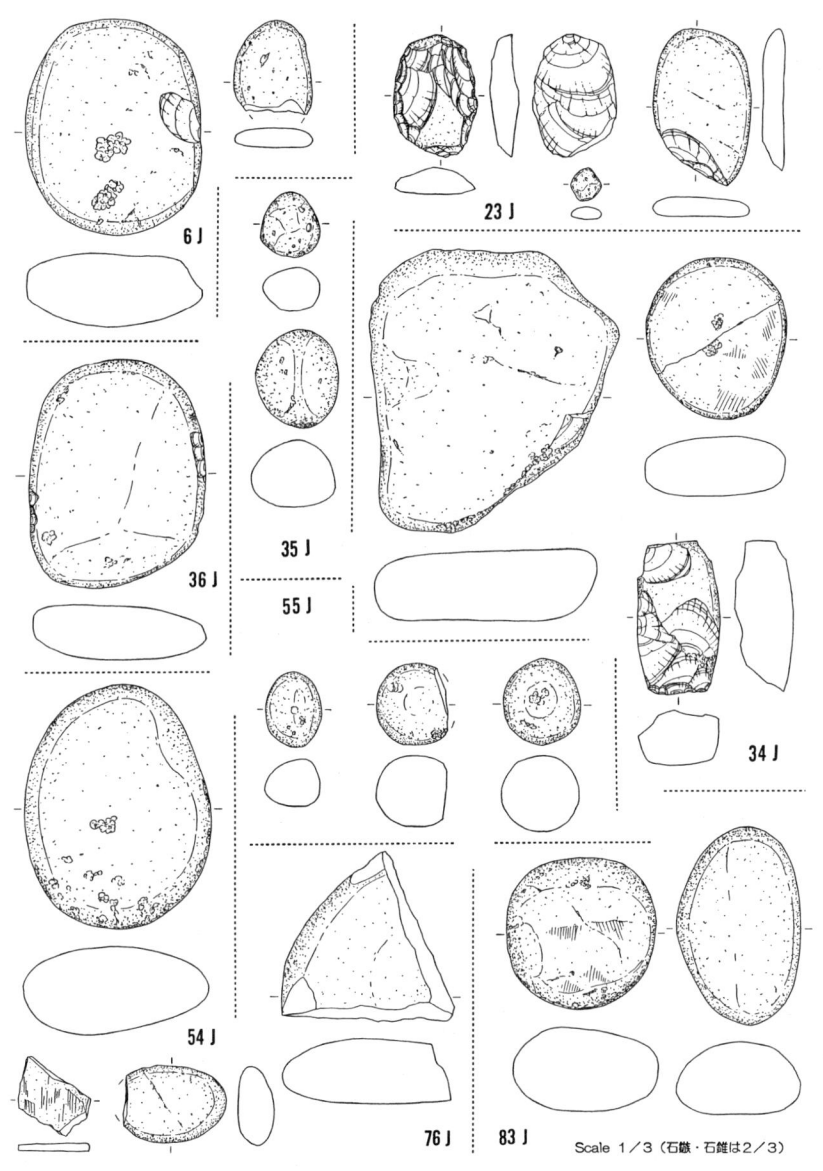

第1図 打越遺跡石器実測図 (1)

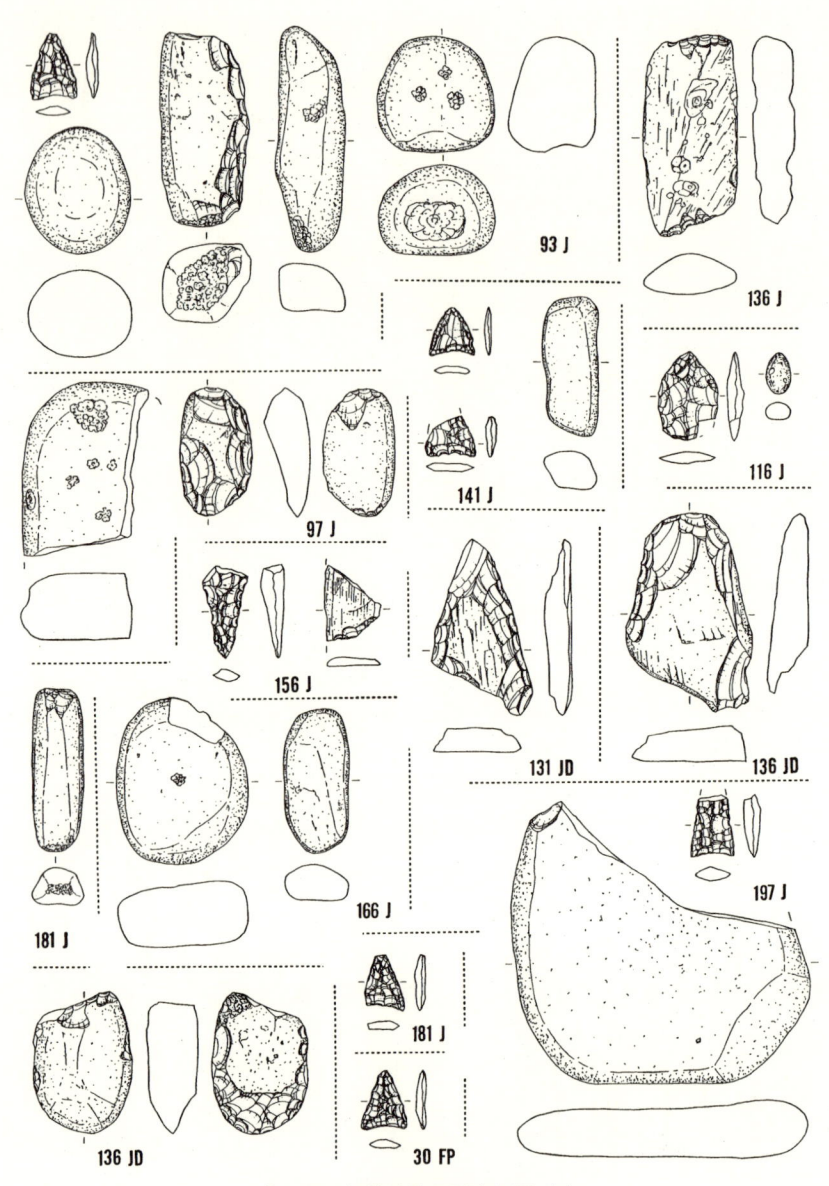

Ⅱ 打越式土器とその時代

第 2 図　打越遺跡石器実測図 (2)

ものではないが研磨痕を残している。

　石器石材はデータとして提示できなかったが、敲石・磨石類、石皿は花崗岩・閃緑岩・砂岩等、斧形石器はホルンフェルス・砂岩等、石鏃等の剝片石器類はチャート主体である。剝片類も斧形石器や剝片石器と同様の石材という傾向が見られる。黒曜石は点数が少なく、剝片類だけでありトゥールは存在しない。

　最後に石器の出土状態については、報告では6Jの記述において「炉の周辺部から石皿片数点出土…」、57Jで「床面上より石器数点出土…」と記されている程度であり、今回の再確認では明らかにすることはできなかった。

　以上のように、打越遺跡の早期末葉の石器群は、十分な再確認作業ではなかったが、これまで報告において明らかにされていた内容よりもその特徴を明確にすることができた。

3. 早期末葉石器群の様相

　近年、打越式期を中心とした早期末葉の良好な集落跡の調査が行われ、その内容が明らかとなってきている。こうした資料を基に当該期の石器群の様相について概観してみよう（第2表、第4図）。

　対象とする時期は、今回の企画に沿えば打越式期となろうが、石器については土器型式のように変化が著しくないことと、比較対象を増やすために早期末葉全体を対象とし、一部前期初頭も含めることとした。地域は埼玉県・東京都・神奈川県・静岡県（東部）・山梨県であり、打越式の分布圏内である。なお、時期設定（型式）は報告書に依拠し、石器型式は原則として報告書に依拠したが、実測図・写真から判断して筆者が別型式としたものもある（報告書の石器組成とは異なるものもある）。

(1) 大宮台地

　大宮台地では発見されている遺跡も少なく、出土量も少ない。滝の宮坂遺跡では石鏃・斧形石器・石製品（玦状耳飾と管玉）、平方貝塚では遺構外ではあるが当該期と推定される斧形石器・磨石類・石製品（玦状耳飾）が出土している。

II 打越式土器とその時代

第2表 遺跡別に見た早期末葉の石器群

遺跡	所在地	主な時期	石鏃	尖頭器	石匙	石錐	斧形石器	刃部磨製斧形石器	削器	細部調整剥片	使用痕有る剥片	ピエスエスキーユ
打越	埼玉県富士見市	早期末葉	18	2	3	2	30		3	5	1	5
氷川前	埼玉県富士見市	早期末葉	2				3	1	1			
宮廻	埼玉県富士見市	早期末葉					4					
多聞寺前	東京都東久留米市	神之木台	11				1		2	2		
向山	東京都東久留米市	早期末葉	50	2	6	4	32		10	8		
恋ヶ窪南	東京都国分寺市	早期末葉	13		2		9		4	2		2
武蔵国分寺跡北方地区	東京都国分寺市	打越	16				4		8	12		
神明上遺跡	東京都日野市	早期末葉	15				6		3	5	7	2
小山田No.28	東京都町田市	打越		1			1					
平方貝塚	埼玉県上尾市	早期末〜前期初					3			4		
滝の宮坂	埼玉県桶川市	下吉井	4				4					
真田・北金目遺跡群	神奈川県平塚市	下吉井	71		1	4	6		22	29	3	18
下吉井	神奈川県横須賀市	下吉井	9		1				3			
菊名宮谷貝塚	神奈川県横浜市	早期末〜前期初	6				13	7		11	1	
菊名貝塚(宮谷,上ノ宮)	神奈川県横浜市	早期末〜前期初	7		1		27	11	7			
神之木台2-3層	神奈川県横浜市	神之木台中心	5				9	1	4			
上浜田土坑	神奈川県海老名市	早期末葉										
大塚台	神奈川県横須賀市	早期末葉中心	14	1			4	1		46	45	3
乾草峠	静岡県三島市	神ノ木台	265		3	4	1	1	5	45	16	16
佛ヶ尾	静岡県裾野市	早期末葉	158	1	1	3	7		30	62	66	82
下ノ大窪調査区東部	静岡県裾野市	早期末葉	85	1	5	2	4		14	14	11	31
釈迦堂早期末遺構	山梨県笛吹市	神之木台	96	1	3	14	24	5	3		2	9

114

打越期の石器と石製品

剥片	石核	礫器	棒状石器	敲石・磨石	石皿・砥石	軽石製品	石製品	その他	合計	文献・備考
79	2	10	5	61	22	7	5	9	269	第1表
3				3					13	隈本健介他1997・隈本健介他1997
5		1	2	12	8	5			35	隈本健介2009
40		1							57	鶴丸俊明他1982
117	1	13	113	122	38		2	75	593	向山遺跡発掘調査団編1986
47	3	3	2	15	10		3	1	116	実川順一ほか1987
161	1	10		29	42	1	6	10	300	中西充ほか2003
63		20	1	56	66		4		248	藤波啓容ほか2005
				1	1				4	谷口康浩他1984
7	1			3			1		19	上尾市史編さん室編1991
							3		11	君島勝秀他1997
1,514	7	4		60	4		9	8	1,760	平塚市真田・北金目遺跡調査会編2003
	1	6		4					24	岡本勇1970。他に黒曜石製剥片多数
163	1	4		27	2			1	236	恩田勇他2008
		9		27	2			2	93	桑山龍進1980
		21		2	2			1	45	高橋雄三・吉田哲夫1977。磨斧は撚糸か？ 他に1～2層中心に黒曜石剥片多数
							6		6	山本輝久1979。石製品は玦状耳飾
(186)	5	1		7			2	2	203	小口利恵子ほか1997。剥片数は遺構内のみ、黒曜石中心
676	4	2		91	3		3		1,135	鈴木敏中2005
5,917	55	24		272	68		2	4	6,752	野田正人ほか2007
4,122	20	7		478	201		1	6	5,002	阿部敬他2008
		3	50	1	129	10		6	356	小野正文1986。他に黒曜石・水晶剥片多数

115

II 打越式土器とその時代

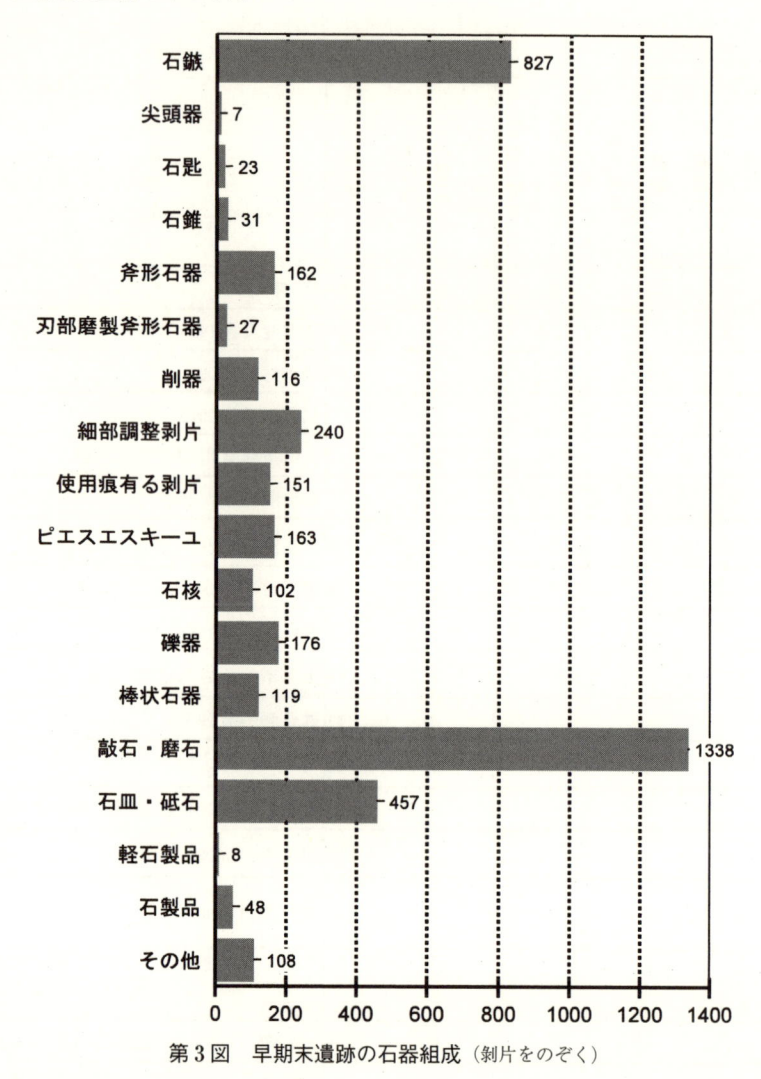

石器	数
石鏃	827
尖頭器	7
石匙	23
石錐	31
斧形石器	162
刃部磨製斧形石器	27
削器	116
細部調整剥片	240
使用痕有る剥片	151
ピエスエスキーユ	163
石核	102
礫器	176
棒状石器	119
敲石・磨石	1338
石皿・砥石	457
軽石製品	8
石製品	48
その他	108

第3図 早期末遺跡の石器組成（剥片をのぞく）

打越期の石器と石製品

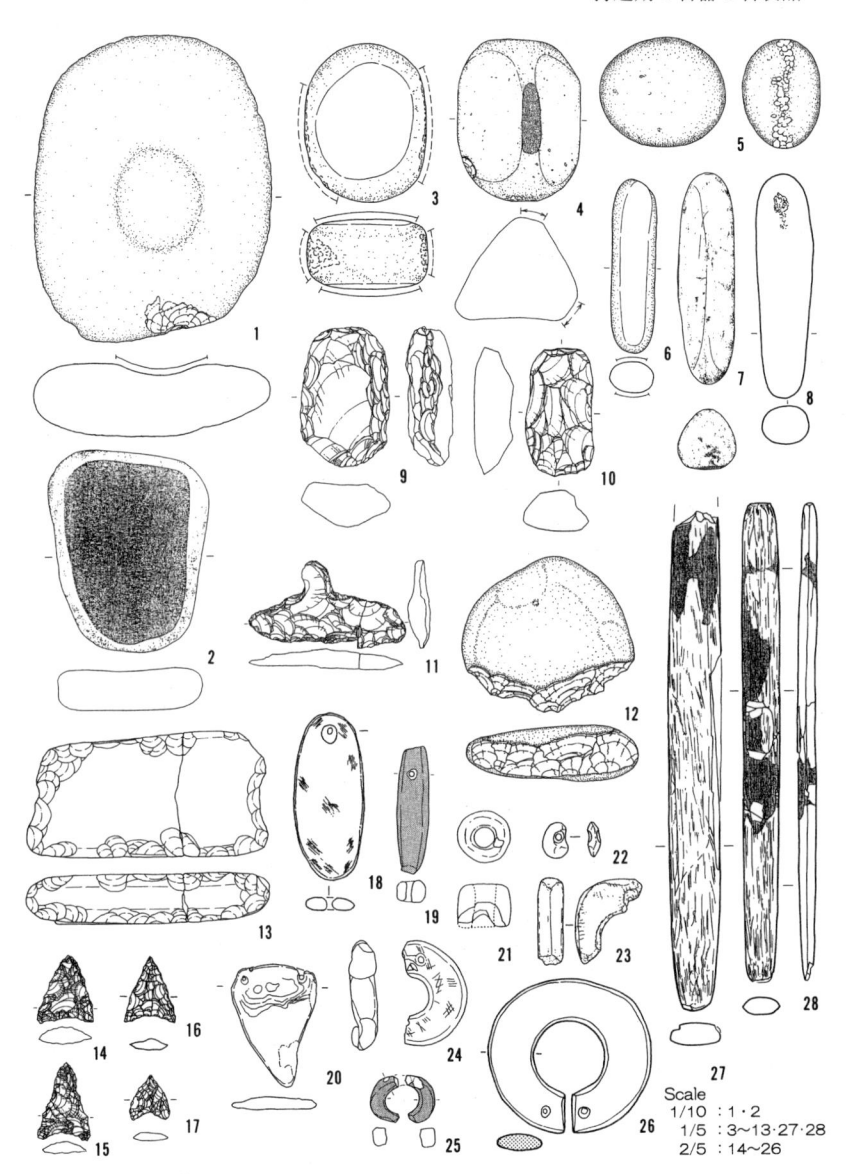

第4図　早期末葉遺跡出土の石器
1、5、9、12、24:佛ヶ尾　2、7、17、27、28:神明上　3、6、11、22:下ノ大窪　4、16、18:武蔵国分寺北方　8、13、20、23:向山　10:宮廻　14、15、19、25:乾草峠　21:真田・北金目　26:上浜田

Ⅱ 打越式土器とその時代

(2) 武蔵野台地～多摩丘陵

　武蔵野台地では打越遺跡の他に向山遺跡と恋ヶ窪南遺跡・武蔵国分寺跡遺跡北方地区の2遺跡、多摩丘陵（加住丘陵）では神明上遺跡の1遺跡が当該期の大規模な集落跡であり、石器群についても充実している。

　向山遺跡については、「石皿・磨石（台石・棒状敲石）の組み合わせを基本とする」（山崎1986）石器群であり、これに石鏃・斧形石器が次ぐ。遺構（住居跡）別の出土点数は、50点以上2軒、30点台1軒、10点台2軒、一桁台20軒であり、遺構に伴う石器の量は少ない。また、住居跡床面出土の石器は「磨石が常に普遍的な存在であり、これに石皿か台石、または棒状敲石」等で構成されることが指摘されている。

　恋ヶ窪南遺跡・武蔵国分寺跡遺跡北方地区では、竪穴状遺構を含め60軒の住居跡が検出されており、石器群の特徴は敲石・磨石、石皿類が主体であり、これに石鏃・斧形石器・礫器が伴うものである。遺構（住居跡）別の出土点数は、50点以上1軒、30点台1軒、20点台2軒、10点台4軒、一桁台52軒であり、ここでも遺構に伴う石器の量は少ない。

　武蔵野台地とは多摩川を挟んだ対岸の加住丘陵に立地する神明上遺跡の石器群も、敲石・磨石、石皿類が主体であり、これに石鏃・斧形石器・礫器が伴うものである。この遺跡で注目されるのは「石剣」であり、これまでの当該期の石器群の中では異質な石製品である。

　武蔵野台地の中で遺構数の少ない遺跡は、遺跡毎に石器群の内容は異なるが、敲石・磨石、石皿類と石鏃、斧形石器のいずれかが出土している。

　打越遺跡も含めて武蔵野台地の石器群は、敲石・磨石、石皿類が主体とし、斧形石器・石鏃が次ぐというのが特徴であり、主体となる石器は向山遺跡・神明上遺跡の例にみれば床面直上からの出土が多い。剥片類の石器石材は、チャート・黒曜石・ホルンフェルス・砂岩等であり特徴がないのが特徴といえようか。黒曜石の産地推定分析もされているが本稿では特に触れない。石器石材の中で特徴的なものとしては、向山遺跡では石鏃、神明上遺跡では砕片類として出土した水晶がある。

　多摩丘陵中の遺跡では、検出されている遺構が少ないこともあり、包含層

中の資料が多い。神之木台遺跡・菊名貝塚・菊名宮谷貝塚では敲石・磨石、石皿類や石鏃の他に、報告中では礫器と分類されているものが多い。この中には片面が原礫面や剥離面を大きく残し周縁は侵度が浅く厚形の細部調整によるものも多く今回の分類にあたっては斧形石器に組み込んだものもあるが、多摩丘陵西部（神奈川県側）にはこうした石器の存在が目立つ。早期後半に出現する抉入磨石については、当該期においてはそれ程顕著ではないが、武蔵野台地では向山遺跡まで分布が見られる。

(3) 相模野台地〜三浦半島

相模野台地の真田・北金目遺跡群では3軒の住居跡が検出されているが、石鏃が最も多く、敲石・磨石が次ぐ。遺構内からの石器出土点数が100点を超える。そのほとんどが剥片類であるが石器石材は黒曜石が中心である。三浦半島の大塚台遺跡でも同様の傾向が見られ、石鏃が最も多く、剥片類の石器石材は黒曜石が中心である。

(4) 愛鷹・箱根山麓

打越式期では佛ヶ尾遺跡と下ノ大窪遺跡、神之木台式期では乾草峠遺跡で集落跡が検出され、石器群も充実している。

佛ヶ尾遺跡では竪穴状遺構を含め9軒の住居跡が、下ノ大窪遺跡では15軒の住居跡が検出されており、石器群の特徴は敲石・磨石類、石皿が主体であり、これに石鏃が伴うものである。斧形石器の出土量は少ない。遺構（住居跡）別の出土点数は、佛ヶ尾遺跡では100点以上6軒、60点台1軒、40点台1軒、20点台1軒となり、遺構外を含めると7000点近くになる。石器石材はほとんどが黒曜石の剥片類である。下ノ大窪遺跡では遺構内の出土点数は少ないものの、遺構外を含めると5000点にもなる。

乾草峠遺跡は石鏃と剥片石器を主体とする石器群であり、敲石・磨石類はこれに次ぐが比率は低い。剥片類の石器石材は黒曜石が中心である。遺構（住居跡）別の出土点数は、100点以上2軒、50点以上4軒、20点台3軒、10点台3軒、一桁台1軒であり、ここでも遺構に伴う石器の量は多い。

(5) 甲府盆地

釈迦堂遺跡群では神之木台式期を中心とした住居跡が25軒検出されてい

Ⅱ 打越式土器とその時代

る。石器群は敲石・磨石、石皿類が主体であり、これに石鏃・礫器・斧形石器が伴う。剝片類の点数が明らかでないため遺構内の石器点数は不明である。

剝片類の石器石材は黒曜石と水晶がほとんどの住居跡から出土している。

4. おわりに

本稿では、打越式の標式遺跡である打越遺跡の石器群を再確認し、5地域に分けて主要遺跡の石器群の概要を記してきた。早期末葉全体としては、敲石・磨石、石皿類を主体とし、これに石鏃、礫器、斧形石器が伴うことが明らかになった（第3図）。一方で地域間あるいは遺跡間での相違も明らかとなった。

また、個別の石器でみると神明上遺跡や下ノ大窪遺跡にみられる非常に重量感のある石皿の存在、「石剣」や玦状耳飾等の石製品の出現があり、その意義付けが必要である。

最後に打越遺跡の再確認には早坂廣人・和田晋治、宮廻遺跡第20地点のデータについては隈本健介の協力があった。

縄文早期末の住居跡と遺構
―富士見市内の事例から―

和田　晋治

はじめに

　富士見市は、武蔵野台地の縁辺部ということもあり、縄文海進に伴って縄文時代早期末の遺跡や貝塚が数多く存在する。関東屈指の集落跡である打越遺跡をはじめ、氷川前遺跡、谷津遺跡、宮廻遺跡、山室・平塚遺跡で住居跡などの遺構が確認されている（第1図）。打越遺跡は、ほぼ全域の調査が終了しており、集落の範囲や規模が明らかとなっている。他の遺跡は、部分的な調査のみではあるが、良好な資料が出土している。

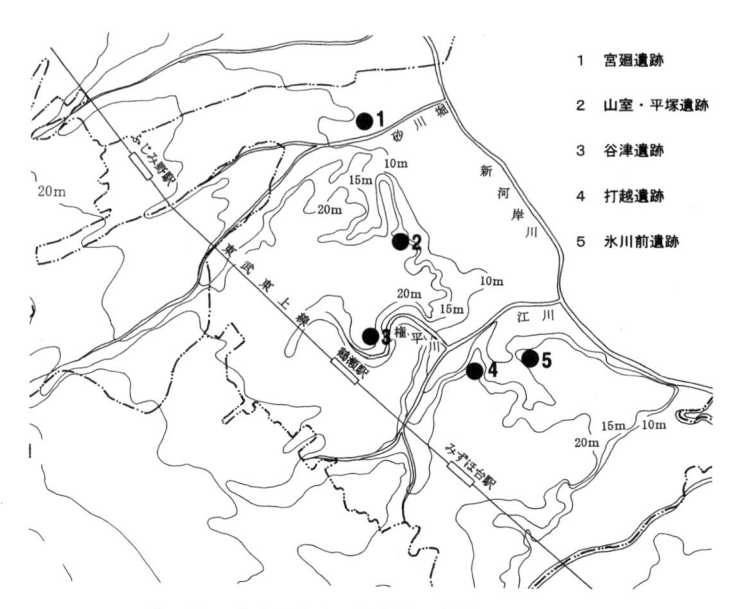

第1図　富士見市内の早期末の遺跡 （S＝1/6000）

121

II 打越式土器とその時代

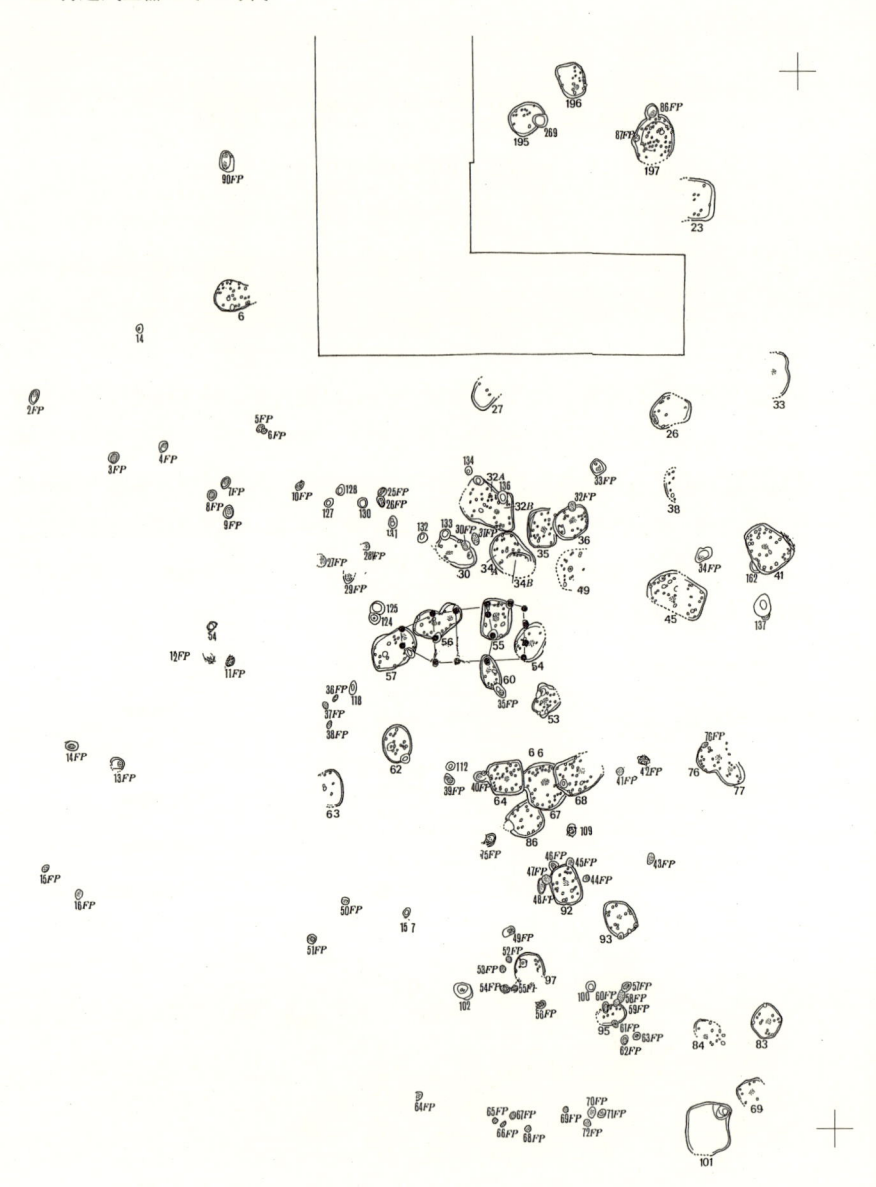

縄文早期末の住居跡と遺構

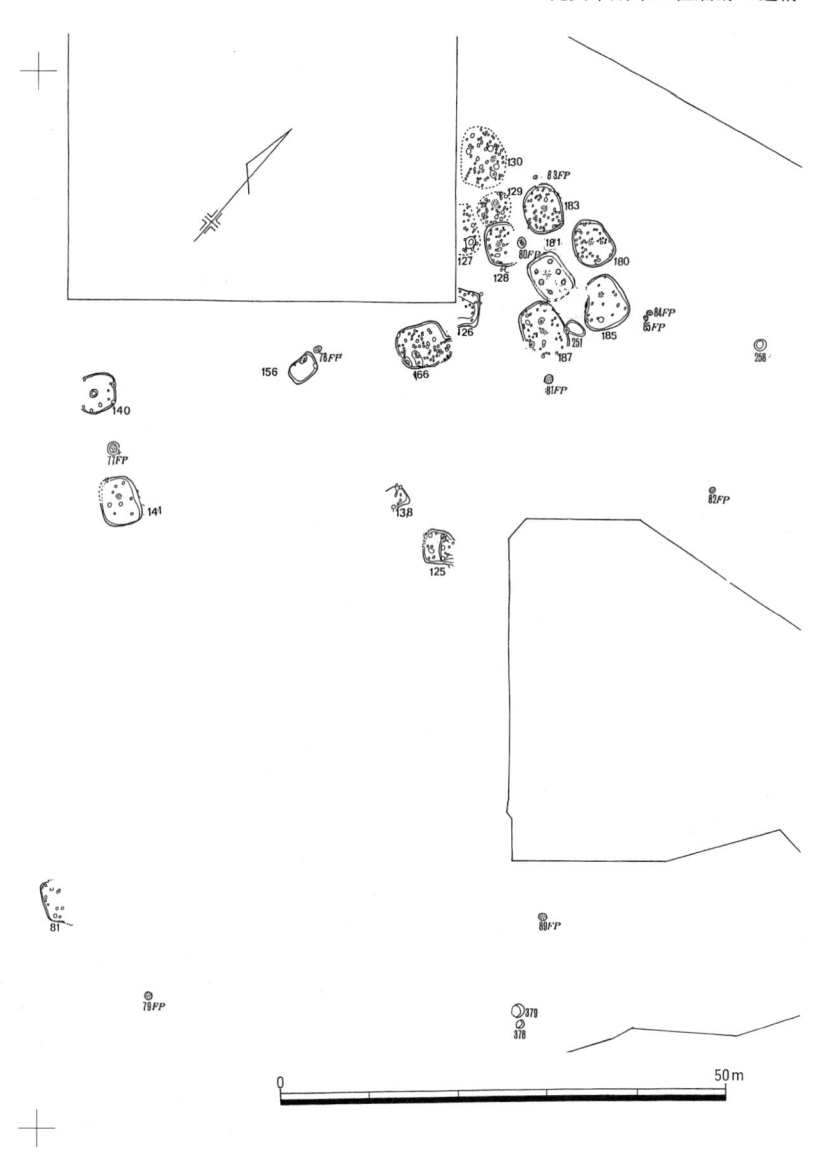

第2図　打越遺跡早期末遺構配置図（S＝1/830）

123

Ⅱ 打越式土器とその時代

以下、主な早期末の遺構について、遺跡ごとに概観してみる。

1. 各遺跡の概要
(1) 打越遺跡

　打越遺跡は、富士見江川とその支流によって形成された標高18〜20mの舌状台地に位置する。

　これまでの調査により、旧石器時代石器集中（Ⅸ層〜Ⅲ層）、縄文時代住居跡233軒、弥生時代住居跡16軒、古墳時代後期住居跡24軒、奈良時代住居跡1軒、室町・戦国時代溝状遺構・地下式坑・建物跡などが確認されている複合遺跡である。

　縄文時代の住居跡の内訳は、早期末58軒（打越式中段階期37軒、神之木台式期1軒、下吉井期8軒、不明12軒）、前期101軒（花積下層式期41軒、関山式期56軒、黒浜式期6軒）、中期8軒（勝坂式期5軒、加曽利E式期3軒）、後期11軒（称名寺式期1軒、堀之内式期10軒）、時期不明55軒となっている。なお、部分調査や無遺物のため時期不明となっている住居跡も大半が早期末から前期初頭に含まれると思われる。

　早期末の竪穴住居跡は、地形に沿うように弧状に分布する（第2図）。北側舌状部と台地中央部に纏まりが認められるが、重複するものは意外に少ない。しかし、竪穴の掘り込みが浅いこともあり、平面形や規模がはっきりしないものも少なくない。平面形は、円形、楕円形、方形、台形など多様である。規模は長軸で6mを超えるものから3m未満のものまで存在するが、4.5m前後のものが主体である。炉は2軒を除き構築されている。すべて地床炉で、住居の中心からやや外れた箇所に位置する。

　住居床面には柱穴と思われる複数のピットが掘り込まれているが、深さ15cm程度のものから80cmを越えるものまで様々で、配置にも規則性が認められない住居が多い。それが当該期の住居の特徴ともいわれており、サスで支える簡単な上屋構造だったと想定されている。しかし、そうした複数のピット中でも深いものに着目すると、主柱に相当すると思われる規則的に配置されているものも少数ながら存在する。大別すると、4本主柱、6本主柱、

縄文早期末の住居跡と遺構

8本主柱、壁際主柱に分類される（第3図）。

4本主柱型は、35号・67号・83号・93号がある。すべて打越式期である。柱穴の配列は、住居中央から外れ、炉を中心として構築しているようにも見える。柱間を直線で結ぶと、台形に近い配置となる。67号は主柱に加え壁際に小柱穴が巡り、そのうち長軸上に位置する2本はやや深めとなっている。

6本主柱型は、64号・141号・187号がある。すべて打越式である。4本主柱型の長軸線上に2本が加わり、短軸に3本が並ぶ構成となっている。

8本主柱型は、68号・183号がある。ともに打越式期である。6本主柱型に2本が加わり、さらに壁際に小柱穴が巡る。ただし、68号の北側の真中にあたる柱穴は、古墳時代の住居跡の貯蔵穴と位置が重なるため、その位置は推定である。

壁際主柱型は41号があり、下吉井期である。柱穴が2重に存在することから住居の拡張がされたようである。

早期末の遺構は他に、炉穴95基、土坑30基、大型掘立柱建物跡1棟が確認されている。

炉穴は、0.8～1.5mの円形もしくは楕円形に構築され、底の片側が焼けて赤化している。住居跡の周辺に密集し、さらに南側へと広がり、台地全体に分布する。単体のものがほとんどで、炉穴同士や住居跡との重複は少ない。

土坑は、直径1m前後、深さ50～140cmの平面が円形のものが特徴的である。遺物の出土が無いため時期が特定できない同種の土坑が他に16基確認されている。これらの土坑は、住居に伴う食料貯蔵穴と考えられている。

大型掘立柱建物跡は、台地中央部に位置する。深さ87cm～199cmの大型のピット17基で構成されている。関山式期の住居跡に切られ、条痕文土器の破片が出土したことから、遺構の時期は早期末とされる。しかし、打越式期の住居跡との重複が著しいことから、下吉井式期から花積下層式期にかけての時期とも考えられる。

早期末の貝塚は、住居跡1軒、土坑4基から検出されているが、いずれも小規模で主体となるヤマトシジミも小型である。

打越遺跡の早期末の遺構は、①炉穴と炉を備えた住居の共存、②定形型住

Ⅱ 打越式土器とその時代

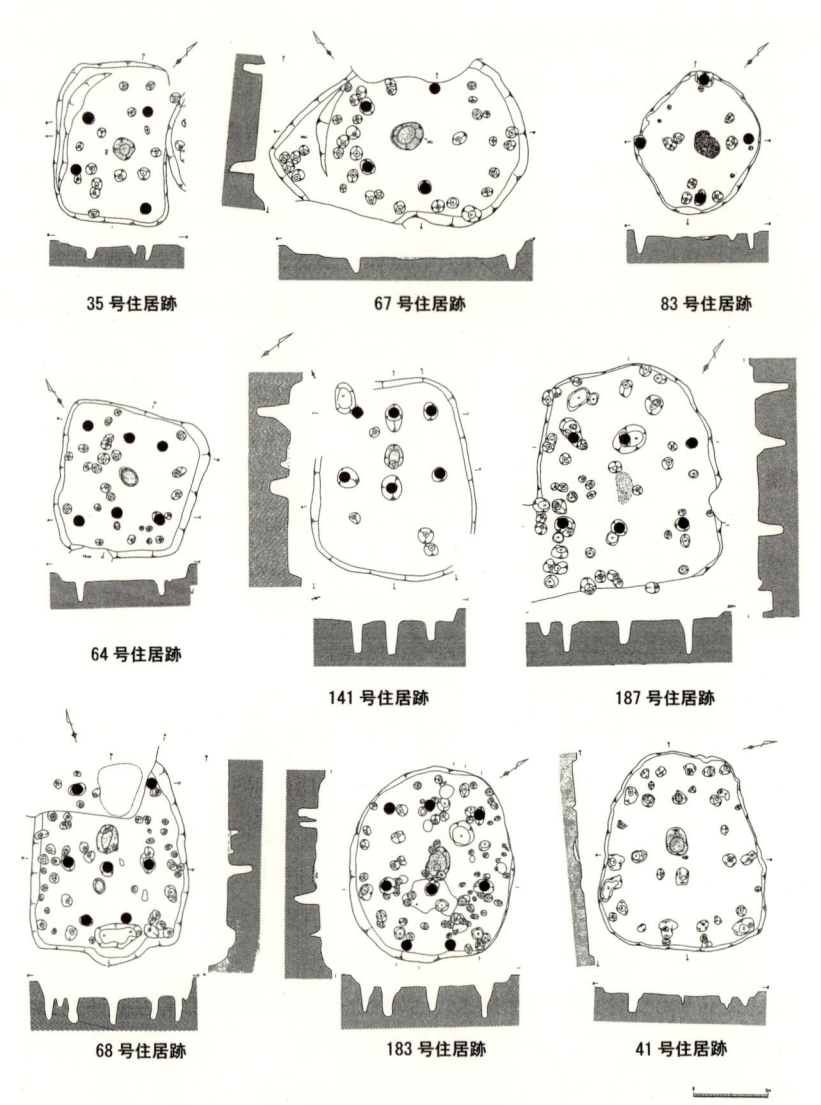

35号住居跡　　67号住居跡　　83号住居跡

64号住居跡　　141号住居跡　　187号住居跡

68号住居跡　　183号住居跡　　41号住居跡

第3図　打越遺跡早期末住居跡平面図（S=1/200）

居の成立、③貯蔵用土坑の付属、④小貝塚の形成、⑤神之木台式・下吉井式期を除けば打越式中段階の単一期集落、といった特徴をあげることができる。

(2) 宮廻遺跡

　宮廻遺跡は、標高7〜8mの台地に立地している。台地周辺は5〜6mの水田が広がり、台地は水田面に突き出たような半島状となっている。

　早期末の遺構は、住居跡8軒、炉穴43基の他、土坑などの遺構が確認され、遺構外からも多くの遺物が確認されている（第4図）。ただし、貝層をともなう遺構は存在していない。時期は出土遺物から打越遺跡よりも古い打越式古段階期にあたる。

　住居跡の内、規模が明確なものは7軒である（第4図）。住居同士が近接はするものの重複はしないという打越遺跡と同様の傾向がうかがうことができる。規模は、長軸4.0〜5.0m、短軸3.0〜4.0m、深さは約10〜15cmを測る。平面形は、隅丸長方形に近いものと不整形を呈するものがある。炉を有する住居跡は22号・23号・24号の3軒で、形態は10cm未満の浅い掘り込みに、焼土層が堆積している地床炉である。打越遺跡のほとんどの住居跡に炉が備わっているのに対して、宮廻遺跡の住居跡は設けているのが半数以下と少ない。柱穴については、23号が打越遺跡と同様の6本柱穴型である他は規則的な配置をもつ住居跡は存在しない。

　炉穴は、遺跡全体で46基が確認されている。単独と2〜3基が重複するものとが認められ、深さ10cm程度のものから50cmを測るものまである。打越遺跡が住居跡60軒以上に対して炉穴は95基であるから、それと比較して住居跡数に対して炉穴数の割合がかなり高いといえる。

(3) 氷川前遺跡

　氷川前遺跡は、打越遺跡の南側の台地上に位置する。遺跡は、国指定史跡水子貝塚を含む広範囲にわたるが、早期末の遺構は、打越遺跡の対岸にあたる標高19m前後の舌状台地先端部で確認されている。打越式新段階期の住居跡1軒（4号）、下沼部式期の住居跡1軒（5号）と炉穴7基が発掘されている（第7図）。

　4号住居跡は、平面形は楕円形で、規模は長軸5m、短軸4.1m、深さ30

Ⅱ 打越式土器とその時代

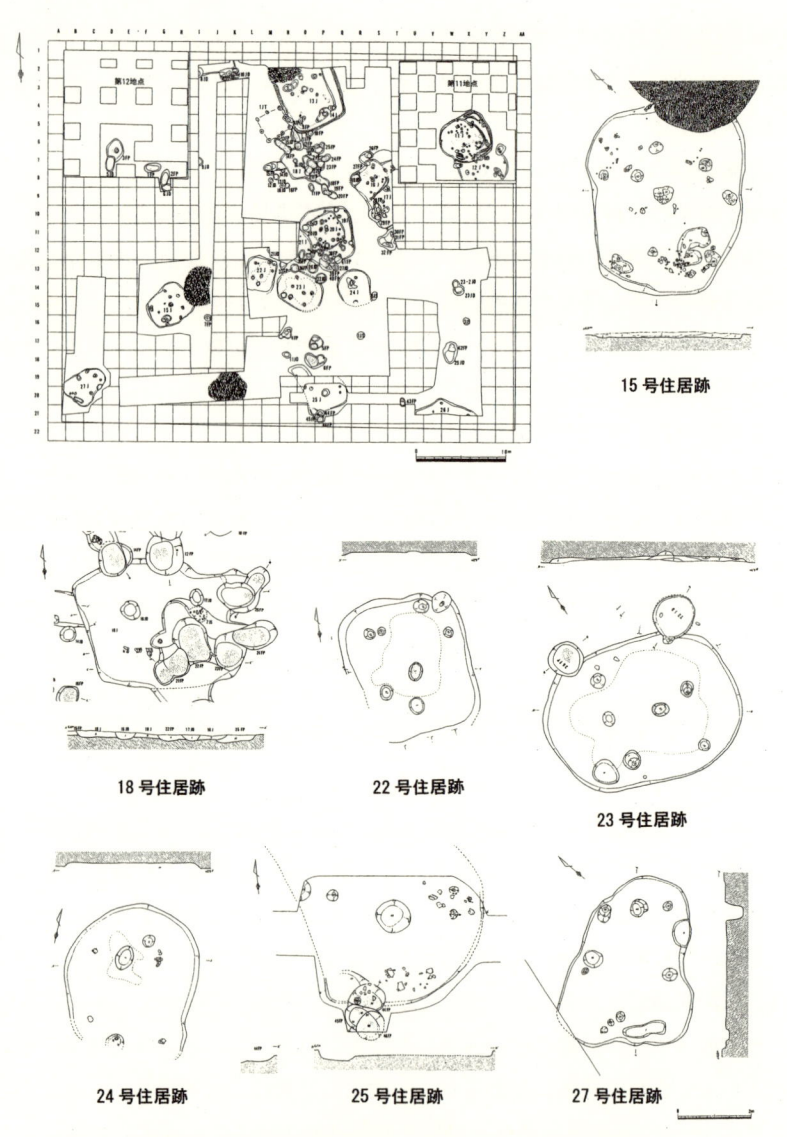

15号住居跡

18号住居跡　**22号住居跡**　**23号住居跡**

24号住居跡　**25号住居跡**　**27号住居跡**

第4図　宮廻遺跡早期末遺構配置図（S=1/830）・住居跡平面図（S=1/200）

縄文早期末の住居跡と遺構

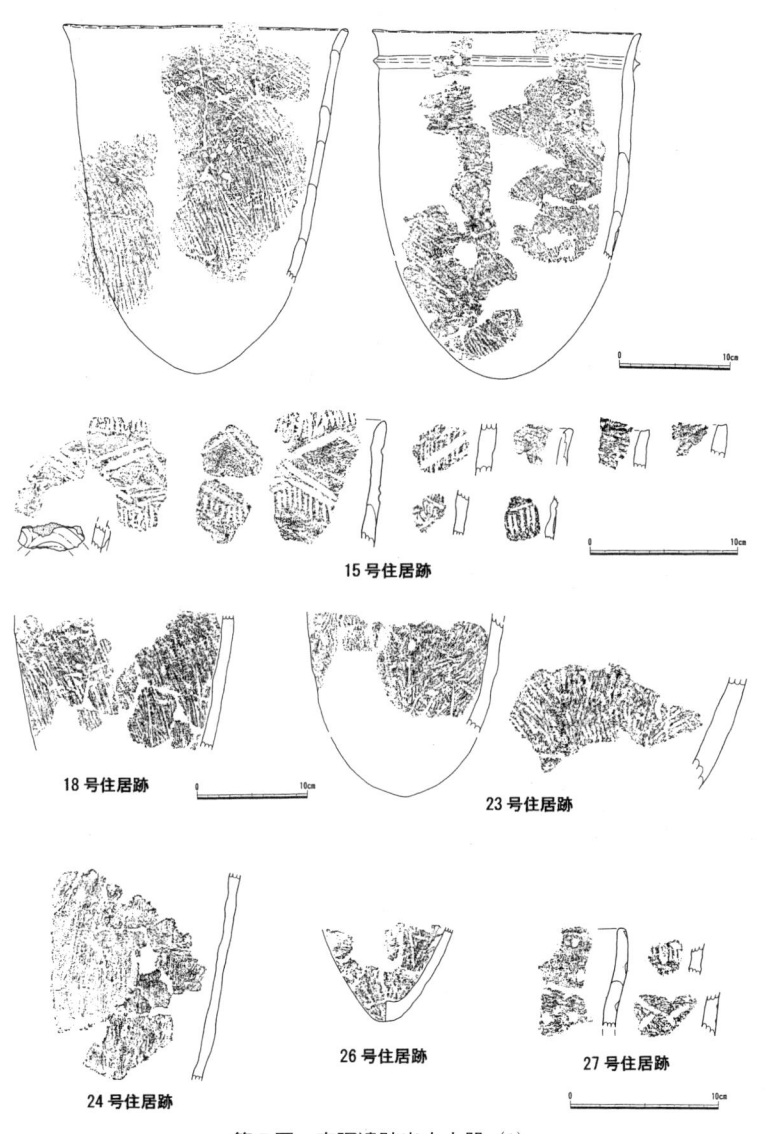

15号住居跡

18号住居跡

23号住居跡

24号住居跡

26号住居跡

27号住居跡

第5図　宮廻遺跡出土土器（1）

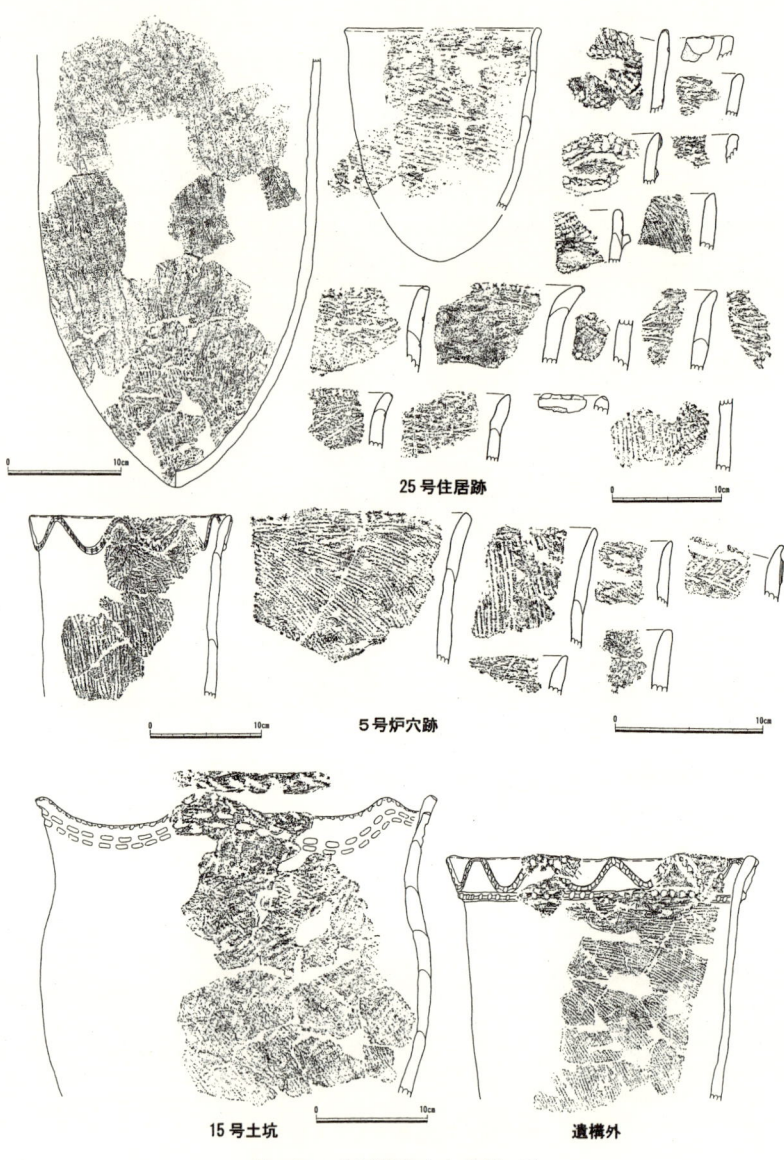

Ⅱ 打越式土器とその時代

25号住居跡

5号炉穴跡

15号土坑　　　　　　　　　　　　　　　**遺構外**

第6図　宮廻遺跡出土土器（2）

縄文早期末の住居跡と遺構

4号住居跡　　　　　　　　5号住居跡

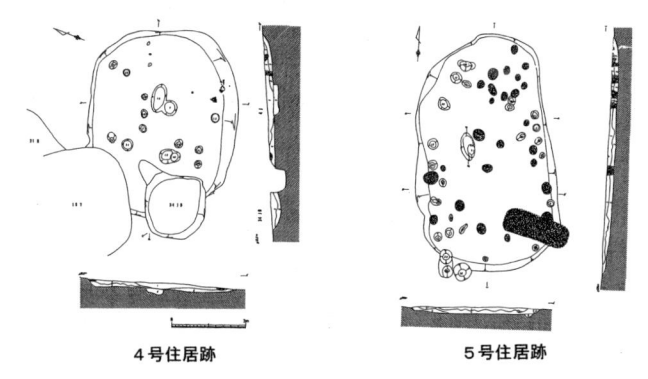

第7図　氷川前遺跡早期末住居跡平面図（S＝1/200）

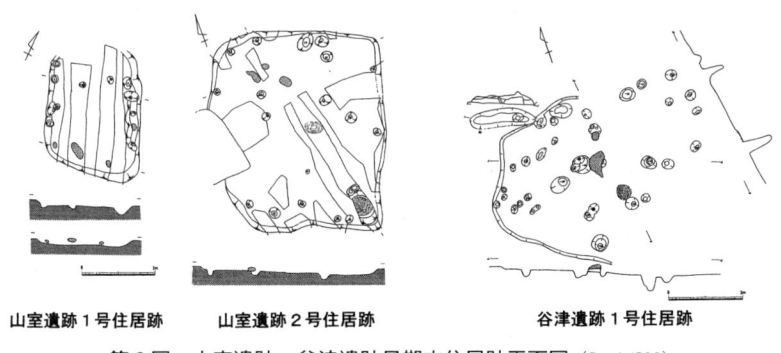

山室遺跡1号住居跡　　山室遺跡2号住居跡　　谷津遺跡1号住居跡

第8図　山室遺跡・谷津遺跡早期末住居跡平面図（S＝1/200）

cmを測る。炉は無く、柱穴の配列も不規則である。
　5号住居跡は、平面形は楕円形で、規模は長軸6.1m、短軸3.7m、深さ20cmを測る。炉は無く、柱穴は壁際に集中しているが、規則的な配列は認められない。

(4) 山室・平塚遺跡
　山室遺跡と平塚遺跡は、東側に荒川低地を臨む標高約19mの台地縁辺部に位置する。両遺跡は、間に市道が通り南北に分断されているが、同一遺跡としても差し支えのない位置関係にある。
　早期末の遺構は、山室遺跡で住居跡2軒、炉穴3基、平塚遺跡では、炉穴

131

Ⅱ 打越式土器とその時代

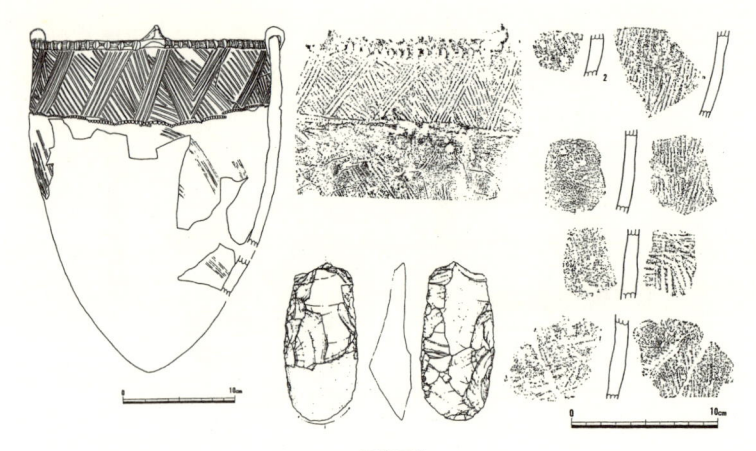

4号住居跡

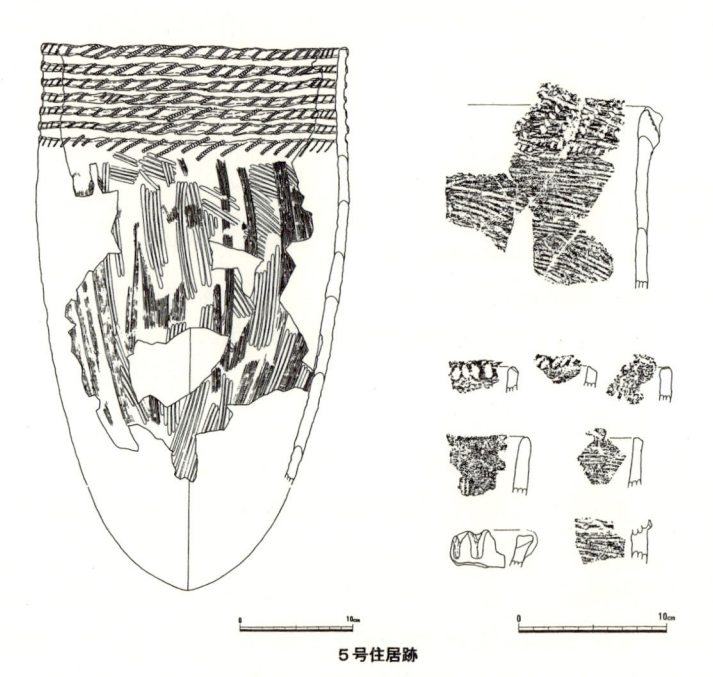

5号住居跡

第9図　氷川前遺跡出土遺物

縄文早期末の住居跡と遺構

1基が確認されている(第8図)。

　山室遺跡の1号住居跡は、平面形は長方形で、規模は長軸3.6m、短軸2.6m、深さ15〜20cmを測る。炉は無く、ヤマトシジミの貝層ブロックが覆土から出土している。2号住居跡は、平面形は方形で、規模は長軸5.1m、短軸4.6m、深さ20cmを測る。床面上に貝層ブロックが存在した。遺構の所属時期は明確ではないが、鵜ヶ島台式、石山式、絡条体圧痕文、条痕文の破片が出土している。また、平塚遺跡から打越式中段階の破片が出土している。

(5) 谷津遺跡

　谷津遺跡は、南側に流れる富士見江川の支流、権平川よって形成された標高20mの舌状台地に位置する。

　早期末の遺構は、舌状台地先端部で住居跡1軒、炉穴2基が調査されている(第8図)。

　住居跡は、掘り込みが浅く、床面と壁の一部が確認されたにすぎず、平面形や規模ははっきりしない。炉は地床炉で、柱穴と思われるピットが多数検出されている。また、ヤマトシジミの貝層ブロックを伴っていた。遺物は、打越式中段階の破片が出土している。

2. 遺構からみる早期末の様相

　早期末の遺跡は、氷川前遺跡(下沼部式)→宮廻遺跡(打越式古段階)→打越遺跡(打越式中段階)→氷川前遺跡(打越式新段階)→打越遺跡(神之木台式・下吉井式)というように連続する土器型式が把握され、それに伴う集落が営まれている。宮廻遺跡と氷川前遺跡の直線距離は2.5kmである。周辺地域に早期末の遺構が認められないことから、当該期の遺跡はほぼこの領域に収まるものと思われる。この限られた領域内で、土器型式単位の集落が移動しながら形成されている。

　遺構は、打越遺跡で認められた6本柱穴型住居跡が一段階古い宮廻遺跡でも確認され、その範疇に入る8本柱穴型とあわせ打越式期特有のものといえる。打越遺跡の花積下層式期の154号住居跡も同じ柱穴配置をしており、前

Ⅱ 打越式土器とその時代

期初頭まで存続する可能性もある。ただし、他地域の遺跡ではこうした規則的な柱穴配置をもつ住居跡は確認されておらず、本地域に限られた独特のものなのかもしれない。また、宮廻遺跡と打越遺跡の遺構を比較した場合、打越式古段階と中段階とでは炉穴と炉をもつ住居の割合に明らかな差異があり、打越式古段階から中段階にかけて住居内炉が増加し、炉穴が減少する傾向が認められる。

打越遺跡の早期末の遺構は、定型的な住居跡の成立、住居軒数の増加、住居内の炉の設置、貯蔵穴の付属、炉穴の減少といった事象が認められた。これは、生活様式の変化と移動性から定住性への過渡期を反映しているのではないだろうか。しかし、打越式期中段階だけでも100年近くの時間幅を有している。当該期の約40軒の住居跡は、当然ながら累積によるものであり、実際に集落が営まれた期間や一時期における住居軒数などの課題を残している。しかし、周辺地域に同時期の集落がほとんど認められず、極端に重複する住居も少ないことから、移住による一時的な断絶や空白期間が存在する可能性は低く、継続的に営まれていたとも考えられる。ただし、貝塚の形成について低調で、縄文海進と貝類の生育状況にもよるが、まだ本格化していない。

おわりに

打越式土器については、その提唱から30年以上が経過した現在、資料も増加してきており、ようやく実態を把握できるところまで迫ってきたといえる。一方、遺構については調査報告書の記述や図面や写真などに頼らざるを得ず、改めて検証することの難しさと危うさを感じた。いずれにしても、打越遺跡は縄文時代早期末を研究する上で欠かすことのできない重要な遺跡であることは間違いなく、それを再認識することになった。

なお、シンポジウム当日の宮廻遺跡の事例は隈本健介が発表した。本稿の当該遺跡の記述は、発表資料並びに発掘調査報告書をもとに筆者がまとめたものである。

縄文早期末葉の集落と社会

金子直行

1. はじめに

　1万年の長きにわたる縄文社会の変化をどう捉えるかについては、大きく定住的な原始集落が成立する草創期から早期初頭にかけての段階、環状集落を含む集落が確立する前期段階、盛行する中期段階、変質する後期以降の段階に、発展的もしくは変化的に捉えているのが現状と思われる。そして、その背景に氏族社会から、部族社会への社会的な構造変質を看取する見解も出されている。

　その一方で、その基礎資料となる住居跡を含めた遺構の理解については、細分の進む土器編年に対応する時期の把握が難しい状況にあり、ましてやその性格や機能を導き出す根拠に乏しく、それらの集積から縄文社会の細かな変化を描き出せないでいるのが現状と思われる。そのジレンマが直接的に遺構と対話する調査担当者に強く現れることは言うまでもなく、土器論と集落論が乖離しつつあるのも現状である。

　ここで取り扱う早期末葉期とは、まさに縄文社会の基幹となる集落の成立期から確立期への移行期にあたる時期である。この時期は海進現象を背景とする貝塚の形成や集落の安定を契機として、生業における道具や技術の改良、共同体内における役割分担等の変化が集落内に惹起し、この内的構造の変化が集落間相互の関係性に影響を与え、やがて地域を含めた社会構造の変革を導いたものと推定される。

　特に打越式期は、関東地方を中心に住居跡が急増する時期であり、前期段階へとステップアップする助走の段階と捉えられている。また、早期の特徴的な遺構で、東日本では特に条痕文期に発達する屋外の炉穴群が、住居内の

II 打越式土器とその時代

炉跡との関係においていかに終焉するかが問題にされてきた時期でもある。

　従って、ここでの分析は打越式期の代表的な集落について、時期や機能の特定が不十分ではあるものの、下記の視点から住居跡や炉穴群を含めた遺構群全体の関係性分析を行い、その特性を抽出して、どのように前期へと推移したかを検討し、縄文早期末葉社会の一端を垣間見ることとする。

(1) 住居跡の見方

　縄文時代早期の住居跡は、地山と覆土の見分けが難しく、プランの把握も難しいものが多い。早期終末期の打越式期では、集落から多くの住居跡が検出されているが形態や大きさについてばらつきが多い。従って、住居跡を如何に認定するかで、描き出される集落像も変わってくる。

　まず、住居跡は安定したプランと遺物、炉などの付属施設の検出が必要条件となる。特に、この時期は屋外の炉穴との関係で屋内炉の有無が問題にされてきていることから、炉の有無は最低必要条件となろう。炉穴群が発達していても、炉のある住居跡が厳然と存在することから、炉の存在意義は大きいものと判断される。有るものを住居跡、無いものを竪穴状遺構と分類し、その上で両者の機能的な差異等を類推する必要があろう。

　また、プランと柱穴は上屋構造を推定する重要な要素となるが、条痕文期の住居跡は形態の定型化が難しい。また、竪穴住居跡が少ないことから、平地式住居の存在も考えられてきたが、ピットの調査で検証が可能となろう。

(2) 集落の見方

　集落は個々の住居や他の遺構が集合して構成されるもので、それらの配置(配列)が問題となる。また、住居跡の重複関係から集落の継続性や、炉穴・集石土壙・土壙等との位置関係の分析から集落内の「場」の活用法を検討する必要がある。また、異系統の土器群を持つ住居跡や、土器群の分布状況から、集落内に分節的な傾向があるかどうかも分析の対象となる。

(3) 遺跡群の見方

　ある一定の地域内において打越式期の遺跡と、それに前後する時期の遺跡の分布を掴み、遺跡相互の継続性について検討する。まず、同一遺跡内において、打越式の範囲内での継続性があるかどうか、また、前後する時期との

継続性あるいは断続性があるかどうかを検討する。さらに、異なる時期の遺構が認識された場合、遺跡内での遺構占地が異なるかどうかも検討する。

これらの視点から大形化した打越式期集落の動態を分析するが、集落は縄文社会を理解する上で一つの要素でしかなく、早期末葉期社会を考古学的に理解するには、他の生業や精神性に関する遺構や遺物の分析、自然遺物の分析等を糾合して実態を探求する必要がある。

2. 打越式期の集落分析
(1) 打越遺跡 (第1図)

埼玉県富士見市に所在する（荒井・小出他 1978、1983）。筆者の分析では、時期の判別される住居跡は打越式期が32軒、神之木台式期が1軒、下吉井式期が7軒で、早期末を含め不明が16軒であった。打越式期の住居跡は、プランが長方形から隅丸長方形、楕円形と一定していない。一部近接して存在するものや重複するものがあり、有炉が32軒、無炉が1軒である。ほとんどの住居跡が炉を持ち、いわゆる竪穴状遺構はほとんど存在しない。一部未調査区があり全貌が必ずしも明らかにされているわけではないが、打越式期の集落は東側から入り込む谷頭を囲むように、東に開口する弧状に分布している。この弧状の集落は、中央部を境に住居集中区域が南北に分かれる傾向がある。また、炉穴や土壙群は集落の中央部より南側の住居域と重複しながら、住居域を取り囲むように台地中央部寄りに集中する傾向がある。さらに、この南側の住居集中域の中央部付近には約15m×7.5mのシンボル的な大型の掘立柱建物跡が1棟存在する。

打越式期の集落は中段階のものであり、新段階の住居跡は1軒も検出されていない。また、神之木台式期の住居跡が1軒のみ存在しているが、打越式からの継続性はほとんどないものと判断される。その後、下吉井式期になって集落の復活が見られる。

(2) 向山遺跡 (第2図)

東京都東久留米市に所在する（井口他 1986、2005）。1984年と 2003年に調査が行われ、早期末葉の住居跡が27軒、炉穴8基、集石遺構17基、土壙

Ⅱ 打越式土器とその時代

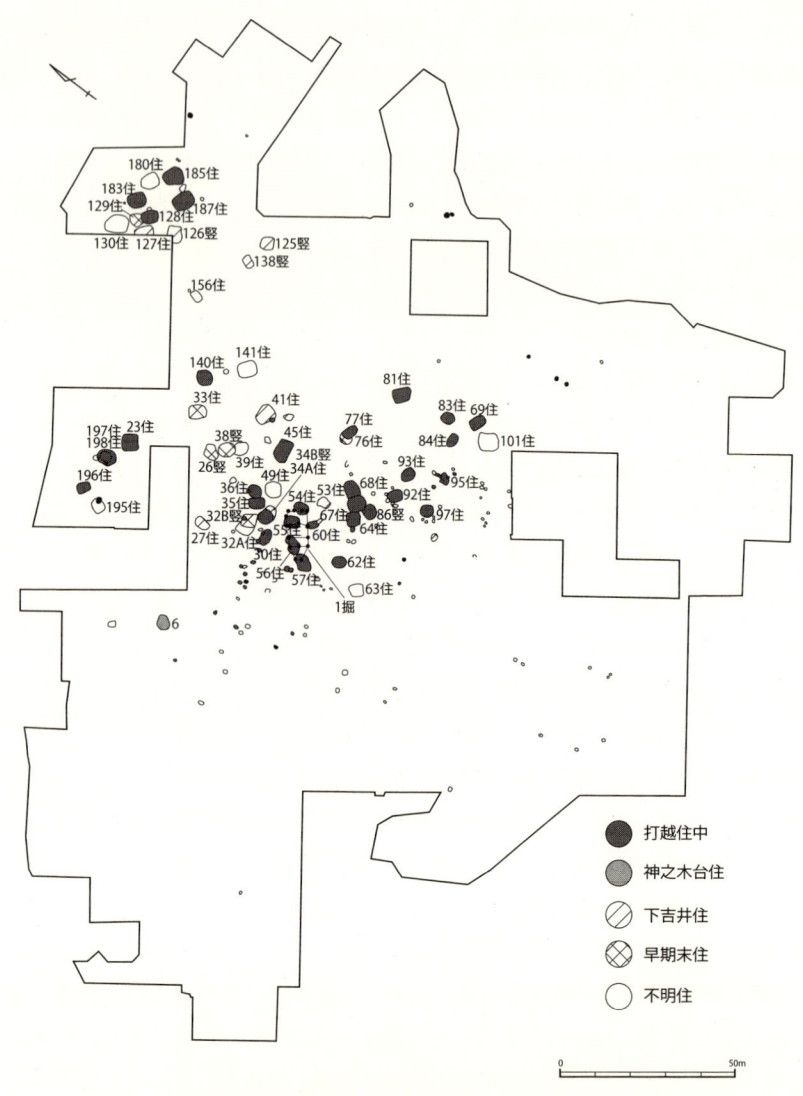

第1図 打越遺跡集落変遷図（富士見市1986を改変）

11基等が検出されている。住居跡は楕円形を呈するものが多く、重複するものはない。条痕文前半期が2軒あり、打越式期が19軒、時期不明が6軒である。住居跡は1軒のみ無炉で、他の18軒が有炉である。打越式中段階

138

縄文早期末葉の集落と社会

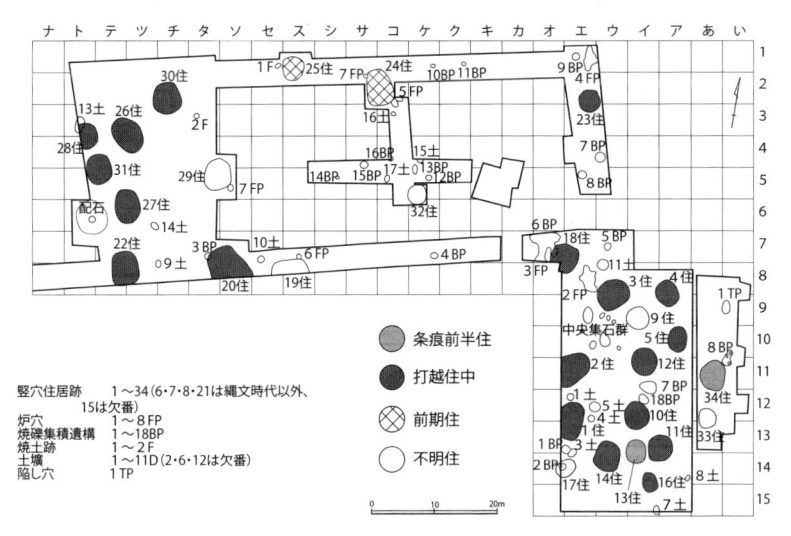

第2図　向山遺跡集落変遷図（井口ほか2005を改変）

を主体とするが、その中でもやや古相を持つものが5～6軒ある。住居数と比較して、炉穴数が少ない。炉穴から屋内炉への定着化の分析が行われ、細かな住居推移が考察されているが、土器群の分析からは首肯し難い面がある。未調査部分を多く残すため詳細は不明であるが、集落は北側に開口する弧状もしくは馬蹄形を呈するものと推定され、南側の中央を境として東西に分かれる可能性がある。

隆帯文を口縁部に巡らせ、胴部に羽状縄文を施文する特殊な縄文土器が、この西側の分布域を中心として出土している。この羽状縄文土器が西側の住居域のみから出土するのであれば、土器群の系統及びそれを使用する集団の出自が問題となり、早期末葉における双分的社会を検討するための糸口となる可能性もある。

(3) 恋ヶ窪南遺跡・武蔵国分寺跡遺跡（第3図）

東京都国分寺市に所在する。恋ヶ窪南遺跡（広瀬他1987）は1984～1985年に、武蔵国分寺跡遺跡北方地区（中西他2003）は1995～1999年にかけて調査が行われ、同一台地上における地点別集落としての調査が行われた。

139

Ⅱ 打越式土器とその時代

　恋ヶ窪南遺跡は早期末葉の住居跡が 21 軒、炉穴が 1 基、土壙が 46 基検出されている。住居跡とされるものは有炉が 10 軒、無炉の竪穴状遺構が 11 軒で、入海Ⅰ～Ⅱ式期が 10 軒、打越式期中段階が 8 軒、新段階が 1 軒、不明が 2 軒である。住居の軒数に比べ、炉穴が少ない。

　武蔵国分寺跡遺跡では打越式新段階の住居跡が 14 軒、竪穴状遺構が 38 軒、炉穴が 52 基、土壙が 60 基検出され、有炉が住居跡、無炉が竪穴状遺構と認識されている。

　第 3 図で判断されるように、台地北東部に位置する入海式期の集落は北側から入り込む谷頭を囲むように弧状に分布するものと思われ、同地区には打越式中段階の住居域が重なる。また、若干間隔を空けて東側から入り込む谷頭を囲むように打越式新段階の住居跡や竪穴状遺構が弧状に分布している。

　台地北東部で、中段階と新段階の住居域が一部重複している。プランは隅丸長方形から楕円形を呈するものが多く、住居跡は一部隣接もしくは重複するものもあるが、概ねバラケて存在する傾向にある。竪穴状遺構は住居跡の集中区では住居跡や竪穴状遺構どうしで重複するものもあるが、住居跡と同様に、近接しつつもバラケて存在する傾向にある。

　炉穴群は打越式新段階の住居域に多く存在するが、入海式期と打越式中段階の住居域においてはほとんど検出されていない。土壙は、入海式期と打越式中段階では住居域内に混在しているが、打越式新段階では、住居群を取囲むように、弧状の列状に分布しているのが特徴的である。

　恋ヶ窪南遺跡は入海Ⅰ式～Ⅱ式にかけの住居跡が、調査区内だけでも 10 軒前後検出されおり、東海・関東地方を含めても住居跡発見例の乏しい当該期にあって有数な遺跡であることが理解される。

(4) **神明上遺跡**（第 4 図）

　東京都日野市に所在する（藤波他 2005）。早期の住居跡が 65 軒、土壙が 108 基検出された。早期末とされる住居跡は 65 軒中、有炉の住居跡が 33 軒、無炉の竪穴状遺構が 32 軒であり、その中で時期不明の住居跡が 9 軒、竪穴状遺構が 21 軒である。出土土器が少ないため、時期不明の住居や竪穴状遺構が多くなる傾向にあるが、石器の出土量は多い。住居跡と竪穴状遺構は、

縄文早期末葉の集落と社会

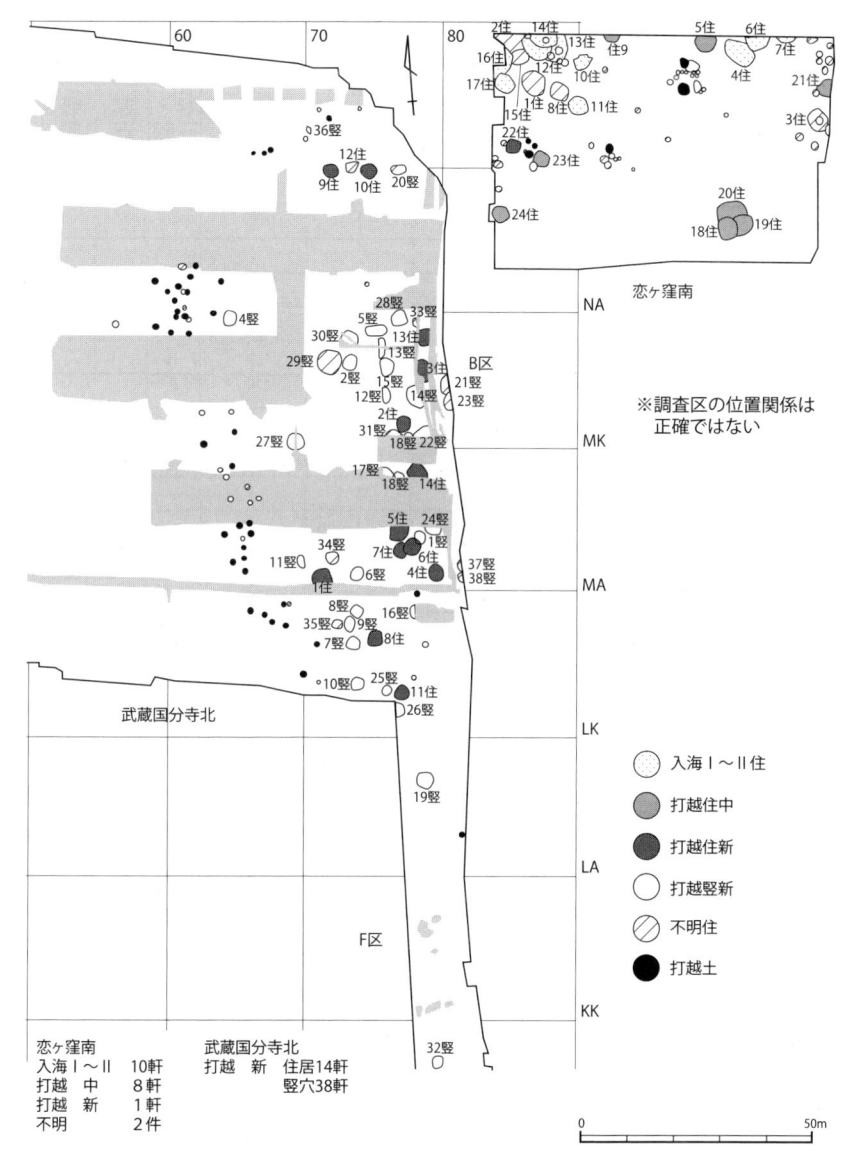

第3図　恋ヶ窪南・武蔵国分寺跡遺跡集落変遷図
(広瀬ほか1987・中西ほか2003を改変)

141

Ⅱ 打越式土器とその時代

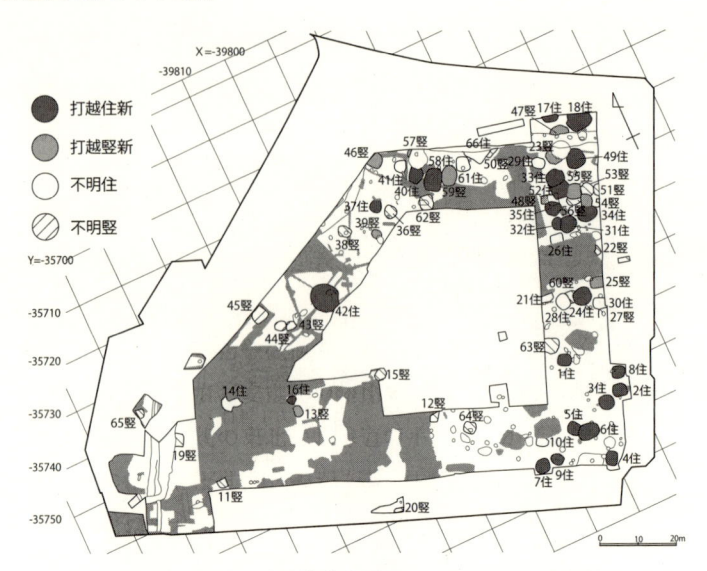

第4図　神明上遺跡集落変遷図（藤波ほか2005を改変）

密集もしくは重複する部分が多くある。出土土器から時期幅が短い集落と想定されることからも、一般的な該期の集落と比較すると非常に特殊な集落と言えよう。炉穴は調査区内に構築されていない可能性もあるが、確認されていないようである。土壙は、住居域に混在して存在する。打越式終末期か、神之木台式期の初頭に位置付けられる集落である。

(5) **大塚台遺跡**（第5図）

　神奈川県横須賀市に所在する（小口他1997）。南に伸びる尾根部に早期末葉の住居跡11軒、炉穴5基、土壙12基が検出されている。住居跡は有炉の住居跡が8軒、無炉の竪穴状遺構が3軒で、有炉中2軒が時期不明である。出土遺物が少なく、時期を決めかねるが3軒は野島式期の可能性があり、他は神之木台式期の集落と思われる。また、炉穴は住居域にあり、廃屋を利用したと考えられるものもある。土壙は集落東側の谷筋に沿って直線的に並ぶものがあり、武蔵国分寺跡遺跡例に類似する配置となる。他に、住居域に重複するピット群があり、打越遺跡のような掘立柱建物跡やモニュメント的な建物が存在していた可能性も考えられる。

縄文早期末葉の集落と社会

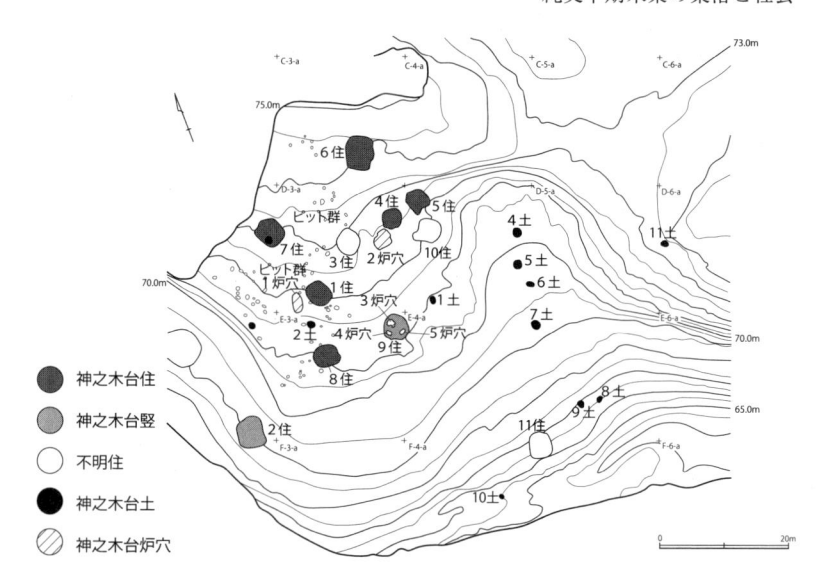

第5図　大塚台遺跡集落変遷図（小口ほか1997を改変）

(6) 佛ヶ尾遺跡（第6図）

　静岡県裾野市に所在する（野田他2007）。遺跡は愛鷹山東南麓の尾根上にあり、さらに東側に続く可能性がある。南側の尾根上には下ノ大窪遺跡が存在する（第7図）。住居跡は隅丸長方形から楕円形のプランを呈し、打越式期の住居跡が6軒、竪穴状遺構が3軒、狭い範囲に発見された。その中で住居跡4軒と竪穴状遺構3軒が中段階で、住居跡2軒が新段階に位置付けられる可能性が高い。新段階では斜格子目条痕を施す土器が出土し、伴う天神山式土器も新しい特徴を持っている。打越式中段階と新段階の集落であるが、重複関係はない。明確な炉穴はないが、焼土跡や集石が住居域に隣接して存在し、土壙も同様である。住居跡の周辺に陥し穴を配置するなど、集落としてやや計画的な継続性が窺われる。

(7) 下ノ大窪遺跡（第8図）

　静岡県裾野市に所在する（阿部他2008）。撚糸文期から早期末葉までの住居跡11軒、竪穴状遺構5軒、土壙7基、集石22基が検出されているが、炉穴は発見されていない。住居跡とされたものでも無炉が5軒あり、正確には住

143

Ⅱ 打越式土器とその時代

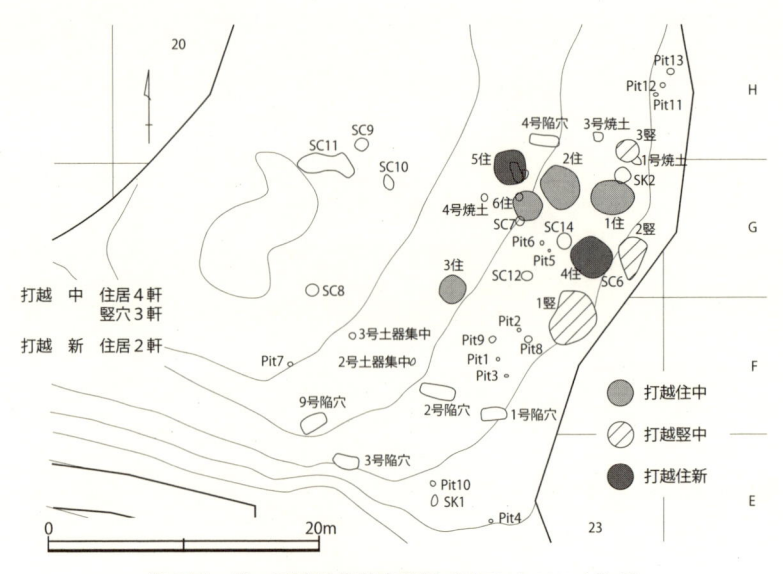

第6図　佛ヶ尾遺跡集落変遷図（野田ほか2007を改変）

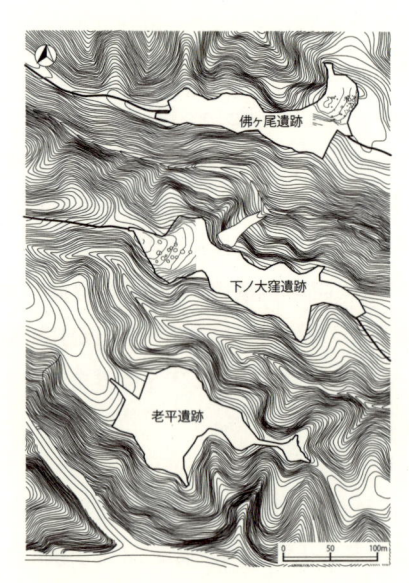

第7図　佛ヶ尾遺跡・下ノ大窪遺跡位置図（阿部ほか2008を改変）

144

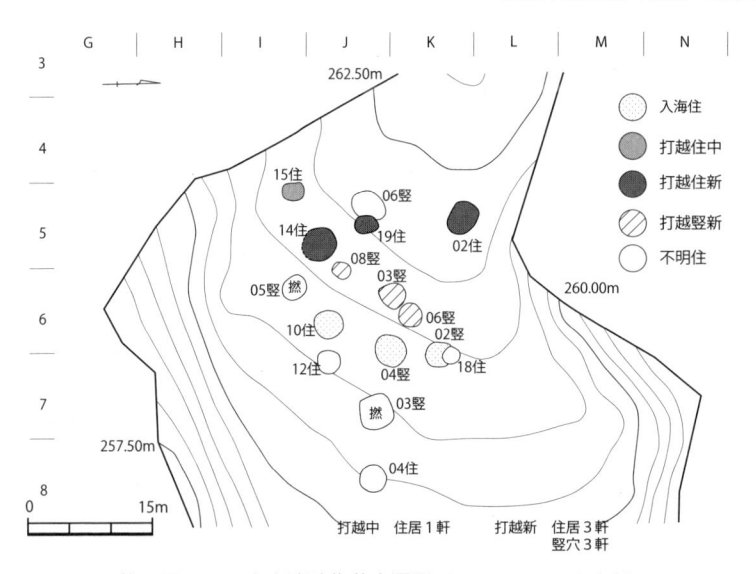

縄文早期末葉の集落と社会

第8図　下ノ大窪遺跡集落変遷図（阿部ほか2008を改変）

居跡が6軒、竪穴状遺構が10軒となる。内訳は撚糸文期の竪穴状遺構が2軒、野川式・入海Ⅰ式期の住居跡が1軒、竪穴状遺構が2軒、打越式中段階の住居跡が1軒、新段階の住居跡が3軒、竪穴状遺構が3軒、時期不明の住居跡が1軒、竪穴状遺構が3軒である。住居跡は隅丸長方形から楕円形のプランを呈し、同一時期内ではそれぞれ重複しないが、竪穴状遺構では一部隣接するものもある。

打越式期の住居跡は入海式土器が混在して出土することから、入海式期の住居跡を再利用している可能性も考えられる。東海系土器を出土する住居跡及び竪穴状遺構は、上ノ山式期が1軒、野川式・入海Ⅰ式期が3軒、入海Ⅰ～Ⅱ式期が3軒の合計7軒となる。入海期の住居跡の検出例が乏しい東海地方で、この数の住居跡が検出されるのは珍しく、有数の遺跡と言えよう。出土土器からは、上ノ山式～打越式新段階までが連綿と継続しているが、一時期の同時期住居跡は2～3軒と判断される。炉穴が存在していないことなどからも、継続的な集落というよりは短期的な移動の際に訪れる中継基地的な性格が窺われ、断続的な居住集落と考えることができよう。

145

Ⅱ 打越式土器とその時代

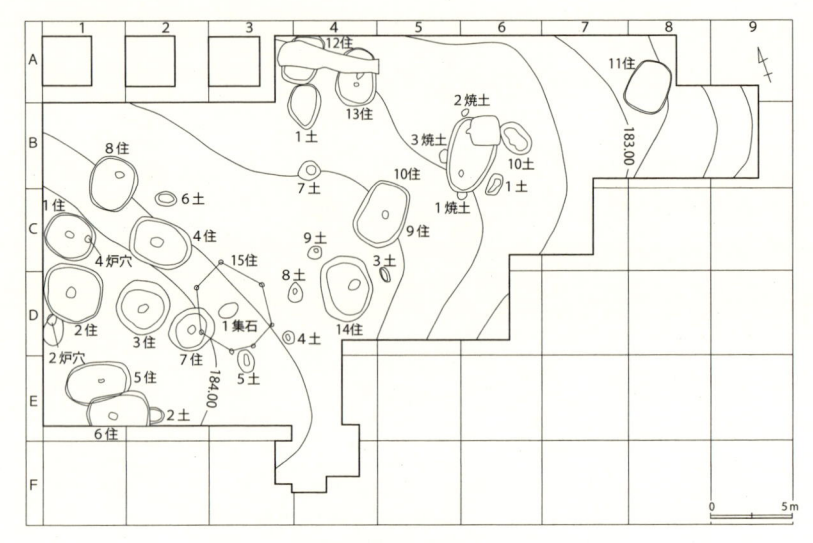

第 9 図　乾草峠遺跡集落構成図 (鈴木 2005)

(8) 乾草峠遺跡（第 9 図）
　静岡県三島市に所在する（鈴木 2005）。尾根上の集落の一部が調査され、神之木台式期の住居跡が 14 軒、掘立柱建物跡の可能性のあるものが 1 棟、炉穴が 4 基、土壙 11 が基検出されている。住居跡は楕円形を呈するものが多く、近接するものの重複するものはない。炉穴は住居域に混在し、住居と重複するものがある。神之木台式古新の土器群が出土しており、集落としての継続性が窺われる。しかし、型式を越えての継続性は見られない。
　住居域の広場的な中央部に、住居と重複しながらやや大きな掘立柱建物跡と思われる建物が 1 棟存在する。打越遺跡の掘立柱建物跡との系譜関係が窺われる。

(9) 中野 A・B 遺跡（第 10 図）（参考遺跡　早期中葉）
　北海道函館市に所在する。函館空港関係で調査された遺跡群で、中野 A・B 遺跡（富永 1998）などで構成される。早期中葉の貝殻文系土器期の集落で、地点別におおよその時期が異なり、その在り方は打越式期の密集する住居跡や竪穴状遺構群に近似する。土器型式を越えない範囲での異常なまでの住居

縄文早期末葉の集落と社会

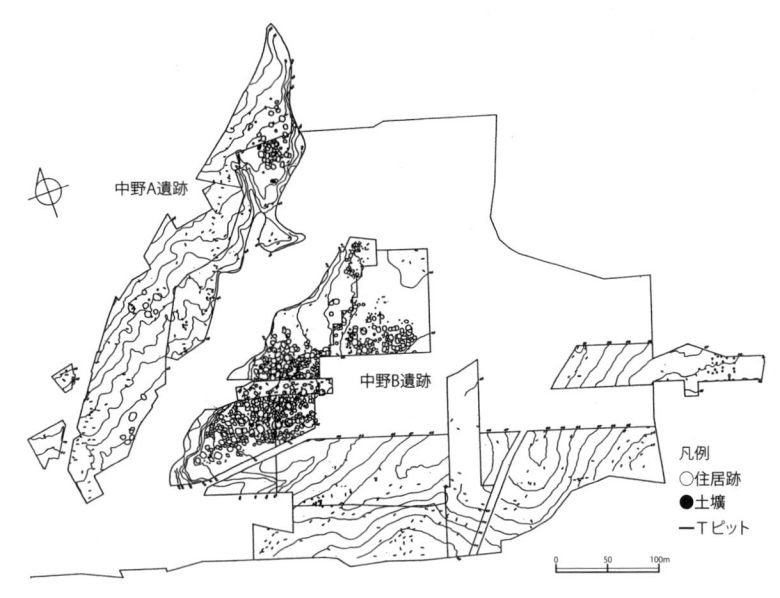

第10図　函館空港関係中野A・中野B遺跡（富永ほか1998）

跡や竪穴状遺構の重複関係は圧巻であり、早期後半の発展を極めた集落形態の典型を示しているようである。規模は異なるもの、早期末葉の打越式期に見られる集落発達の参考になるものとして提示した。

3. 打越式期を中心とした早期末集落の特性
(1) 遺構について

これまでの分析から、早期末葉の集落の特性を抽出することにする。

住居跡は形状や大きさがまちまちであるが、打越式期では楕円形、もしくは隅丸方形に近い円形を呈するものが多く、柱穴が不揃いであることが指摘される。竪穴状遺構は竪穴状遺構同士の重複関係はあるものの、住居跡と重複することは少なく、出土遺物も少ない傾向があり、同等な機能を持つというよりも、住居跡の補助的な機能を有する施設と理解しておきたい。

屋内炉と炉穴の関係は、炉穴と同時期に有炉の住居跡があることから共存することを認めた上で、両者に用途の相違を認めるべきであろう。

147

Ⅱ 打越式土器とその時代

　早期末葉の炉穴は、過度の蛸足状になるものが少なく、多くは単体で、住居域内に設置される場合が多い。炉穴は早期終末まで存続するが、打越式新段階以降で数が減少する。

　土壙は炉穴と同様に、住居域内に混在して構築されているが、打越式新段階以降では武蔵国分寺跡遺跡や大塚遺跡のように列状の特殊な配置に分布するものも現れる。

　さらに、住居域の中央部付近には打越遺跡や乾草峠遺跡のように掘立柱建物と思われる、特別な建物が存在する場合がある。

(2) 集落について

　早期末の、特に打越式期の集落は南西関東地方において爆発的な住居跡増が見られる。集落は台地上で谷頭を取り巻くように弧状に分布し、住居跡の分布域が二分される可能性のあるものもある。炉穴や土壙群は住居域内もしくは隣接地に構築されるが、打越式新段階では土壙群が住居域を囲うように特殊な配列に並ぶものも現れる。また、集落中央部にシンボル的な掘立柱建物跡を構築し、石剣状石製品を所有するなど、前期や中期社会に通じる精神性が窺われる場合もある。

　そして、最大の特徴は、関東地方において発展肥大化した集落が土器型式を越えて継続しない点にある。打越式期では古・中・新段階でそれぞれ遺跡が異なっており、同一遺跡内で段階別の住居跡があったとしても地点を異にするなど、継続性が窺われない場合が多い。

　一方で、静岡東部地域では早期末葉の集落は比較的小さく、打越式期内で継続的と捉えられる集落であっても、短期間の断続的居住の結果と判断されるものもある。

　これらの特徴を総合すると、土器型式を越えての継続性が乏しいという特徴の上に、関東地方や東海地方という地域性が現れる点に、また、前期初頭集落へと直線的にもしくは発展的に捉えられないものの、前期・中期の確立期としての安定集落の先駆的な集落を既に形成していた点に、東日本的な早期末葉社会の特性を指摘することが出来よう。

　特に東北地方との影響関係の中で、このような集落の盛衰を繰り返して、

羽状縄文系土器文化と交錯し、交替することによってさらに集落の安定期を迎え、前期社会へと推移していくものと推測される。また、その原動力の背景には海進現象が大きな役割を果たしていたことを指摘しておきたい。

4. 早期末社会の様相
(1) 土器群の地域性から見た早期末社会 (第11図)

　貝殻腹縁の鋸歯状文を特徴とする打越式が、静岡県東部の東海地方から関東南西部地方にかけて主体的に分布する時、東日本の各地域ではどのような土器群が分布していたのであろうか。近畿から静岡県西部地域では連続刻みや波状線で鋸歯状文を描く石山式 (1・2) や天神山式 (3) 土器が、中部高地では絡条体圧痕文土器が主体的に分布している。打越式や木曾谷及び伊那谷筋の絡条体圧痕文土器には東海系の石山式や天神山式土器、もしくはそれらの模倣土器が伴うことから、それぞれの並行関係が明らかにされているが、東海系土器群の細かな変遷を頼りとして、さらに在地系土器群の細かな編年が検討されているところである。また、東海系土器群を伴わない絡条体圧痕文土器や、それと並行関係にあると推測される東北南部の縄文条痕文土器や撚糸文土器が早期末葉の東日本に分布しており、これらの並行関係を明らかにすることも必須の課題となっている。

　ここで大胆にも東海系土器群を一つの定点として、直接的な共伴関係にない土器群について、要素の連鎖から関係性を手繰ってみることにする。

　打越式と絡条体圧痕文土器は、それぞれ共伴する東海系土器群によって2～3段階の変遷が捉えられる。まず、打越式の古・中段階には在地系の土器として、入海式並行と考えられる仮称野川式の系統下にある隆帯文の要素が存在する。この隆帯文は貝殻鋸歯状文を施文する土器群には併施文されないが、打越式の組成の一つと考えることができる。その後、新段階になってから貝殻鋸歯状文と融合され、打越式新段階の大きな特徴の一つとなる。

　一方、絡条体圧痕文土器も、上ノ山式並行期から系譜する隆帯文の要素を保持し (8)、胴部に鋸歯状絡条体圧痕文を施文する系統が残る。また、石山式並行期前後で地文が絡条体圧痕文から撚糸文に変化するものが現われる。

II 打越式土器とその時代

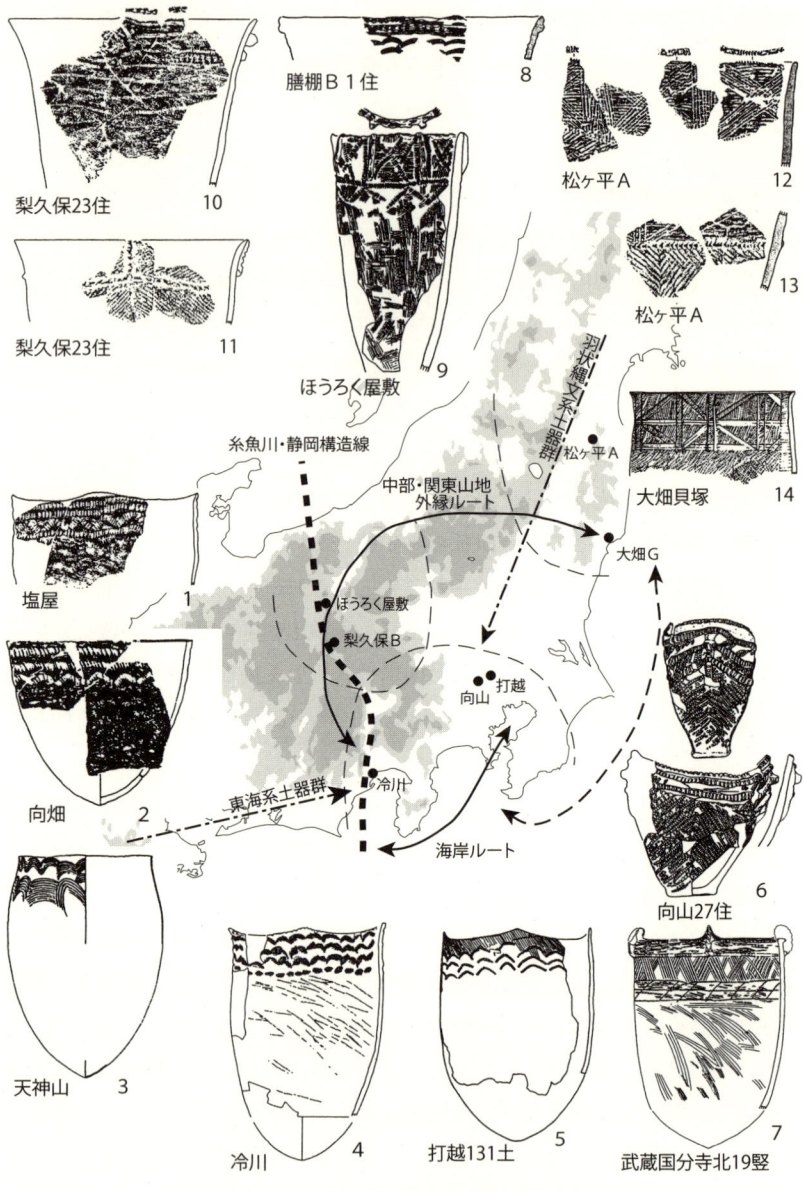

第11図 打越式土器と並行期の土器群

さらに、石山式新段階・天神山式古段階には羽状縄文地文 (11) が主体を占めるようになり、その後前期初頭の塚田式へと変遷する。

撚糸地文の絡条体圧痕文土器には、幅広の口縁部文様帯に縦位区画を施し、襷状モチーフを構成するもの (9) がある。襷状モチーフ及び撚糸地文を要素とすると、東北南部地方における北前式 (12) や大畑G式土器群 (14) との連鎖が想定される。東北南部地方では北前式から大畑G式への変遷が考えられており、この文様構成の変遷を絡条体圧痕文土器に対応させて考えるとほうろく屋敷 (9) が古く、梨久保23住 (10) が新しくなることが型式学的に類推される。また、絡条体圧痕文を疑似貝殻腹縁文状に施文するもの (8) は施文効果が類似し、打越式古段階に対応するものと思われる。打越式に伴う羽状縄文土器は、現在のところ出自が不明であるが、北前式には極わずかではあるが羽状縄文土器 (13) があり、編年的な位置関係からも東北南部地方に出自を求めることが可能となる。梨久保23住 (10) 出土土器は、横位多条の隆帯もしくは絡条体圧痕文を口縁部に巡らせ口縁部文様帯を区画する文様構成が、向山27住 (6) 例と類似し、両土器に見られる横位の短隆帯の施文手法が連鎖する。また、大畑遺跡の大畑G式 (14) は内陸部のそれより器壁が薄く、海岸線に伝播してきた東海系土器群の土器作りとの関係性が彷彿される。

打越式新段階に見られる隆帯の系譜は、絡条体圧痕文土器の隆帯が想起されるが、関東地方の在地系土器群に脈々と系譜する隆帯との関係が重要であると考えられる。下沼部式から継承する隆帯文の要素は、鋸歯状構成を採るものが多く、打越中段階まで貝殻文土器には併施文されない。貝殻文土器と寄り添う別系統として、縄文土器に施文される場合が多い。しかし、打越式新段階になって貝殻文土器に採用され、その後神之木台式へと継承されていくものと推測される。もし、絡条体圧痕文土器にその出自を求めるとすれば、成立期の貝殻文土器に隆帯の付く土器が存在するものと思われるが、現在のところそのような証左はない。

以上のように、打越式と周辺土器群の関係性を検討すると、一見離れていて比較の難しい土器群も、型式学的に並行関係を推定することが可能となる。

Ⅱ 打越式土器とその時代

これら土器群の違いが文化圏の相違を物語っているが、共に関係性が強く認められる。早期末葉の東日本には南西関東地方に条痕文系土器群、中部高地に絡条体圧痕文系土器群、南東北地方に縄文条痕文土器が分布しているが、それぞれの変遷の過程で東北地方からの羽状縄文系の要素が強くなり、徐々に条痕文系土器群を席巻していく様子が看守されるのである。

(2) 東西の日本を分ける糸魚川・静岡構造線

今まで述べてきた土器群に見られる早期末葉の地域性は、中部高地の松本平から諏訪湖周辺を基点として、東西および南北の地域間で交流関係が認められる。諏訪湖周辺は木曾谷・伊那谷を通じて東海地方との交流が強く東海系土器群がもたらされるが、貝殻文土器が普及しないという地域性がある。また、犀川や信濃川水系を辿って中部・関東山地外縁部ルートでは絡条体圧痕文土器や縄文・撚糸文土器に見られるように新潟や東北南部地域との交流が盛んである。貝殻文土器は、古段階の寒川遺跡がかろうじて糸魚川・静岡構造線の東側に存在し、西側には今のところ分布していないようであることから、太平洋沿岸ルートもしくは海浜沿いの山裾伝いに関東地方との交流が広まり、南下する縄文系土器群や絡条体圧痕文系土器群に対峙する形で、条痕文系土器群の末裔として成立したものと推定される。いずれの土器群からも糸魚川から静岡へ抜ける構造線ルートを起点もしくは境とした、東西南北間の交流の跡を看取することができる。

この糸魚川静岡構造線は早期中葉では沈線文系土器群と押型文系土器群を大きく分ける境界線もしくは交流及び緩衝地帯であり、その後の縄文時代全般を通じても東西の境界となっている。現在においても、西日本と東日本の文化的な相違が現れるのも、およそこの構造線の前後であることが理解される。糸魚川静岡構造線は、早期末においては東西の大きな分岐点であったが、常に日本文化の形成にとって最も重要な境界線であるとともに、交流点もしくは交流の重要なルートであったことが指摘されるのである。

III 総合討論

打越式とその時代を考える

荒井：それでは討論を始めます。総合司会は荒井が務めさせていただきます。このシンポジウムは、打越式とその時代を考えるということで、かなりてんこ盛りな話題を取上げましたので、時間がかなり詰まっております。基本的には4時には終了したいと思っておりまして、時間が限られているものですから、フリートークとはせず、司会から会場にいらしている方を指名してコメントをいただきながら進めていくというスタイルをとりたいと思います。基本的にはコメントは3分、リコメントは1分程度ということでお願いできればとおもいます。討論は、「打越式土器」「生業」「集落と社会」という3つのテーマにわけて進めたいと思います。

　議論に先立って、会場から質問用紙をいただいていますので、それへの回答をさせていただきたいと思います。まず領塚さんへ「貝塚はゴミ捨て場だといわれているけれども、役割が終ったものを自然に帰す場だとも聞く。どう理解すればよいでしょうか？」。

領塚：先程、新聞報道された取掛西貝塚を紹介しました。なかなか精神文化に関わることは答えにくいのですが、貝塚の役割ということになりますと、貝塚の中に埋葬された人骨があったり、お祭りをした跡があったりしますので、単なるゴミ捨て場ということにはならないと思います。博物館の学芸員という立場で、一般の方によく言っていることは、まず第一に貝塚はこわれた土器や石器、そして食べ終わった動物の骨など、役目の終わったものが集められた場所だということです。役目を終えて死んだ人間も葬られるわけですが、道具の再生、そして豊漁や新たな生命の誕生を祈って、集落の一角にそれらが置かれる訳です。取掛西貝塚はまだ未報告ですが、イノシシの頭の骨が並べられた上に貝殻が積まれているとのことですから、同様に理解できるかもしれません。集落内の住居跡のくぼ地に貝殻を集約することにも何か

III 総合討論

意味があるかもしれないと思っています。

荒井：もう1件「打越式土器の器形は砲弾形で、早期中頃の非常に尖った土器と違っているが、土器の安定性など機能性と関係があるのでしょうか？」。早坂さんお答え下さい。

早坂：早期の中頃には、底が非常に尖っている、天狗の鼻のようだとたとえられる土器があります。私はその頃の土器にあまりくわしくなく、使い勝手などを調べたことはないのですが、水子貝塚資料館では打越式土器と同じ形の土器を作って、体験学習の際に煮炊きに使っています。その経験からは、打越式土器の形は、尖っていて安定が悪いように見えますが、実は地面にちょっとくぼみを作って、そこにバランスを取って立てると意外に安定します。平底の土器は、平らな面を用意しなければなりません。使い勝手という面からは、打越式もなかなか機能的だというのが経験的なところです。

荒井：それでは討論に入ります。先ず始めに、打越式土器を論ずるときに常に東海地方との関連が話題になります。静岡県の池谷信之さんに打越式の胎土について紙上発表をいただいたのですが、会場からで恐縮ですが、コメントをいただけますでしょうか。

池谷：静岡の池谷です。追加資料（168～173頁に掲載）を簡単に説明させていただきます。打越遺跡の胎土分析を依頼されましたので、なんとか結果を出したいとやってみました。まず1頁目にフォッサマグナ東西判別図があり

ます。詳しい説明は省略しますが、この図によって、縄文土器の産地をフォッサマグナの東西に分けることができます。3頁目に飛びます。上の方に清水ノ上、楠廻間といった知多半島出土土器の分析結果があります。当然のように西側という結果が出ています。その下に静岡県東部出土の木島式の分析結果があります。10遺跡で200点ほど分析しましたが、ほぼすべてフォッサマグナ以西の領域に入ります。静岡県東部はフォッサマグナ以東ですから、木島式は全点搬入という結論になります。

これで信用していただいたところで、この方法を打越式にもってきたらどうなるか。2頁目の一番上です。打越遺跡の打越式土器は当然といえば当然ですが、フォッサマグナの東側になります。その下、打越遺跡の東海系土器、これが皆さんの一番関心のあるところと思いますが、二つに分かれます。フォッサマグナ以西のグループは、より薄く硬質である、あるいは裏面の調整が違う、繊維が明瞭に入るかどうかなどの違いが見いだせます。分析した土器は、一番最後の頁に奮発してカラーで印刷しました。微妙な違いが見て取れます。実物の土器は先程返却しましたので、あとで資料見学の時間に見ることができるかと思います。そうしますと、東海西系系と呼んでも、東海西部で作られたものと、東海東部より東で作られたものがある。東海東部より東で作られた「東海西部系土器」は、言ってみれば"産地偽装"です。どこで"産地偽装"しているか。僕は神奈川あたりがくさいと睨んでいて、どこかに商売上手がいるのではないかと思っています。今日は神奈川の方がいらっしゃいませんが…。

次に冷川遺跡。フォッサマグナの境界付近という微妙なところにある遺跡です。ここの入海式段階の土器のうち、本来の入海式はすべてフォッサマグナの西域に入ります。本来の入海式とは少し違うものがフォッサマグナの東域に入りました。石山式から打越式段階の土器は、グラフ上の分布が入海式より接近していますが、これらも東西に分けてみました。西域に入った土器は本来の石山式と、打越式と共通性のあるものも入っています。逆にフォッサマグナの東域という結果が出たものは、確かに石山式といえるものはない。施紋具に貝殻を使ったものはすべて東域に入る。現状でもこうした指摘がで

III 総合討論

きますが、今後より仔細に個々の土器の特徴と分析結果を付き合わせていくと、打越式の成立に迫れるのかなと思います。

荒井：池谷さん、どうもありがとうございました。それでは議論に入っていきたいと思います。まず最初に編年の問題、分布の問題、また、当初に設定された打越式と違う内容になってきていますのでその名称を含めた問題について議論していきたいと思います。編年の問題については早坂さんが1・2・3としています。金子さんは古・中・新という感じでよろしいですか？（金子頷く）登壇者の間でも若干認識のずれがあるようですので、議論をしていただきたいと思います。まず金子さん、どうぞお願いします。

金子：先程ちょっとお話ししたんですけど、確かに打越遺跡で出土した打越式が狭義の打越式というのはその通りですが、もう少し資料を見ていったときに、毒島さんが地方と年代の単位といいましたが、冷川が古くて、その段階のものが関東に非常に薄いとすれば、それはもしかしたら冷川式と呼んでもよいと思うんですね。もう少し大きな見方をして、一連の貝殻施文の鋸歯状紋の土器群について「打越系土器群」、いま流行の土器様式ですね、そういう風にくくりますと非常に分かりやすいですし、新旧も分かれると思っています。しかし、1式・2式・3式と名づけていくと、それ自体一人歩きしていくことがあるかなと懸念しています。新旧が逆転することはないかもしれませんが、当面は古い、新しいという呼び方で分析を進めていった後に細別名を付ければよいかと思います。打越の段階から腹縁文系土器群という意味で打越式という言葉で考えていこうかなと。そんなところです。

荒井：では早坂さんリコメントを。

早坂：私も、縄文セミナーの段階では古・中・新という呼び方をしていました。今回の図録では1・2・3にしてもよいか荒井さんに相談しましたら、シンポでの発表はともかく、図録に使うのは早いだろうと指導され古・中・新としました。今回はじめて1・2・3と提案させていただいた次第です。学史的に色々と提示されてきた資料からも3つの段階に分けられるだろうことは自信を持っておりますし、順番が変わることも考えられないということで1・2・3と名づけた次第です。

荒井：この件については色々な御意見があると思いますが深入りしません。次に縄紋系の…、毒島さんが御意見があるそうです。

毒島：深入りしないといったのにすみません。一つだけ強調しておきたいことを手短かに。和田さんから話があったように、富士見市内という小地域で宮廻→打越→氷川前という編年的な関係が作れた、その関係を他の地域にどう適用するかということが大事です。打越遺跡の報告のときに知られていなかった宮廻、氷川前という遺跡が発見されたことによって、地方差が入らない約2.5kmの範囲内で編年関係が作れたということが、このシンポジウムの成果だと私は考えています。

荒井：それでは、縄紋系土器の話題に移ります。長野方面の絡条体の土器や、打越式に伴う縄紋系の土器について、中沢さん、御意見をお願いします。

中沢：長野県の縄文施文の土器については、関東の下沼部式、東海の入海式～石山式に並行するくらいに膳棚B式と私が呼んでいるものがありますが、これは縄文施文土器の存在が判然としません。関東の打越の1～3式、東海の石山式のある段階から天神山式に並行するものとして、プレ塚田式、梨久保段階などと呼ばれる段階で縄文施文を持つ土器が卓越します。

おおむね茅山上層並行の段階にさかのぼると、長野県では絡条体圧痕をもつ土器があります。その土器の地文は絡条体条痕が用いられるのですが、その時に一定量の縄文をもつ土器が組成します。ただその縄文の系統がどこまで続くのか今のところ判然としません。先ほど申した通り、東海の入海式～石山並行、関東の下沼部式並行の膳棚B式では不明確だからです。膳棚B式の地文は、絡条体条痕から撚糸文に変化しますが、撚糸文だけでなく絡条体条痕も伴っています。それに縄文が伴うかどうか、まだわかっていません。私は膳棚B式にも組成するだろうと思っていますが、10年前から検証できていません。そして、プレ塚田式、つまり関東の打越1・2式に並行する段階、石山式・天神山式並行の段階で、縄文を地文として絡条体圧痕をもつ土器が卓越するということです。そういう意味では、打越式と同じくらいの時期に中部高地でも縄文地文が非常に量が多くなるといえます。

それから付け足しですけれど、資料館での展示を見せていただいて、その

III 総合討論

中で、小破片ですけれども、縄文地文に沈線で弧状に描いているような、あるいは鋸歯状に描いているような土器がありました。ああいう手合いは、長野県佐久地方の早期末遺跡で、縄文地文に絡条体圧痕を伴う土器とともに出土します。そういう目で見ると、長野県の縄文地文をもつ土器と関東との交流が追えると見ています。

荒井：ありがとうございました。打越式土器を論ずるときに常に東海地方との関連が話題になります。小崎さん、コメントをお願いします。

小崎：静岡の冷川遺跡が注目されたわけですが、東海地方の文様構成をまねる形で貝殻腹縁を用いた冷川遺跡の資料があり、早坂さんの意見ではそれが打越1式に相当するとのことです。そうなりますと、打越式の成立した場所が東海地方になってしまいます。しかし、東海側の研究者の立場からすると、難しい問題と言わざるを得ません。型式学的な問題に深入りするなということですが、早坂さんの打越式の編年案を見ていくと、打越式の前型式（段階）である下沼部式新段階までには隆帯があるにもかかわらず、打越1式になると東海地方の影響で隆帯が存在せず、打越式の後半である打越3式になると隆帯が再び復活するということになります。この打越3式の段階で隆帯が再び発生した理由というのが自分には分かりません。関東地方における隆帯の系譜を考えることが、打越式におけるこれから主要な検討課題であると思います。

荒井：それでは土器型式の問題について埼玉の鈴木徳雄さんに総括的なコメントをいただければと思います。

鈴木（徳）：えー、今日来たら早坂さんに「何しに来たんですか」といわれたぐらい、この時期についてとくに研究をしているわけではないのでコメントする立場ではないと思うのですけれど、ご指名ですのでちょっと簡単に感想を述べさせていただきます。

　資料集93頁の金子さんの図（本書150頁）を見ていただければいいと思うのですが、先程金子さんのほうで冷川の土器が古くて打越の資料は中ぐらいの土器であると。冷川を打越と呼ぶかどうかは別の問題だという話もありました。ですけどパッと見ていただいて大ざっぱに言いますと、打越式の土器

打越式とその時代を考える

群は西日本系統の土器であるということは誰しもがこの図を見ただけでおわかりになると思います。早坂さんの方で、打越式に伴う縄紋施紋の土器というのをどのようにとらえるかという考え方が一方にはあって、中沢さんの方でコメントもされたんですが、先程金子さんの方でお話しされたとおり東北方面の様相があると考えることがよいのではないかと思います。

私なりにおおざっぱに考えるところ、いわゆる下沼部式といっているもの、あるいは早坂さんが下沼部式の新段階と呼んでいる氷川前の5号住、あるいは宮廻の土器。このような縄紋施紋の関東にある土器群が、今のところ関東できれいに系統をたどることは難しいですけれども、中沢さんから紹介があったような中部系の絡条体圧痕や縄紋がある土器とは違った土器群が関東に存在しているだろうとみることができると思います。おおざっぱに考えますと、常世系の土器、福島県のような絡条体を押すような土器が関東内陸部から中部にかけて、さらには新潟の方にまで広く分布しているのですけれども、そういった流れの中で東北系の土器が関東にあるのかないのか、おそらく打越式土器を考えたときに、打越式は繊維が入っていなくて縄紋系の土器は繊維が入っているというおおざっぱな違いがありますので、おそらく茅山上層式以降に関東に東北系の土器群があって、それと併存するように東海系の土器に引き金を引かれたというか起点となるような形で打越式が成立するということを考えて、おそらく二系統が併存しているだろうと考えます。

毒島さんの方で縄紋を伴うものと打越式が一緒に出るので一つの「型式」だというお話しがありました。「そればかりが出る」という山内先生の言葉を紹介されましたが、遺跡で「そればかりが出る」というのは、いわゆる即自的な、まとまって出土したそのままの土器群であって、第一段階としての「型式」の把握だということです。したがって、相互比較を行なって系統的な関係などを捉えた後に「真の型式」という風に捉え返されるべきかなあと思いますので、現状では、下沼部式とか氷川前5号住、宮廻の土器の存在形態を掴みながら、それぞれを「型式」と呼ぶのかそれ以外の呼び方をするのかは、もう一度再検討された方がいいと思います。

それと同じような言い方で、打越式の1・2・3式という風にお分けになっ

III 総合討論

ていますが、並行関係について中沢さんと早坂さんでかなりずれているように思います。したがいまして、打越式の細別案が他の地域の型式と交差編年されて安定した形になったときに番号を付けるというのが、古来の縄紋土器研究の伝統ではなかろうかとそういう風に考えますので、今のところは古・中・新の方が好ましいのではないかと私は思います。以上です。

荒井：まとめていただきましてありがとうございました。では次のステップに移りたいと思います。今度は生業ということで、領塚さんから貝塚についての発表がありました。私、寡聞にして知らなかったのですが、最近は土器にとどまらず早期後半の貝塚を鋭意研究なさっているという鈴木正博（まさひろ）さん、コメントをお願いします。

鈴木（正）：打越式の古入間湾について、領塚さんと早坂さんの間で海があったか無かったのか、議論があります。実はヤマトシジミというのは曲者で、海のそばでも採れます。河川河口域ということを領塚さんはかなり強調しましたが、前日発表があった早坂さんの内容をレジュメで確認しますと、汽水湖に注目されています。どういうことかというと、打越式の時期は海進のピークなのか、ピークを過ぎて海が退いているかによって、ヤマトシジミの採れる環境が変わってきます。ピークであれば奥東京湾の茅山下層式に形成された寺西貝塚、本当に板倉沼が汽水域のような状況を想像すればよいのです。あれがピークでしょう。そうすると、よくわからないのですが、打越式というのは茅山下層よりも新しい。退いているのですね。おそらく早坂さんの描いたような海はあって、退いて汽水湖が出来て、そういう中でのシジミでしょう。子母口貝塚は、毒島さんの説明にもあったように、子母口式で貝塚が出来て、その海がピークでさらに奥には入らないのですね。それで「子母口2式」とも呼ぶべき早期末葉に拠点的な斜面貝塚が出てくる。それで前期初頭の花積下層式の拠点貝塚は、下組貝塚のように下流になってしまう。そういう流れを打越遺蹟で考えていきますと、海だったところが退いて潟湖、汽水湖ができてヤマトシジミが採れる環境が出来たのが打越式だろうと私は思います。ですから描かれたような海はあったけれども、領塚さんのいうように打越の時期にはあの海は無かったというのが私の感想です。

打越式とその時代を考える

荒井：領塚さん、リコメントをお願いします。

領塚：さきほどの昼食の時にも河口域の話題が出まして、早坂さんから海の珪藻が出ているという反論があったのですが、汽水というのは基本的に上は淡水、下は海水という2層構造を持っていますので、当然、海の珪藻も出ます。河口か海かというのはかなり微妙なところです。むしろその点は考古資料が重要です。8割以上がヤマトシジミということですが、もし目の前に海があるとすれば、もっと海の貝が出てもいいはずです。鈴木正博さんから潟湖というようなお話しもありました。海と繋がっていることに違いはないのですけれども、100％の海というわけにはいかないと思います。

荒井：一言いわせろというので早坂さんに。

早坂：昨日配った講師紹介に「いま興味を持っていること」として「"古入間湾"に自然科学的アプローチは可能か？」と書きました。汽水域を考えるときに汽水湖というのは、島根県の宍道湖や茨城県の霞ヶ浦のように環境が安定しているので、研究が進んでいます。それにくらべ河口域というのは複雑で不安定な環境です。河口域（河川汽水域）という場合、河川の中で河口に近い部分と、海の中で河川水の影響を受けている部分とを合わせて呼んでいます。河口域であろうという点では領塚さんの意見と一致できるのですが、私は河川水の影響が強い海域、あるいは汽水湖という風にとらえていて微妙に違います。そういった問題について自然科学的なアプローチは可能なのだろうかというのが関心事です。

荒井：このあたりの議論は今後二人が研究を進めるでしょうからこれで終りにします。次に加藤さんが発表した縄文早期末の石器群の実態について、南山大学の長田友也さん、コメントをお願いします。

長田：長田です。資料集の124頁の神明上遺跡の石剣（次頁第1図1～4）というものを報告した経緯がありますのでそれについてコメントします。私も現場に呼ばれてこの石剣を見せられたときは、後・晩期の石剣だろうといったのですが、出土状況や遺跡の状況を見ますと、打越期に置かざるを得ないということで、色々悩みながら報告しました。現在でもなかなか類例がでてきませんので、位置づけについては保留したいところです。ただ、遺物を詳

III 総合討論

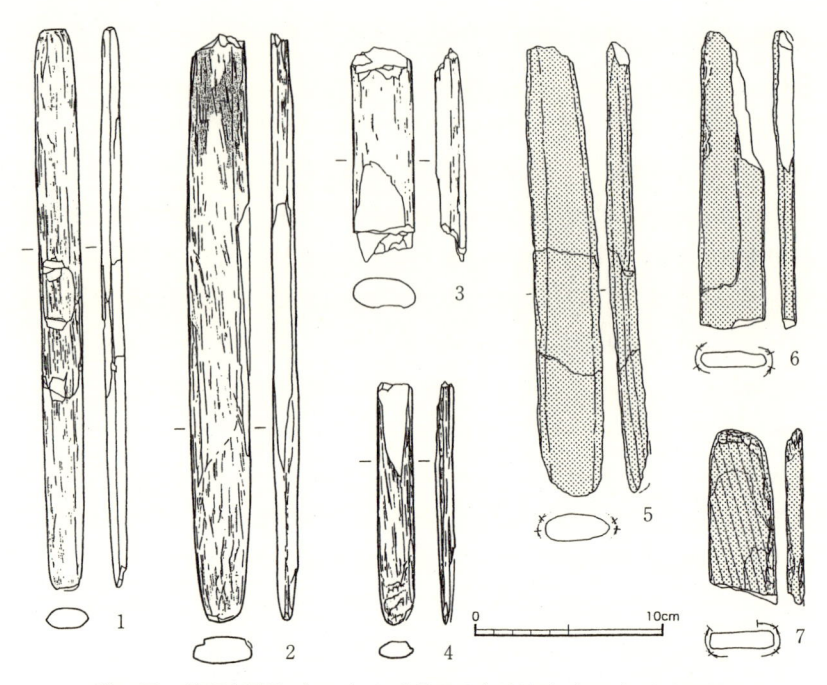

第1図 神明上遺跡（1～4）と武蔵国分寺跡遺跡（5～6）出土石器

細に検討しますと、加藤さんからも指摘があったように、皆さんよくご存知の後・晩期の石剣とは、研磨の仕方とか細かい製作技法がやや異なる面が見られます。特にほぼ完形に近い、一番左側の5号住居跡の資料（第1図1）は、研磨で面を成して全体を作出するという点で、後・晩期に出てくる曲面を持たせる石剣とは、研磨という技法の違いから違和感があります。その意味ではこの段階の資料として位置づけられるかもしれません。そのほか国分寺跡遺跡で同じような細長い石器が出ています（第1図5～6）が、こちらは図面上で見ると近いのですが、加藤さんも指摘しているとおり、作り方が違いまして、比較すると神明上遺跡の方が洗練された作りになっていると思います。

　これらが実用の利器なのか、お祭りなどに使う儀器なのかという判断ですが、ご指摘のように被熱痕がありまして、そういうことを含めて判断しますと儀器であろうとしてよいかと思います。今後類例が増えないと評価が難し

いのですが、今回資料集をお作りになる中で類例が増えていないということは、まだ保留にせざるを得ないな、というところです。

荒井：ありがとうございました。この時期の石器については加藤さんが初めて集約したということで、まだ今後の蓄積を待つということかと思います。次に集落と社会について埼玉県の宮崎朝雄(あさお)さんからコメントをお願いします。

宮崎：いままでこの時期の研究会というと土器がテーマだったのですが、今回のシンポジウムでは静岡県方面の資料が増えてきたこともあって、集落を構成する住居ですとか、石器群、土器群、そろって比較できる資料が揃ってきたのかなという感じがいたしました。今回のシンポジウムの成果として、打越遺跡と静岡の遺跡を比較すると、土器のうえでは元々かなり関連するといわれていたんですが、住居の形態も同じように楕円形でちょっとピットが雑にまわると。それから石器もかなり類似する面がある。ただですね、そういう意味で、全体的な大きな流れからすれば、早期後半の条痕文期というのは、前半は関東主体で、関東から東海に文化が流れると、逆に後半、早期の終りぐらいになると、東海から関東に文化が流れている。それを決定づけたのがおそらく打越遺跡であり、打越期というものではっきり関連性を位置づけたのかなと。その文化的な内容も今回かなりシンポジウムで整理されて明確になったのかなという感じがいたしました。

ただですね、打越遺跡の意義はそれだけではないだろうと思います。さきほど金子さんが集落の変遷で、打越式のあと神之木台式に集落が続かないと。静岡ですとか神奈川の打越期の遺跡も大体打越前後で終ると。それから関東でも武蔵国分寺跡ですとか向山ですとか、その時期だけなんですが、打越遺跡の場合には、金子さんは続かないといいましたけれども、住居跡を見るとわかりますが、先程和田さんが報告したように、片方で非常に早期的な楕円形でだらしがなくて炉が有ったり無かったり、色々な形の住居がある反面ですね、片方で次の花積・関山に続く台形で6本柱、しかも炉をきっちりもっている住居がある。打越遺跡では関東では珍しい、おそらく全国的にも珍しいかと思いますが、早期末から環状集落が整うとされる前期の関山期まで、どこまで連続性を認めるかは別にしても大きな意味では継続している。しか

III 総合討論

も黒浜期の水子貝塚に地域的に継続していますので、その間、地域の中で集落がいったりきたりというのはこれからの課題ですが、大きな意味では関東の中で早期末と前期をつなげる集落ということがいえます。

　今回資料を集めていただいて早期末の東海との関係、池谷さんも胎土分析をしていただいて、神奈川県をとおして文化の入り方に色々な形があるとわかってきましたが、いずれにしても、そのような早期末葉的な打越式の位置づけ、あるいは打越遺跡の出発点としての早期の最後としての集落の形態と、さらにはできればそのあとの前期の環状といえるような集落へどう深まっていくのか。打越遺跡をちょっと分析しますと、関山期の住居はどんどん深くなり、そして大型化する。そういうことは報告書の段階でいわれていますので、その辺を含めて早期から前期をつなげる広い意味で、関東から東海・東北を含めて、色々な形での文化が入ってくる中で、この奥東京湾に早期から前期にむけての集落ができあがるというところまで踏みこんで検討していただければいいのかなという感じがいたしました。

荒井：ありがとうございました。総括的にまとめていただいて、またその上に示唆をあたえていただきましてありがとうございました。まとめのコメントをいただくまえに若干時間がありますので、登壇者から最後にもう一言いいたい方どなたかいらっしゃいますか？いらっしゃいませんか？皆さん言い尽くされたようですので（会場笑）、茨城の斎藤弘道さん、コメントをいただけますでしょうか。

斎藤：最後のまとめという役目を承りましたが、先日、資料館で今回の展示を拝見しまして、それで今日のシンポジウムを聞かせていただこうと思い、茨城から出てきたのですが、打越式についてこれだけ立派な資料集ができて、土器の編年だけではなくて集落とか石器とか、それから貝塚の問題とか色々取上げて大変網羅的にやられたと思います。

　色々な視点から皆さんの発言を聞かせていただいて、資料も入手することができたのですが、宮崎さんもご指摘されたように、早期の終末と前期の初頭というところで切れる要素と、繋がっていく要素と両方あると感じました。石剣の問題にしても数多く観察していくことで微妙な違いを受け取ることが

できるのではないかと思いました。

　打越式については、早坂さんの方では異系列のものも含めて打越式に含めて捉えるという考え方をされましたが、系列が違うという認識であれば、はずしておかれた方がよいのではという感想を持っています。もうひとつ、打越式の始まりと終りのことについて申し上げます。下沼部式の絡条体圧痕と打越1式あるいは古段階の貝殻を寝せて施文するという冷川の手法、その間がどこですぱっと切れるのかなあと。共存した例がないのかなあと。ものすごく狭い範囲で各段階があると、縦に並ぶということは理解できるのですが、他の地域とのつながりなどをどこまで解明したのかなと疑問に思いました。また、資料館展示を見ても思ったのですが、3式・新段階といわれる隆帯と神之木台式の隆帯というのは、本当にその部分だけ見せられたら区別できないかなと思いまして、打越3と時間差があって神之木台があるのか、神之木台のようなほとんど貝殻施文が失われてしまう土器があるいは共存するのではないかという印象も持ちました。

荒井：ありがとうございました。このシンポジウムで初めて、打越の時期を総括的に取上げたわけですが、やはりいくつもの課題を今後、解き明かしていくことが必要であるということで、コメンテーターの皆さんからも、こういう方向で検討したらもう少し違う世界が見えてくるということで、色々なコメントをいただきましてありがとうございました。登壇者の皆さんも皆さんのコメントを承けてさらに研究を深めていくのだろうと思います。

　打越式が提案されて30年ということで、遺跡の評価は複数の遺跡の比較から始まるのが本体なのでしょうが、あの当時は、比較の対象の遺跡がありませんでしたので、当初提案した打越式というのは非常に打越遺跡の固有性を担っていました。この30年で資料が蓄積し、新たな考え方も出てきました。そういう意味では今回のシンポジウムは、それを要約して土器ばかりではなくて石器、生業、そこから住居址、集落、そういうことを含めて総括的に考える最初の試みということです。今後、このシンポジウムが新たな研究の出発点になればよいと思っております。ではこれで終りにしたいと思います。長時間にわたりまして、どうもありがとうございました。（会場拍手）

池谷追加資料

富士見市打越遺跡・静岡市冷川遺跡出土土器の製作地について

池谷信之

1. 本稿の趣旨

　蛍光X線分析によって得られた化学組成にもとづく判別図によって、土器の製作地を糸魚川－静岡構造線（フォッサマグナ西縁/以下では「フォッサマグナ」と略称）を境界とした西域と東域に区分することが可能である。その詳細については、別稿が公表される予定なのでここでは省略させていただくが、静岡県内から出土した木島式や入海式などの東海西部系とされる土器群の製作地についての分析結果が蓄積されつつある。

　今回のシンポジウム主催者から依頼のあった打越遺跡出土土器に加え、打越式の成立を考えるうえで極めて重要な位置を占める旧清水市冷川（びわかわ）遺跡出土土器も加えて分析を行った。紙数の制限の関係から図表類の提示が限られ、肝心の土器図版を示すことができなかったため、ここで補足しておきたい。なお要旨では鉱物分析の結果も総合して製作地を推定しているが、ここでは蛍光X線分析の結果に絞って記述していく。

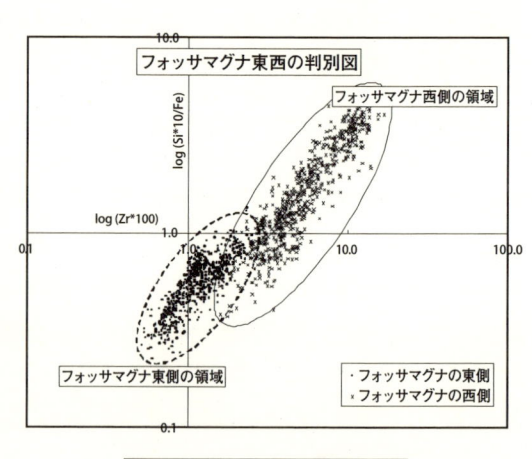

2. フォッサマグナ東西の判別図

　分析には沼津市文化財センター所有のエネルギー分散型蛍光X線分析装置〔島津製作所製EDX-900HS〕を使用した。測定した18元素を元にSi/FeとZrを指標とした判別図を作成する（実際の判別図では散布のまとまりを整えるために対数表示としている）。この図上に須恵器・灰釉陶器・瓦窯址、弥生土器甕、土師器甕など現地性の高いと考えられる土器の測定値をプロットし、製作地判別のための対比資料とする。図1に示したように多少の重複を含むものの、フォッサマグナを境界として出土器がほぼ東西に区分できることが理解されよう。この西域と東域のまとまりは、黒曜石原産地推定の原産地群に相当するものと考えれば理解しやすい。

　なおこの対比資料の西限は大阪、東限は神奈川であり、埼玉県内の資料については今回、富士見市内の栗谷ツ1号窯出土土器を加えたのみであり、この指標が北関東方面まで適用可能か否かについては、今後さらに資料を増やして検討していく必要がある。

図1　フォッサマグナ東西の判別図

3. 分析結果
a. 打越遺跡出土の打越式土器
★打越式土器の製作地はすべて「東域」。

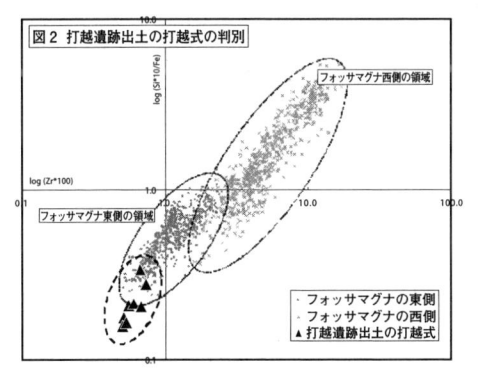

b. 打越遺跡出土の東海系土器
★東海系土器の製作地には「東域」と「西域」が存在する。

西域の土器の特徴（図10上段）
　　より薄く硬質
　　裏面は指頭圧痕
　　より淡色の色調のもの・白雲母含む
東域の土器の特徴（図10下段）
　　やや厚手・わずかに繊維？
　　裏面は擦痕状の調整あり
　　器面は赤褐色・金色の雲母含む

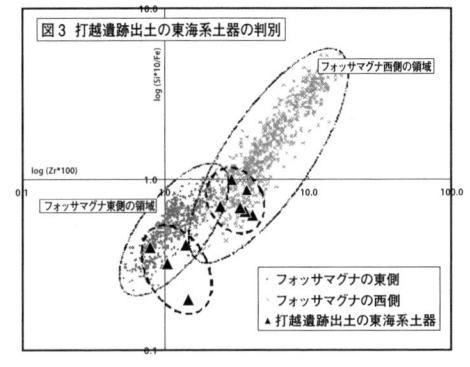

c. 冷川遺跡出土の入海式段階土器
★入海式本来の施文がなされる例はすべて「西域」、幅広の隆帯に複数列の刺突や幅広の刻みが加えられる地方型式化したもの（分析No.6・7・8）は「東域」に入る。
　　　↓
　　愛鷹山麓の入海式にも同様の事例

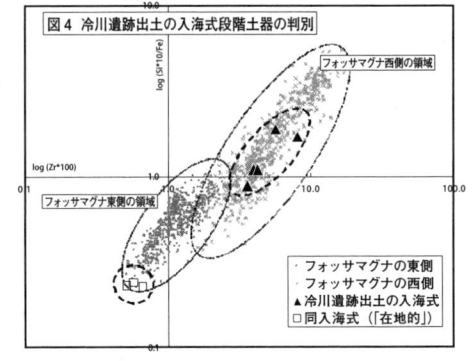

図2　打越遺跡出土の打越式の判別

図3　打越遺跡出土の東海系土器の判別

図4　冷川遺跡出土の入海式段階土器の判別

c．冷川遺跡出土石山式〜打越式段階土器

★打越式ないしそれに類似する土器は、「西域」と「東域」に分かれて存在する。石山式との明瞭な区分が難しいもの（図8分析 No.12・13・14・20）は「西域」。貝殻腹縁を用いるもの（図8・9分析№.15・17・18・21・23〜27）は「東域」。

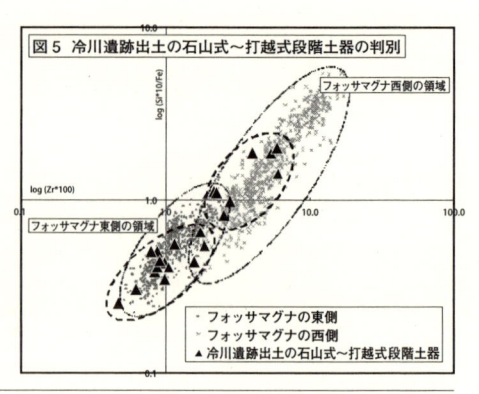

図5　冷川遺跡出土の石山式〜打越式段階土器の判別

・フォッサマグナの東側
・フォッサマグナの西側
▲冷川遺跡出土の石山式〜打越式段階土器

〔参考〕

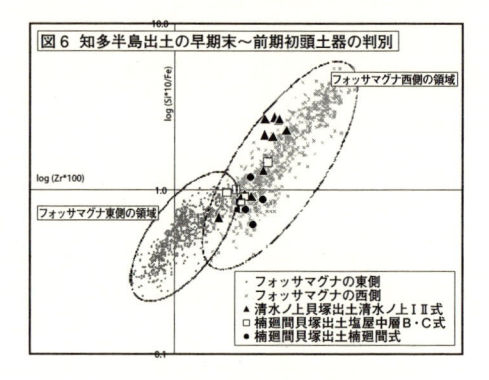

図6　知多半島出土の早期末〜前期初頭土器の判別

・フォッサマグナの東側
・フォッサマグナの西側
▲清水ノ上貝塚出土清水ノ上ⅠⅡ式
□楠廻間貝塚出土塩屋中層B・C式
●楠廻間貝塚出土楠廻間式

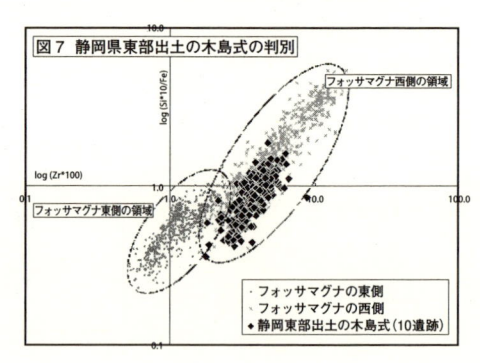

図7　静岡県東部出土の木島式の判別

・フォッサマグナの東側
・フォッサマグナの西側
◆静岡東部出土の木島式（10遺跡）

図8 冷川遺跡出土土器1

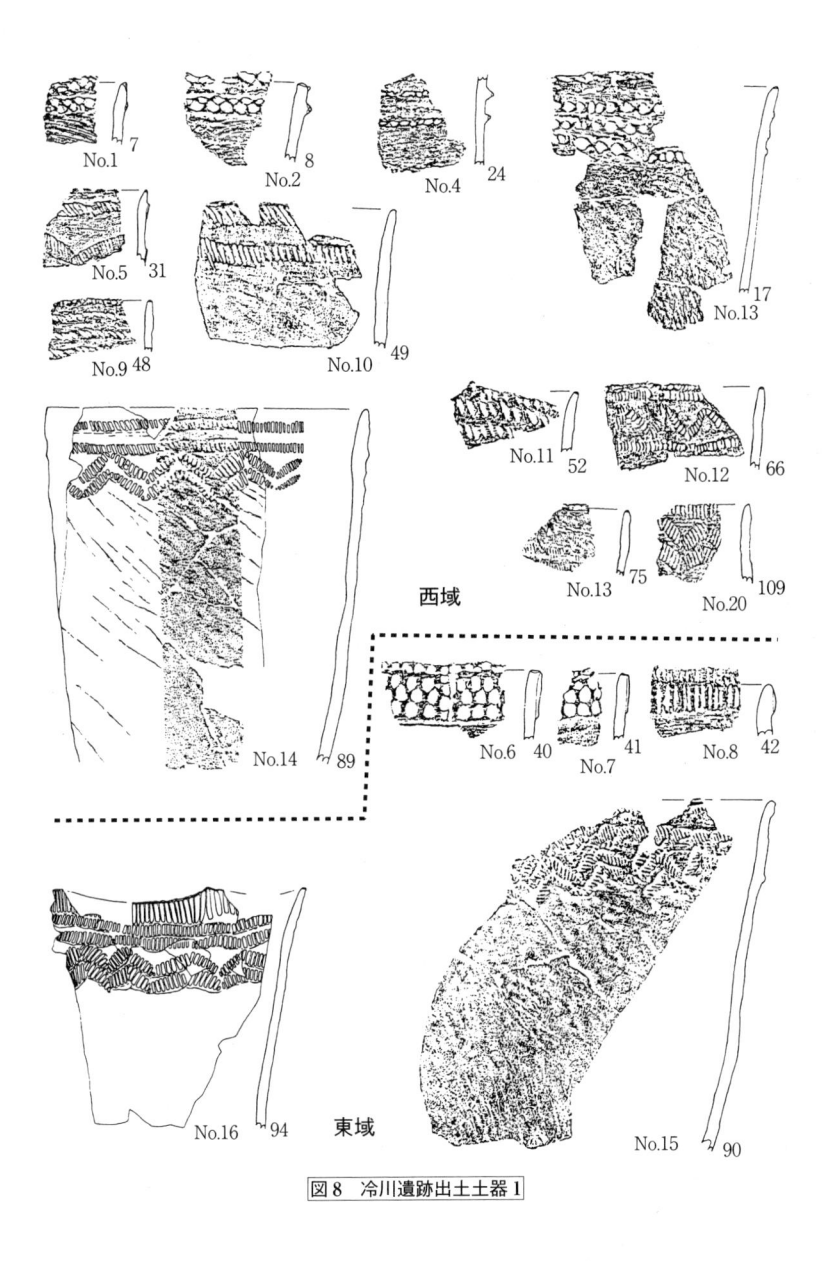

図9 冷川遺跡出土土器2

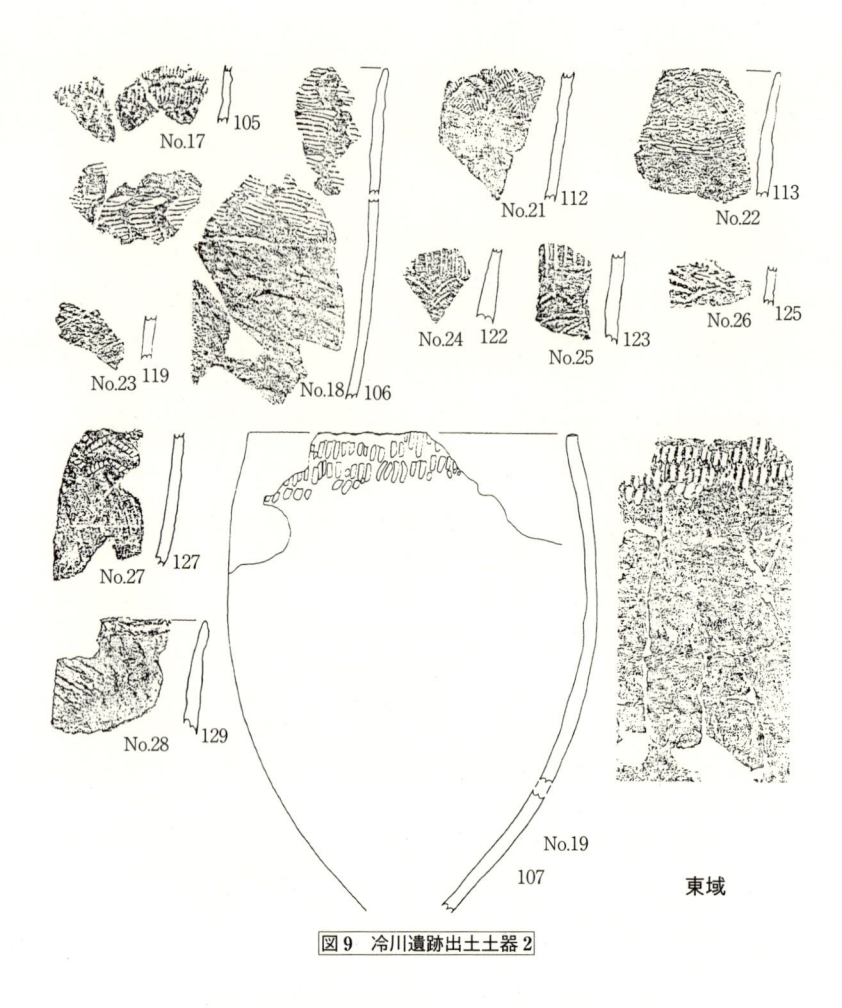

「西域」の土器　左から No. 11・No. 12・No. 14・No. 16・No. 17

「東域」の土器　左から No. 13・No. 15・No. 18
図10　打越遺跡ほか出土の東海系土器

IV 補 論

佛ヶ尾遺跡と下ノ大窪遺跡から出土した打越式について

小崎　晋

1. はじめに

　今回のシンポジウムで筆者は早期後葉〜前期初頭における東海地方の様相についてまとめたため、打越式について若干の言及にとどまっていた。そこで、資料集や当日での発表、本書でも触れた静岡県佛ヶ尾・下ノ大窪両遺跡から出土した打越式と東海系土器についてここで見ていきたい。
　なお、両遺跡における打越式と東海系土器の出土様相については第1表にまとめたが、紙幅の関係でこれから見ていく資料を図示することができなかったため、土器の図などについては各報告書を参照いただきたい。

2. 佛ヶ尾遺跡と下ノ大窪遺跡の位置関係

　ここで、佛ヶ尾遺跡と下ノ大窪遺跡の位置関係について再確認したい。両遺跡は静岡県裾野市に位置し、愛鷹山東南麓中の谷を挟んだ標高240〜260mの痩せ尾根上にそれぞれが存在している。佛ヶ尾遺跡から見ると150mほど南の位置に下ノ大窪遺跡が存在する。本編でも述べたが、両遺跡での主体的な時期には差があることから、下ノ大窪遺跡から佛ヶ尾遺跡へ人が移動した可能性がある。この時期差については後述する。
　なお、150mほど離れた南の尾根上に老平遺跡が存在しており、3個体分の打越式が出土しているものの住居址は検出されていない（阿部2008）。打越式期のキャンプサイト的な遺跡である可能性があろう。

IV 補 註

第1表 佛ヶ尾遺跡と下ノ大窪遺跡での打越式と東海系土器出土状況

遺跡	土器型式 基本的文様要素	打越式系統				東海系土器系統					その他
		貝殻腹縁文のみ	垂下隆帯+貝殻腹縁文	垂下+横位隆帯+貝殻腹縁文	その他（条痕のみなど）	入海Ⅰ式	入海Ⅱ式	石山式	塩屋中層B式	天神山式（類似土器含む）	
佛ヶ尾遺跡	1号住居	○									
	2号住居	○								○	
	3号住居	○									
	4号住居	○			○						
	5号住居	○									
	6号住居										
	1号竪穴住居状遺構		○					○			
	2号竪穴住居状遺構	○									
	3号竪穴住居状遺構	○	○					○			
	1号陥穴状土坑	○									
	8号陥穴状土坑	○									
	9号陥穴状土坑	○									
	遺構外	○	○		○	○		○		○	
下ノ大窪遺跡	2号住居		○		○		○	○			
	3号住居				○		○				
	6号住居						○				
	8号住居					○					
	10号住居			○		○		○			
	14号住居							○			
	15号住居	○									
	19号住居			○		○		○	○		
	2号竪穴住居状遺構					○	○	○		○	絡条体圧痕文
	4号竪穴住居状遺構					○	○	○		○	
	遺構外	○			○	○		○		○	

178

3. 佛ヶ尾遺跡と下ノ大窪遺跡から出土した打越式について
(1) 佛ヶ尾遺跡

　本編でも触れたが、佛ヶ尾遺跡では打越式と東海系土器の石山式、塩屋中層B式、天神山式が出土している。遺構からは住居址6基、竪穴状遺構3基、土坑4基で出土しており、これらからは、打越式のみの場合、打越式と石山式が共伴する場合が大半を占めている。

　佛ヶ尾遺跡から出土した打越式は、いずれも口縁端部に連続した刻みを加えるが、①口縁部付近に格子目ないし縦位の貝殻条痕を施した後、その下部に貝殻腹縁による連続した山形状の文様を施文するものと、②口唇部直下から貝殻腹縁による連続した山形状の文様を施文するもの、の2種類が大半を占めている。この他では、③波頂部に垂下する短い隆帯（以後、垂下隆帯とする）を添付するものや、④貝殻条痕のみを格子目や縦位に施文するものが見られる。

　一方、東海系土器では前述した土器型式が確認できるが、中でも天神山式が最も多い。4号住居や遺構外出土土器で、天神山式に類似するような波状の条痕を横位方向や斜位方向に施文するものが存在している。この土器は報告書では打越式併行の土器とされているが、天神山式が在地化した模倣土器であり、遺構外で出土した天神山式でも横方向に波状沈線を施文するものがあることから何らかの関連が注目される。

(2) 下ノ大窪遺跡

　下ノ大窪遺跡では、打越式と東海系土器の入海Ⅰ式～天神山式が出土している。遺構では住居址は8基、2基の竪穴状遺構で遺物が確認されているものの、打越式のみが出土している遺構は1基の住居址のみであり、その他の遺構では打越式と入海Ⅰ式～石山式までの東海系土器が共伴する。

　下ノ大窪遺跡出土の打越式では、佛ヶ尾遺跡で出土しているような①貝殻腹縁文のみを施文するものや②貝殻条痕のみが施文されるものに加えて、⑤口縁端部から垂下隆帯と横位隆帯を逆T字状に貼付し、その下部に数段の連続した山形状の貝殻腹縁文を施文するものが存在する。この横位隆帯を貼付する土器は佛ヶ尾遺跡では出土していないものである。その一方で、佛ヶ

IV 補　論

尾遺跡で出土しているような、③垂下隆帯と貝殻腹縁文のみで構成される打越式は下ノ大窪遺跡では確認できない。

4. 若干の考察
(1) 佛ヶ尾遺跡と下ノ大窪遺跡出土事例のみで考えた打越式の編年

　佛ヶ尾遺跡と下ノ大窪遺跡で出土した打越式の特徴を比較すると、その最大の差は横位隆帯を貼付する土器が存在するか否かということである。いうまでもなく、佛ヶ尾遺跡では横位隆帯を貼付する打越式がなく、下ノ大窪遺跡では横位隆帯を貼付する打越式が存在することである。これを住居址出土例から東海系土器との共伴関係をみると、佛ヶ尾遺跡では打越式に石山式が伴う場合が多い。ただし遺構外では天神山式が多く確認できる。一方、下ノ大窪遺跡では、打越式に入海Ⅰ式〜石山式が伴う場合が多いが、中でも入海Ⅱ式が多い。

　これらの点を踏まえて、あくまでも佛ヶ尾遺跡と下ノ大窪遺跡から出土した打越式のみで打越式のおおまかな編年を考えると、伴出する東海系土器から下ノ大窪遺跡→佛ヶ尾遺跡という流れが考えられる。これは横位隆帯を貼付するものから、隆帯を貼付せず貝殻腹縁文のみのものという流れが存在していることになり、前者には入海Ⅱ式が、後者に石山式ないし天神山式が併行することを示している。ただし、下ノ大窪遺跡の多くの住居で石山式が出土していることから入海Ⅱ式は混入ではないかとの見方もあるかもしれない。しかし、大半の住居址から東海系土器（模倣・在地土器を含む）の入海Ⅰ式ないし入海Ⅱ式を出土したという事実は重視すべきである。また、2号竪穴状遺構で出土している横位隆帯を貼付しその上から絡条体圧痕文を施文している土器についても注目すべきである。

(2) 両遺跡出土資料からみた打越式編年の問題点

　これまでの打越式の編年は、横位隆帯を貼付しないものから横位隆帯を貼付するものへ変化していくというのが編年の基本であった。今回のシンポジウムで早坂広人氏が提示している打越式の編年試案も同様であると思われる。これは打越式の次型式である神之木台式への流れを考察する上で有効だから

佛ヶ尾遺跡と下ノ大窪遺跡から出土した打越式について

であろう。しかし、今回見てきた両遺跡の資料から考えられる打越式の編年はこの逆を示すものである。この問題については筆者が静岡県東部で出土した打越式をもとに以前に述べたことがある（小崎2006）。筆者が述べたかったことは、端的に言うと関東地方における打越式の前型式である下沼部式新段階（早坂2009）では器面に横位の隆帯が貼付されているのに対し、次型式である打越式の当初に隆帯が存在しないのはおかしいのではないかという点である。東海系土器の編年（入海Ⅱ式→石山式）で隆帯が消滅していく流れが読み取れるものの、関東系土器の編年ではその流れを見出すのは困難である。そこで、打越式に当初から横位隆帯を有するものと有さないものが共存し、そのまま両方が継続して存在していたのではないかと推測した。この考えについて変更するつもりはない。打越式の編年を横位隆帯の有無のみで判断することは適切でないと考える。今回扱った佛ヶ尾遺跡と下ノ大窪遺跡の出土様相は、この問題を明確に示している。

以上の点を踏まえ、今後の打越式研究の方向性を考えると、打越式自体（成立過程、最大の特徴である貝殻腹縁文や隆帯の特徴、器形、文様構成、成形技法）の再検討、打越式における条痕文のみの土器の検討、共伴する他地域の土器（東海系土器、絡条体圧痕文土器など）の検討、そしてシンポジウム資料集の中で池谷信之氏によって紙上発表が行われているような胎土分析といった自然科学的な研究が必要になると思われる。

5. おわりに

本稿では、静岡県佛ヶ尾遺跡と下ノ大窪遺跡から出土した打越式と東海系土器を見て、そこから生じる打越式の問題点について僅かではあるが検討した。

今回見てきた佛ヶ尾遺跡や下ノ大窪遺跡、そして本編で触れた冷川遺跡などの東海東部（静岡県）の諸遺跡から出土した打越式が示す様相は、今後の打越式研究に欠かせない重要な事例である。

補論：打越式土器

早坂　廣人

1. シンポジウムを終えて

　今回のシンポジウムは、当初の案では、土器に絞った内容を構想していた。しかし、御意見をいただいた皆さんの指摘により、総合的に論じることとなった。発表者から原稿が届くたびに、このテーマでここまで資料が充実していたのかと驚きの連続であった。討論においていずれのテーマを素材としてもたちまち1時間、2時間が過ぎてしまったであろう。結局、会場の有識者からコメントをいただくばかりの"投論"になってしまった。当日論じようとして論じえなかったこと、また、シンポジウム以降に刊行された論考へのコメントをここで補っておきたい。

2. 細分案をめぐって

　今回のシンポジウムでは「打越式土器」に3つの時期が区別できるという意見が多数であった。しかし、3分案を採った発表者の間でも微妙な不一致があった。それは佛ヶ尾遺跡の評価に顕在している。金子氏は佛ヶ尾遺跡を打越式中段階と新段階の2時期にわたる集落跡と分析した。「新段階では斜格子目条痕を施す土器が出土し、伴う天神山式土器も新しい特徴を持っている」とする。筆者は佛ヶ尾遺跡の資料を総じて打越2式内の一様相とした。筆者が「交差条痕」と総称する文様のうち、佛ヶ尾遺跡では羽状縄紋によく似た「斜市松」や縦位条痕が緩く交差するものが主で、明瞭な「斜交」は従である。口唇から独立した横位隆線も無い（口唇外角の隆線は僅かにある）。筆者が典型的とする打越3式は認められない。交差条痕の発達を根拠に「打越遺跡」よりも新しい段階となる可能性は高いが、まずは、静岡県域にも「打

補論：打越式土器

越2式」が存在することを確認し、関東の良好なまとまりとの差異は地域差か時期差か、検討を深めていきたいと考えている。

3. 系統性をめぐって

　打越1式土器の文様構成は入海II式に由来し、製作技術（素地土）においても東海東部の系統である。隆帯を基軸とし絡条体圧痕や貝殻腹縁紋を加飾要素とする下沼部式の、加飾要素のみを貝殻列短線に置換えたような打越式は見当らない。しかし、打越遺跡を残した集団自体が東海地方に系譜を引くとは考えていない。宮廻遺跡と打越遺跡において、共通した柱穴・炉跡配置の竪穴住居跡を残していることに、この地域を活動域とする集団の連続性が示されていよう（宮廻遺跡の調査時に、打越遺跡の特徴的な柱穴配置は意識されておらず、典型に合わせて柱穴を検索した心配はない）。繊維土器を作っていた集団が打越式土器の製作に移行していくとすると、向山遺跡の含繊維の打越式土器がポイントとなる。向山遺跡は宮廻の主体となる在地系土器と共通する土器が出土している。その他擬似刻隆帯の名残の貝殻文、東海西部系土器の様相など、打越遺跡より古い特徴がいくつか指摘できる。宮廻遺跡と打越遺跡の狭間に入る可能性があるが、段階的独立性を示すには至らない。なお、縄紋と隆帯をもつ土器については、宮崎朝雄氏が向山例→打越例とし（宮崎1987）、筆者も踏襲している。

4. 学史をめぐって

　渋谷昌彦氏から早坂（2000）は「筆者の研究を無視」していると評された（渋谷2009）。限られた紙数の中で、言及できなかった先行研究は多い。御理解を請う。それとは別に、筆者自身が早坂（2000）の欠とするのが、静岡県域の資料への注意不足である。この数年打越式に関する話題の中心となっている冷川遺跡の資料の存在を始めて知ったのは2006年の1月だった。たまたま関西方面からの帰路に立寄った静岡市埋蔵文化財センターで出土品を目にして吃驚したのだった。冷川遺跡の報告書は埋もれた存在ともいうべきで、今回ご協力いただいた関東の研究者も、どなたも報告書をごらんになってい

IV 補　論

なかった。筆者の場合、それにとどまらず、上川遺跡の重要性や函南町の資料も見落していたし、関東では青根馬渡遺跡を見落していた。今回は、筆者の探索能力の範囲で過去の報告・研究を精一杯参照した。その一端は筆者が執筆した展示図録裏表紙の"10の異名をもった土器"に示している（このコラムでも打越3式の一部に相当する「上ノ坊5式」を見落してしまったが）。

5. 神之木台式との区分について

　渋谷（2009）は、「神之木台Ⅰ式」を論じている。原稿の執筆は発行より数ヶ月遡るので、今回の展示・シンポジウムは参照されていない。渋谷の見解では、神明上遺跡出土土器のうち、貝殻腹縁文をもつもののみが打越式新段階で、他は「神之木台Ⅰa式」だという。そして、釈迦堂遺跡群や乾草峠遺跡で神之木台式前半とされた土器と、神之木台遺跡出土土器の過半が「神之木台Ⅰb式」だという。

　ちょっと待って欲しい。

　渋谷氏本来の神之木台式の編年案（渋谷1983）では、神之木台遺跡を神之木台Ⅱ式とし、それと打越遺跡の打越式の間に挟まるもの（筆者の編年ではその多くが打越3式）を神之木台Ⅰ式としたのであり、渋谷氏が細分名をⅠ・Ⅱとして用いる限り、神之木台遺跡は「Ⅱ式」の標準のはずである。神之木台式土器の研究史を説くにはスペースが不足するが、渋谷氏は、信藤（1983）・小野（1983）を踏まえて渋谷（1984）において編年を修正したことや、古谷（1984）が神之木台遺跡を神之木台式第Ⅰ段階に位置付けたことなどを紹介した上で、それらとの異同を説明するべきであろう。

　さて、神明上遺跡の評価をしよう。筆者は整理中に当該資料を見せていただいた際に、打越式から神之木台式への移行期との感想を陳べた。これは貝殻文の存在感の小ささに幻惑されたといってよい。国分寺跡北方の資料にもとづいて"打越3式の中核的段階の特徴"をまとめてから神明上の資料を再検討すると、まさにその特徴に適合した。沈線格子目文は復元個体故に目立つものの、僅少な出土器の中でのことであり、個体数では貝殻文をもつ個体とほぼ同数である。条痕文様や口唇部の形状など、国分寺跡北方例と共通

補論：打越式土器

性ばかりが目立ち、分離することができないのである。打越3式において組成の上では貝殻文を持たない土器が過半をしめる。しかし、そのほとんどは交差条痕によって神之木台式と区別できる。

渋谷氏が「打越式新段階」に、貝殻文と隆線を併用する土器以外にどのような組成を認めているかは、渋谷（1984）でも明らかでないが、神明上の非貝殻文例を神之木台式とすると、打越3式と神之木台式の区分が困難となろう。

打越3式か神之木台式か区分が困難な例として、複数の方から問いかけられたのが北宿西遺跡例である。断面三角形の隆線や沈線格子目文は神之木台式古段階と区別が困難であり、筆者も縄文セミナー当日資料（縄文セミナーの会2000に収録）においては神之木台式（古）として提示した。しかし、角頭状の口唇外角に接した隆線は打越3式の特徴である。斜の隆線も隆線帯下端において左右一対で裾広台形の単位文である。神之木台式古段階では斜位の隆線はさらに開いて下端部で相互に連結するのが通例である。北宿西例と密接に関わる図形としては以前から注意されている波頂下の三角文があり、さらに武蔵国分寺跡288次調査例を介すると、向山遺跡の羽状縄紋＋隆帯文との関連性がみえる。格子目文についてもふれておこう。向山遺跡では、下沼部系とみられる幅狭な口縁部文様に用いた例があり、佛ヶ尾遺跡では口縁部条線帯の代替の例と上胴部貝殻文帯の代替の例がある。国分寺跡北方では口縁部交差条痕の代替の例がある。神明上例も交差条痕の代替であろう。格子目文自体で系統的発達はしていない。異方向の斜線を基調とした打越式においては、どの段階でも登場する素地があったのである。神之木台式前半にも残るが、多くの例は横長となっており、隆線文様の変化と同様の傾向を示す。打越3式から神之木台式への変化はまだ不明の点が多い。神之木台遺跡は神之木台式最古段階といいがたく、"国分寺段階"を逸脱する打越3式の評価も模索中である。

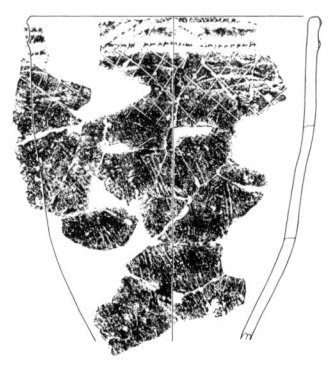

北宿西遺跡出土土器

185

E相・W相は存在するか

毒島正明

1. E相・W相とは

　1983年、神奈川考古同人会主催によるシンポジウム「縄文時代早期末・前期初頭の諸問題」が開かれた。当時大学生であった私は、安孫子昭二先生のご好意によりシンポジウムの東京縄文研究グループ（安孫子昭二・秋山道生・佐々木克典・小薬一夫・谷口康浩氏）の一員に加えていただいた。東京縄文研究グループでは、都内の該期資料の実地見学に行き、協議検討を重ねた。また、シンポジウム全体でも関東・中部・東海の主要な遺跡に出向き、泊まりこみで資料見学を行い、議論を戦わせた。そして新進気鋭の縄文研究者の各氏から、実地で土器を見ながら直接ご教授いただいた。学生時代にそのような幸運な機会に恵まれたことをとても感謝している。

　シンポジウムでは東京縄文研究グループは、打越式段階に2つの異なる地域相があることを示した東京編年を提示した。この見解は翌年、谷口康浩氏により「「打越式土器」の再検討」（谷口1984）でまとめられ"①貝殻腹縁文土器・縄文土器を中心とした組み合わせを示す奥東京湾方面のE相と、②貝殻腹縁文土器、隆帯文土器、斜格子目条痕文土器の組み合わせを見せる静岡・神奈川県方面のW相"に分けられた。打越式はE相、小山田No.28遺跡出土の隆帯がつく貝殻腹縁連続山形文の土器はW相と捉えた（第1図）。

2. 静岡県への資料見学

　神奈川シンポから四半世紀近くが経過した2008年4月、早坂広人氏から打越式シンポジウムを開催したいという誘いを受け、メンバーに加わった。9月には、打越式シンポジウム実行委員会のメンバーと泊まりこみで静岡県

E 相・W 相は存在するか

第 1 図　E 相と W 相（谷口 1984）S = 1/6

　の資料見学を行った。静岡市の冷川遺跡（新井 1990）、裾野市の佛ヶ尾遺跡（野田 2007）と下ノ大窪遺跡（阿部 2008）の資料見学がこの旅の目的だった。
　冷川遺跡は、1990 年に報告されているが、私が知ったのは小崎晋氏の「東海東部から見た打越式の問題点」（小崎 2006）の論文からだった。小崎氏は、縄紋早期後葉～末葉の時期を研究対象としている静岡県の若手研究者で、立て続けに該期の論文を執筆している。小崎氏は「冷川遺跡における例のように隆帯を有する打越式がほとんど皆無の遺跡が存在する。これは谷口によるE 相・W 相という地域性の存在が否定せざるを得ないことを意味しよう」と述べている。冷川遺跡では、隆帯のつく貝殻腹縁連続山形文の土器は出土していなかった。ただ、突起を有する土器（第 2 図 6）はあった。また、ヘラなどで刻んだ石山式（第 2 図 1～3）と同様なモチーフを持つ貝殻腹縁連続山形文の土器（第 2 図 4・5）を実見することができた。貝殻腹縁文は、甲野氏の子母口式と同様に引きずるものだった。冷川遺跡の報告者の新井正樹氏

187

Ⅳ 補　論

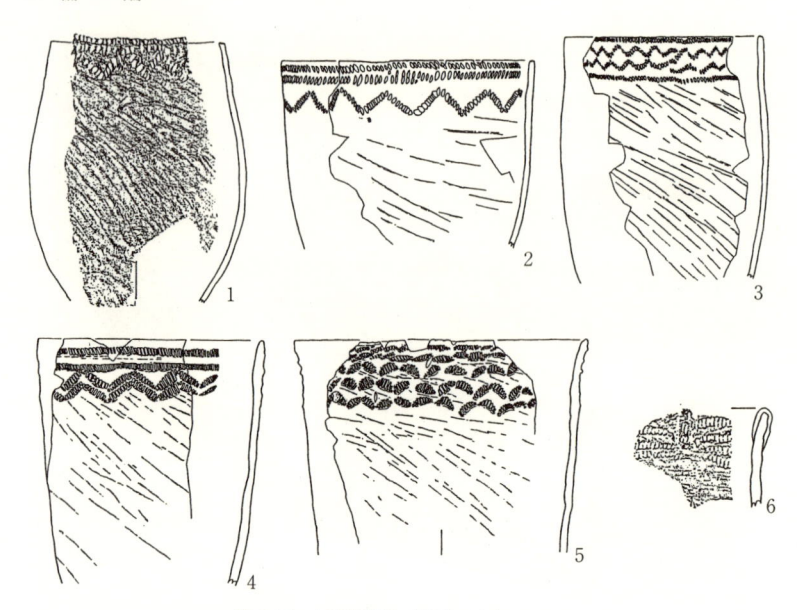

第 2 図　冷川遺跡（新井 1990）S＝1/6

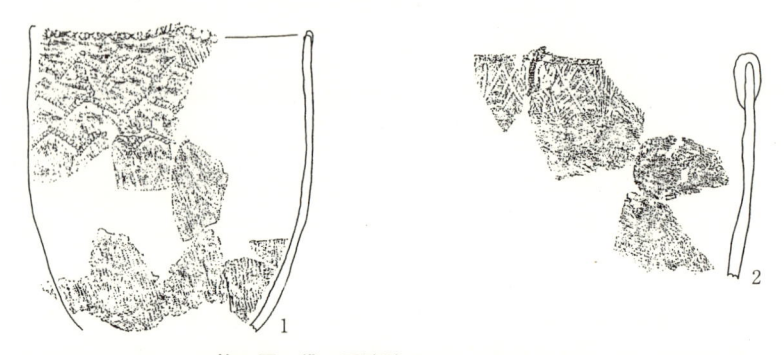

第 3 図　佛ヶ尾遺跡（野田 2007）S＝1/6

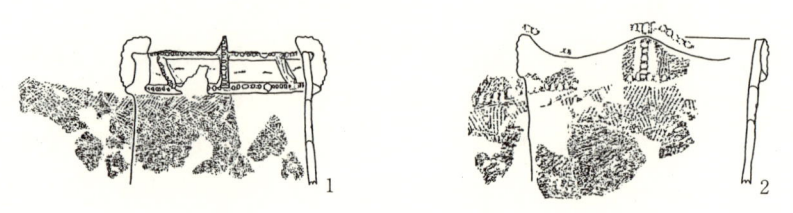

第 4 図　下ノ大窪遺跡（阿部 2008）S＝1/6

は「貝殻腹縁の施文効果や文様全体の構成にむしろ東海系土器と共通する点が多く認められる」と記述している。

翌日に佛ヶ尾遺跡と下ノ大窪遺跡の資料を見学した。両遺跡とも第二東名建設事業に伴って発掘されたもので、愛鷹山南麓の尾根に隣接している。佛ヶ尾遺跡は、打越遺跡と同様に貝殻を器面に寝かし気味に押捺した手法であった（第3図1）。この遺跡でもW相の特徴である横位の隆帯がつく土器はなかった。ただし、突起を有する土器（第3図2）があり斜格子目文が施文されていた。縄紋施文土器は出土していなかった。

南側の尾根の下ノ大窪遺跡では、隆帯がつく貝殻腹縁連続山形文の土器が多数出土していた（第4図1・2）。隆帯がつき斜格子目文が施文されている土器も出土していた。これは、W相と同じ組み合わせである。縄紋施文土器は出土していなかった。

3. E相・W相は存在するか

静岡県での資料見学はたいへん有意義であった。第二東名は、静岡県東部地域の縄紋遺跡群を横断して発掘しており、その規模に驚かされた。その成果から隣接する佛ヶ尾遺跡と下ノ大窪遺跡は、年代差と考えることが妥当である。そして貝殻腹縁連続山形文の土器は、静岡県では冷川→佛ヶ尾→下ノ大窪の順に編年されると推察される。冷川遺跡と佛ヶ尾遺跡では、隆帯がつく貝殻腹縁連続山形文の土器は出土してなかった。W相の組み合わせは、下ノ大窪遺跡のみである。このことから、W相とした小山田No.28遺跡出土の土器とE相とした打越遺跡の土器は、地方差でなく年代差であると考えられる。

さらに同時期と思われる佛ヶ尾遺跡と打越遺跡を比べてみると、佛ヶ尾遺跡では突起がつく土器があるが打越遺跡にはない。また、打越遺跡には隆帯のつく縄紋施文土器が伴うという地域差がある。型式とは、「地方差、年代差を示す年代学的の単位」であるので、今後はこの差を型式として分けるべきか検討をしていきたい。それにしても、あっという間の25年間であった。

縄文早期末葉における二つの文様構成系統

金 子 直 行

　縄文時代早期末葉の社会を検討する中で、地域性を明らかにするため打越式に並行する土器群について概要を検討した。ここではその内容を補うため、2点について追記して置きたい。

1. 打越式の貝殻鋸歯状文の系譜

　打越式のメルクマールである貝殻腹縁の連続鋸歯状文は、入海Ⅱ式の連続波状文にその系譜を求める見解もある。入海Ⅱ式の波状低隆帯上の刻みは、低隆帯を押し潰すように工具を細かく横へ連続移動して施すものが多いように見受けられる。この手法の延長上に、石山式古段階の横への連続刺突文手法、さらには新段階（塩屋中層b式）の横への押引状刺突文手法が成立し、やがて天神山式の沈線文手法が成立することは、一連の流れの中で無理のない変遷として理解される。入海Ⅱ式から天神山式までの変遷は、方位形態文様としての施文テクニックの変遷からも連続的であることが理解される。

　一方、打越式は石山式の連続刻みの鋸歯状文を貝殻腹縁の押圧に置換させ、一回の施文で鋸歯状文の半分を施文する効果を獲得している。これは東海系土器群の施文テクニックの変遷からは成立し得ない手法である。また、文様としては、一種の施文具形態文様と認識される。初期の貝殻文が幅広に押し引く圧痕であるのは、入海Ⅱ式の刻みを効率的に行ったのではなく、施文具形態文様としての絡条体圧痕文の効果を、貝殻に置換して継承したものと判断される。絡条体圧痕文は茅山上層式以降では胴部に連続鋸歯状文を描く例が多く、また、連続貝殻鋸歯状文がいわゆる糸魚川・静岡構造線より東側

の絡条体圧痕文文化圏内で成立している点も、両者の系譜関係を辿る上で参考となろう。従って、打越式の貝殻文は、施文具が絡条体圧痕文に系譜し、文様構成が茅山上層式以降連綿と受け継がれる連続鋸歯状文に系譜して、入海Ⅱ式との影響関係下において独自の地域色を表象するものとして成立したものと捉えるのが妥当であると思われる。

2. 連続鋸歯状文系土器群と襷掛状文系土器群の二者

　関東地方から東海地方にかけて、茅山上層式以降の条痕文系土器群に見られる文様構成は、隆帯、沈線、貝殻腹縁の要素を問わず、連続的に鋸歯状文を描く構成を基本とする。これらを大枠で連続鋸歯状文系土器群（本文第11図1～7）と呼ぶことにする。入海式の鋸歯状文も、基本的には関東地方との交流の結果生成されたものと考えられる。さらに、打越式から天神山式にかけて、基本的には文様構成に縦位区画文は存在しない。

　これに対し、南東北を中心とする縄文条痕文系土器群では、口縁部文様帯に縦位区画を持ち、襷掛状のモチーフを描く土器群が系譜する。これらを大枠で襷掛状文系土器群（本文第11図9・12～14）と呼ぶことにする。茅山上層式に並行する北前式（12）を典型例とするこの文様構成は1帯構成が通常である。この構成が変遷しつつ多段化して大畑G式（14）を生成し、やがて、北東北の早期最終末の一群へと変遷して収束する。東海地方や関東地方の土器群の変遷に合わせると、北前式の文様構成は長い期間継続し、変化していることが想定される。また、大畑G式の襷掛状文の多段化は、打越式新段階の文様帯の多段化と連動していることが想起される。

　しかし、大畑G式以降は日向前B式が成立して縦位区画要素を喪失し、横位連続のモチーフが主体となる。地文は撚糸文の縦位一帯化を主とし、共に系譜する羽状縄文土器が横位多段化を進め、縄文系土器群の発展を助長する役割を担ったものと想像される。絡条体圧痕文土器は連続鋸歯状文系と襷掛状文系との中間的な存在となり、条痕文系土器群と縄文条痕文系土器群との仲立ちをしていた。

　早期の最終末では条痕文系の連続鋸歯状文構成が北上し、襷掛状文構成を

IV 補　論

北東北へと押し上げるが、多段の横帯構成を基本とする羽状縄文系の諸要素が南下して条痕文系土器群と融合し、連続鋸歯状の文様構成を基本とする花積下層式が成立する。条痕文系土器群が比較的短時間で羽状縄文系土器群と入れ替わったのは、連続鋸歯状文構成において先に同化し、南下する羽状縄文地文を受け入れる下地を既に準備していたことに起因するものと思われる。これらの点については、後日稿を改めたいと考えている。

引用・参考文献

甲野　勇　1924「武蔵国橘樹郡生見尾村貝塚発掘報告」『人類学雑誌』39（4.5.6合併号）

山内清男　1925「石器時代にも稲あり」『人類学雑誌』40（5）

牧野富太郎　1926「食用植物ニ貧弱デアッタ太古ノ日本」『植物研究雑誌』3（10）

大山　柏　1927『史前研究会小報第1号　神奈川懸下新磯村字勝坂遺物包含地調査報告』

山内清男　1929a「関東北に於ける繊維土器」『史前学雑誌』1（2）

山内清男　1929b「繊維土器について　追加第一」『史前学雑誌』1（3）

山内清男　1930a「繊維土器に就いて　追加第二」『史前学雑誌』2（1）

山内清男　1930b「繊維土器に就て　追加第三」『史前学雑誌』2（3）

山内清男　1932a「日本遠古之文化　縄紋土器文化の真相」『ドルメン』1（4）

山内清男　1932b「日本遠古之文化　二　縄紋土器の起源」『ドルメン』1（5）

岡　栄一　1934「武蔵国橘樹郡橘村新作八幡台貝塚調査報告」『史前学雑誌』6（6）

鈴木　尚　1934「東京市王子区上十条清水坂貝塚」『人類学雑誌』49（5）

山内清男　1935「縄紋式文化」『ドルメン』4（6）

甲野　勇　1935「関東地方に於ける縄紋式石器時代文化の変遷」『史前学雑誌』7（3）

山内清男　1937「日本における農業の起源」『歴史公論』6（1）

吉田富夫・杉原荘介　1937「尾張天白川沿岸における石器時代遺跡の研究（1）」『考古學』8（10）

江藤千萬樹・長田　實　1939「北伊豆に於ける古式縄紋式遺跡調査報告」『考古学』10（5）

河邊壽榮・佐藤民雄・江藤千萬樹　1939「伊豆伊東町上の坊石器時代遺跡調査報告」『考古学』10（8）

山内清男　1941「子母口式」『日本先史土器図譜』第XII輯

江坂輝弥・吉田　格　1942「貝柄山貝塚」『古代文化』13（9）

木原　均・岸本　艶　1942「あわとえのころぐさノ雑種」『植物学雑誌』56

矢島清作　1942「東京市杉並区井草の石器時代遺跡」『古代文化』13（9）

赤星直忠　1948「神奈川県野島貝塚」『考古学集刊』1

野口義麿・伊勢田進　1948「千葉県安房郡の一貝塚について」『上代文化』18

藤森栄一　1949「日本焼畑陸耕の問題」『夕刊信州』（1949年11月20日）

193

江坂輝弥 1950「講座縄文文化について（その3）」『歴史評論』4 (7)
高橋隆平・山本二郎 1950「大麦品種の分類と地理的分布に関する研究」『農学研究』39 (3)
酒詰仲男 1951「低湿地遺跡に於ける植物種子等採集法について」『貝塚』37
岡本　勇 1953「相模・平坂貝塚」『駿台史学』3
中山英司・稲垣晋也 1955『入海貝塚』東浦町文化財保護協会
坪井清足 1956『石山貝塚』平安学園考古学クラブ
杉原荘介・芹沢長介 1957『神奈川県夏島における縄文文化初頭の貝塚』明治大学文学部研究報告考古学 2
赤星直忠・岡本　勇 1957「茅山貝塚」『横須賀市博物館研究報告（人文科学）』1
酒詰仲男 1957「日本原始農業試論」『考古学雑誌』42 (2)
岡本　勇 1959「三浦郡葉山町馬の背山遺跡」『横須賀市博物館研究報告（人文科学）』3
江坂輝弥 1959「縄文文化の発現」『世界考古学体系 1』
酒詰仲男 1959『日本貝塚地名表』土曜会
大参義一 1961『八ッ崎の貝塚』刈谷市文化財保護委員会
酒詰仲男 1961『日本縄文石器時代食料総説』土曜会
日本考古学協会 1962『日本考古学辞典』東京堂出版
神沢勇一 1962「横須賀市吉井城山第一貝塚出土の骨角牙器・貝製品（一）」『横須賀市博物館研究報告（人文科学）』6
赤星直忠・岡本　勇 1962「横須賀市吉井城山第一貝塚調査概報（一）・土器（一）」『横須賀市博物館研究報告（人文科学）』6
紅村　弘 1963『東海の先史遺跡（総括編）』名古屋鉄道
山内清男 1964「III 縄文式文化」『日本原始美術』1
磯部幸男・杉崎　章・久永春男 1965「愛知県知多半島南端における縄文文化早期末～前期初頭の遺跡群」『古代学研究』41
金子浩昌 1965「III 縄文時代の生活と社会 6 貝塚と食料資源」『日本の考古学 II 縄文時代』河出書房
賀川光夫 1966「縄文時代の農耕」『考古学ジャーナル』2
中尾佐助 1966『栽培植物と農耕の起源』岩波書店
渡辺　誠 1968「川崎市子母口Ａ貝塚発掘調査報告」『川崎市文化財調査集録』4
下村克彦・金子浩昌 1970『花積貝塚発掘調査報告書』埼玉県遺跡調査会報告 15

引用・参考文献

岡本　勇　1970「下吉井遺跡」『埋蔵文化財調査報告』1　神奈川県教育委員会
藤森栄一　1970『縄文農耕』学生社
堀部昭夫　1971「習志野市花咲貝塚発掘調査概報」『貝塚博物館紀要』4　千葉市加曽利貝塚博物館
榎本金之丞　1971「平方貝塚の調査」『埼玉考古』9
谷井　彪　1971『鶴ヶ丘』埼玉県遺跡発掘調査報告書　8
江坂輝弥　1973「土器文化の起源と展開―自然環境の変化」『古代史発掘（2）縄文土器と貝塚』講談社
増子康眞ほか　1975『東海地方先史文化の諸段階』
荒井幹夫　1975「谷津遺跡」『富士見市文化財報告　Ⅸ』富士見市教育委員会
渡辺　誠　1975『縄文時代の植物食』
谷井　彪　1976「内畑遺跡第1群土器について」『埼玉考古』9
山下勝年ほか　1976『清水ノ上貝塚』南知多町教育委員会
荒井幹夫　1977「山室遺跡」『富士見市文化財報告　ⅩⅢ』富士見市教育委員会
高橋雄三・吉田哲夫　1977「横浜市神ノ木台遺跡出土の縄文遺物」『調査研究集録』2　港北ニュータウン埋蔵文化財調査団
荒井幹夫・小出輝雄　1978「縄文時代早期末葉の土器について」『打越遺跡』富士見市文化財報告14
荒井幹夫ほか　1978『打越遺跡』富士見市文化財報告14
金子浩昌　1978「打越遺跡における住居址出土の動物遺存体の概要」『打越遺跡』富士見市文化財調査報告14
金子浩昌・篠原若枝ほか　1978『飛ノ台貝塚発掘調査概報』飛ノ台貝塚発掘調査団
戸沢充則　1979「縄文農耕論」『日本考古学を学ぶ』2　173-191頁　有斐閣
山本輝久　1979『上浜田遺跡』神奈川県埋蔵文化財調査報告15　神奈川県教育委員会
桑山龍進　1980『菊名貝塚の研究』
星川清親　1980『栽培植物の起源と伝播』
山下勝年ほか　1980『先苅貝塚』南知多町教育委員会
松谷暁子　1981「長野県諏訪郡原村大石遺跡出土タール状炭化種子の同定について」『長野県中央道埋蔵文化財包蔵地発掘調査報告書―茅野市・原村その1、富士見町その2―』
安孫子昭二　1982「子母口式土器の再検討」『東京考古』1

文部省科学研究費特定研究「古文化財」総括班編 1982『シンポジウム縄文農耕の実証性』
鶴丸俊明ほか 1982『多聞寺前遺跡 I』多聞寺前遺跡調査会
剣持輝久・野内秀明 1983「横須賀市平坂東貝塚の概要」『横須賀市博物館研究報告（人文科学）』27
戸沢充則 1983「縄文農耕」『縄文文化の研究 2 生業』254-266 頁 雄山閣出版
松谷暁子 1983「エゴマ・シソ」『縄文文化の研究 2 生業』
増子康眞 1983「八ッ崎 I 式をめぐって」『古代人』41
増子康眞 1983「入海式土器の再検討」『古代人』42
毒島正明 1983「子母口式土器研究の検討（上）」『土曜考古』7
神奈川考古同人会縄文研究グループ編 1983「シンポジウム縄文時代早期末・前期初頭の諸問題 土器資料集成図録」『神奈川考古』17
荒井幹夫 1983a「早期末葉の貝殻腹縁文土器の実態とその編年」『人間・遺跡・遺物』発掘者談話会
荒井幹夫 1983b「南通遺跡出土の縄文時代早期末葉の土器」『富士見市遺跡調査会研究紀要』3
荒井幹夫・小出輝雄 1983『打越遺跡』富士見市文化財報告 28
金子浩昌 1983「千葉県における貝塚遺跡の分布とその性格 —貝塚出土動物遺体とその関連からみて」『千葉県の貝塚 —千葉県所在貝塚遺跡詳細分布調査報告書』千葉県文化財保護協会
磯部幸男 1984「塩屋遺跡出土の縄文土器」『知多古文化研究』1
神奈川考古同人会縄文研究グループ編 1984「縄文早期末・前期初頭の諸問題 記録・論考集」『神奈川考古』18
谷口康浩 1984「「打越式土器」の再検討」『東京考古』2
谷口康浩ほか 1984「小山田 No. 28 遺跡」『小山田遺跡群 III』小山田遺跡調査会
長沢宏昌 1984「山梨県における縄文時代早期末の様相 —国中地域と郡内地域—」『山梨県立考古博物館・山梨県埋蔵文化財センター研究紀要』16
領塚正浩 1984「神奈川県横須賀市平坂東貝塚の概要 —縄文時代早期撚糸文系土器群を出土せる鹹水性貝塚の一様相」『唐沢考古』4
池谷信之 1985『平沼吹上遺跡発掘調査報告書』沼津市文化財調査報告 36
井口直司・市川一秋 1986『向山遺跡』東久留米市埋蔵文化財調査報告 12
小野正文 1986『釈迦堂 I』山梨県埋蔵文化財センター調査報告 17

引用・参考文献

山崎　丈 1986「向山遺跡における縄文時代早期末葉石器群の様相」『向山遺跡』東久留米市埋蔵文化財調査報告 12
富士見市 1986『富士見市史　資料編 2　考古』
星川清親 1986『解剖図説　イネの生長』
埼玉県 1987『荒川　自然　荒川総合調査報告書 1』
能登　健 1987「縄文農耕論」『論争・学説　日本の考古学 3　縄文時代 II』
平社定夫 1987「洪積世後期の荒川」『荒川　自然　荒川総合調査報告書 1』埼玉県
前田和美 1987『マメと人間 ―その一万年の歴史』古今書院
宮崎朝雄 1987「関東地方における縄文早期終末の土器について」『埼玉の考古学』新人物往来社
山下勝年 1987「東海西部におけるアカホヤ火山灰降下の影響とその時期」『知多古文化研究』3
実川順一・広瀬昭弘他 1987『恋ヶ窪南遺跡発掘調査概報 I』国分寺市遺跡調査会
早川智明・井上　肇 1987「第 1 章　原始社会と荒川　第 2 節　荒川流域の貝塚と出土品」『荒川　人文 I　荒川総合調査報告書 2』埼玉県
松谷暁子 1988「(2) 長野県の縄文中期遺跡諸遺跡から出土したエゴマ・シソ」『長野県史　考古資料編　全一巻 (四)　遺構・遺物』
増子章二・浜田晋介 1989「川崎市高津区子母口貝塚調査報告」『川崎市民ミュージアム紀要』1
外山和夫 1989「貝塚文化と縄文文化」『考古学ゼミナール縄文人と貝塚』六興出版
山下勝年 1989「所謂、石山式土器の再検討」『知多古文化研究』5
岡本　勇 1989「縄文文化の起源と貝塚」『考古学ゼミナール縄文人と貝塚』六興出版
相京貞順・宮田　毅 1989「小保呂第一貝塚」「小保呂第二貝塚」「離山貝塚」『板倉町史考古資料編　別巻 9　板倉町の遺跡と遺物』板倉町史編纂委員会
谷口康浩 1989「条痕文系土器様式」『縄文土器大観 1　草創期・早期・前期』講談社
長沢宏昌 1989「縄文時代におけるエゴマの利用について」『山梨県考古学論集 II』
石井　寛 1990『山田大塚遺跡』港北ニュータウン地域内埋蔵文化財調査報告 XI
恩田　勇 1990「古屋敷遺跡早期第 V 群土器の型式学的検討」『古屋敷遺跡発掘調査報告書』富士吉田市史編纂室
新井正樹ほか 1990『冷川遺跡』清水市教育委員会

上尾市史編さん室編 1991『平方貝塚』上尾市史編さん調査報告書1
丑野　毅・田川裕美 1991「レプリカ法による土器圧痕の観察」『考古学と自然科学』24
小池裕子・加藤晋平ほか 1991『千葉市神門遺跡 ―縄文時代早・前期を主とした低湿地遺跡の調査』千葉市教育委員会・(財) 千葉市文化財調査協会
磯部幸男・山下勝年ほか 1991『南知多町誌　資料編六』
青木　修ほか 1991『二股貝塚』知多市教育委員会
高橋　護 1992「縄文時代の籾痕土器」『考古学ジャーナル』355
藤巻幸男 1992「群馬県における縄文時代早期末から前期初頭土器群の様相」『群馬県埋蔵文化財事業団研究紀要』10
金子直行 1992a「子母口貝塚資料・大口坂貝塚資料」山内清男資料5 奈良国立文化財研究所
金子直行 1992b「子母口式土器研究序説」『縄文時代』3
小田静夫 1993「旧石器時代と縄文時代の火山災害」『火山灰考古学』古今書院
藤尾慎一郎 1993「生業からみた縄文から弥生」『国立歴史民俗博物館研究報告』48
吉崎昌一・椿坂恭代 1993「青森県冨ノ沢(2)遺跡出土の縄文時代中期の炭化植物種子」『富ノ沢(2)遺跡 IV 発掘調査報告書(3)』
山下勝年 1993「粕畑式・上ノ山式・入海0式の再検討」『知多古文化研究』7
新井房夫編 1993『火山灰考古学』古今書院
金森昭憲 1994「入海貝塚の入海式土器」『人類博物館紀要』14
早坂廣人ほか 1995『水子貝塚』富士見市教育委員会
新井正樹ほか 1995『冷川遺跡 ―自然科学分析・遺物編―』清水市教育委員会
平井泰男・渡部忠世ほか 1995『南溝手遺跡1』岡山県文化財保護協会
吉川昌伸ほか 1995「水子貝塚周辺の環境変遷史」『水子貝塚』富士見文化財報告第46集
吉崎昌一 1995「日本における栽培植物の起源」『季刊考古学』50
福沢仁之 1995「天然の「湖沼」・「環境変動検出計」としての湖沼の年縞堆積物」『第四紀研究』34 (3)
野内秀明・剣持輝久ほか 1995『神奈川県指定史跡吉井貝塚を中心とした遺跡史跡整備報告書』横須賀市教育委員会
阪本寧男 1996『ムギの民族植物誌』
中村五郎編 1996『画龍点睛』山内先生没後25年記念論集刊行会

引用・参考文献

山下勝年 1996「清水ノ上Ⅰ式・同Ⅱ式土器について」『知多古文化研究』10

中沢道彦ほか 1997『川原田遺跡』御代田町教育委員会

佐藤　隆・新田浩三 1997「市原条里遺跡（県立スタジアム）の調査成果」『研究連絡誌』49 千葉県文化財センター

小口利恵子ほか 1997『横須賀市吉井・池田地区遺跡群　Ⅱ』

隈本健介ほか 1997『氷川前第12地点』富士見市遺跡調査会調査報告46

隈本健介ほか 1997「氷川前遺跡第15・16・17地点」『富士見市内遺跡　Ⅴ』富士見市文化財報告48

君島勝秀ほか 1997『滝の宮坂遺跡』埼玉県埋蔵文化財調査事業団調査報告183

吉崎昌一 1997「縄文時代の栽培植物」『第四紀研究』36 (5)

角田徳幸・渡部忠世ほか 1998『板屋Ⅲ遺跡』島根県教育委員会

勅使河原彰 1998『縄文文化』新日本出版

中沢道彦・丑野　毅 1998「レプリカ法による縄文時代晩期土器の種子状圧痕の観察」『縄文時代』9

富永勝也ほか 1998『中野B遺跡（Ⅲ）』北海道埋蔵文化財センター調査報告書120

毒島正明・領塚正浩 1998「子母口貝塚採集の考古資料について」『川崎市民ミュージアム紀要』10

山崎京美ほか 1998『遺跡出土の動物遺存体に関する基礎的研究』平成7年～9年度科学研究費補助金（基礎研究（C）(2)）研究成果報告書

遠藤邦彦 1999「地形環境の変遷」『考古学と年代測定学・地球科学』同成社

小川　肇 1999「日本の気候環境」『考古学と年代測定学・地球科学』同成社

長崎元廣 1999「生業研究　縄文時代農耕論」『縄文時代』10　第3分冊

宮田裕紀江 1999「小保呂遺跡」「寺西貝塚」『群馬県遺跡大事典』上毛新聞社

山下勝年 1999「東海地方早期後葉」『縄文時代』10

松田光太郎ほか 1999『臼久保遺跡』かながわ考古学財団

中村幹雄 2000『日本のシジミ漁業』たたら書房

古内　茂・青沼道文・石橋宏克 2000『千葉県の歴史』資料編・考古1（旧石器・縄文時代）千葉県

早坂広人 2000a「埼玉県（南関東）における鵜ヶ島台式～打越式の様相」『第13回縄文セミナー　早期後半の再検討』

早坂広人 2000b「発表補意」『第13回縄文セミナー　早期後半の再検討―記録集

一」

宮本一夫 2000「縄文農耕と縄文社会」『古代史の論点 1 環境と食糧生産』115-138頁 小学館

綿田弘実 2000「長野県の縄文早期末葉土器群」『第13回縄文セミナー 早期後半の再検討』＊付・当日資料（記録集に集録）

縄文セミナーの会 2000『第13回縄文セミナー 早期後半の再検討』

松村和男 2000「'結晶片岩製扁平棒状石器'について ―打製石斧及び類似石器との比較検討―」『土曜考古』第24号

静岡県埋蔵文化財調査研究所 2000『池田B遺跡』静岡県埋蔵文化財調査研究所調査報告 122

大西近江 2001「ソバ属植物の種分化と栽培ソバの起源」『栽培植物の自然史』

松谷暁子 2001「灰像と炭化像による先史時代の利用植物の探求」『植生史研究』10(2)

保田謙太郎・山口裕文 2001「ヤブツルアズキ半栽培段階における生活史特性の進化」『栽培植物の自然史』

西野雅人 2001「市原市草刈六之台遺跡の縄文早期貝層 ―補遺」『研究連絡誌』61 千葉県文化財センター

高安克己編 2001『汽水域の科学』たたら書房

下島健弘 2002「木島系統土器群の研究」『静岡県考古学研究』34

小崎 晋 2002「早期東海系土器の連続性」『伊勢湾考古』16

中沢道彦・丑野 毅・松谷暁子 2002「山梨県韮崎市中道遺跡出土の大麦圧痕土器について」『古代』111

中村慎一 2002『稲の考古学』

藤尾慎一郎 2002『縄文論争』講談社

阿部 純・島本義成 2003「ダイズの進化―ツルマメの果たしてきた役割」『栽培植物の自然史』

新田みゆき 2003「シソとエゴマの分化と多様性」『栽培植物の自然史』

藤尾慎一郎 2003『弥生革新期の考古学』同成社

吉崎昌一 2003「先史時代の雑穀」『雑穀の自然史』

中西 充ほか 2003『武蔵国分寺跡遺跡 北方地区』東京都埋蔵文化財調査センター調査報告 136

山下勝年 2003「天神山式土器の終焉と塩屋式土器の成立」『伊勢湾考古』17

町田　洋・新井房夫 2003『新編火山灰アトラス』東大出版会
平塚市真田・北金目遺跡調査会編 2003『平塚市真田・北金目遺跡群発掘調査報告書　3』
小崎　晋 2004「縄文早期東海系土器と広域編年 (1)」『伊勢灣考古』18
今村峯雄編 2004『縄文時代・弥生時代の高精度年代体系の構築』
高瀬克範 2004「炭化種子研究の課題」『弥生稲作論の再検討』
山崎純男 2004『土器圧痕レプリカ法による縄文時代後晩期の植物遺存体の検出』第1回九州古代種子研究会資料
安藤広道 2005「日本列島の初期稲作技術を理解するために」『日本情報考古学会第20回大会発表要旨』
中沢道彦・丑野　毅 2005「レプリカ法による熊本県ワクド石遺跡出土土器の種子状圧痕の観察」『肥後考古』13
中沢道彦 2005「山陰地方における縄文時代の植物質食料について —栽培植物の問題を中心に—」『第16回中四国縄文研究会　縄文時代晩期の山陰地方』
山崎純男 2005a「西日本縄文農耕論」『第6回韓・日新石器時代共同学術大会発表資料集　韓・日新石器時代の農耕問題』
山崎純男 2005b「西日本縄文農耕論 —種子圧痕と縄文農耕の概要—」『第1回西日本縄文文化研究会　西日本縄文文化の特徴』
井口直司他 2005『向山遺跡　II』東久留米市埋蔵文化財調査報告 31
堀　善之 2005「平塚遺跡第16地点」『富士見市内遺跡　XIII』富士見市文化財報告 57
堀越正行 2005『縄文の社会構造をのぞく・姥山貝塚』遺跡を学ぶ 019
山下勝年・坂野俊哉ほか 2005『楠廻間貝塚』知多市文化財資料 38
藤波啓容他 2005『神明上遺跡発掘調査報告書』
長田友也 2005「東京都日野市神明上遺跡出土石剣について」『神明上遺跡発掘調査報告書』
鈴木敏中 2005「乾草峠遺跡」『三島市埋蔵文化財発掘調査報告』X
群馬県埋蔵文化財調査事業団 2005『今井三騎堂遺跡・今井見切塚遺跡 —縄文時代編—』群馬県埋蔵文化財調査事業団調査報告 350
安藤広道 2006「先史時代の植物遺体・土器圧痕の分析をめぐる覚書」『西相模考古』
小畑弘己・仙波靖子 2006「レプリカ法による長崎県権現脇遺跡出土土器圧痕の種

子類の同定」『権現脇遺跡』

小島孝修ほか 2006『竜ヶ崎A遺跡』滋賀県教育委員会・滋賀県文化財保護協会

松谷暁子 2006「竜ヶ崎遺跡出土土器付着炭化粒のSEM観察による識別」『竜ヶ崎A遺跡』

増子康眞 2006「楠廻間式から塩屋式土器へ」『伊勢湾考古』20

小崎 晋 2006「東海東部から見た打越式の問題点」『伊勢湾考古』20

山下勝年 2006「塩屋式土器の細分」『古代人』66

岡本東三・松島義章ほか 2006『千葉県館山市沖ノ島遺跡第2・3次発掘調査概報』千葉大学文学部考古学研究室

川島町 2006『川島町史資料編　地質・考古』

松島義章 2006『貝が語る縄文海進』有隣堂

池谷信之・増島 淳 2006「アカホヤ火山灰下の共生と相克」『伊勢湾考古』20

小畑弘己・仙波靖子 2007「レプリカ法による長崎県権現脇遺跡出土土器圧痕の種子類の同定 II」『権現脇遺跡』

小畑弘己・佐々木由香・仙波靖子 2007「土器圧痕からみた縄文時代後・晩期における九州のダイズ栽培」『植生史研究』15 (2)

西本豊弘編 2007『縄文時代から弥生時代へ』雄山閣

西本豊弘・三浦圭介・住田雅和・宮田佳樹 2007「"縄文ヒエ"の年代―吉崎昌一先生を偲んで―」『動物考古学』24

山口裕文編 2007『アイヌのひえ酒に関する考古民族植物学研究』

山崎純男 2007a「九州縄文時代生業の研究」『九州における縄文時代早期前葉の土器相』

山崎純男 2007b「付篇　福岡県重留遺跡における土器圧痕の検討」『入部XII』福岡市教育委員会

山田悟郎 2007「北海道における栽培植物種子の出土状況」『日本考古学協会2007年度熊本大会研究発表資料集』

山本直人 2007「縄文時代の植物利用技術」『縄文時代の考古学』5

四柳隆 2007「II 各都道府県の動向 12 千葉県」『日本考古学年報』58 (2005年度版)

小林謙一 2007「縄紋時代前半期の実年代」『国立歴史民俗博物館研究報告』137

岡本孝之 2007「子母口貝塚の調査史」『列島の考古学 II』

樋泉岳二 2007「海からみた縄文文化の成立―東京湾の形成と海洋適応」『縄文文化の成立―草創期から早期へ　予稿集』

引用・参考文献

野田正人ほか 2007『佛ヶ尾遺跡』静岡県埋蔵文化財発掘調査報告書175

小畑弘己 2008『極東先史古代の穀物』3　熊本大学

金子直行 2008「条痕文系土器」『総覧　縄文土器』アム・プロ

小林真生子・百原　新・沖津　進・柳澤清一・岡本東三 2008「千葉県沖ノ島遺跡から出土した縄文時代早期のアサ果実」『植生史研究』16（1）

住田雅和・西本豊弘・宮田佳樹・中島友文 2008「縄文時代中期の北日本におけるイヌビエ（Echinochloa crus-galli (L.) Beauv.）栽培について」『動物考古学』25

中山誠二・長沢宏昌・保坂康夫・野代幸和・櫛原功一・佐野　隆 2008「レプリカ・セム法による圧痕土器の分析（2）―山梨県上ノ原遺跡、酒呑場遺跡、中谷遺跡―」『山梨県立博物館研究紀要』2

長沢宏昌・保坂康夫・中山誠二・野代幸和 2008「山梨県中谷遺跡の縄文時代晩期のコクゾウムシ Sitophilus zeamais」『山梨縣考古學協會誌』18

保坂康夫・能代幸和・長沢宏昌・中山誠二 2008「山梨県酒呑場遺跡の縄文時代中期の栽培ダイズ Glycine max」『研究紀要』

山下勝年 2008「先苅貝塚の調査と成果について」『日本考古学協会2008年度愛知県大会研究発表資料集』

山下勝年ほか 2008「楠廻間貝塚の14C年代と較正年代の測定結果について」『入海式をめぐる諸問題』東海縄文研究会

岩瀬彰利 2008「東海の貝塚」『日本考古学協会2008年度愛知県大会研究発表資料』

戸田哲也 2008「東日本から見た入海式 ―南関東編年の確認―」『入海式をめぐる諸問題』東海縄文研究会

池谷信之 2008「東海東部における入海式の搬入と模倣・地方型式化について」『入海式をめぐる諸問題』東海縄文研究会

池谷信之 2008「東海地方におけるアカホヤ火山灰の影響と集団移動」『第3回年代測定と日本文化研究』

遠部　慎ほか 2008「近畿地方におけるアカホヤ前後の縄文土器付着炭化物の年代測定」『古代文化』59（4）

鈴木徳雄 2008「型式学的方法③」『縄文時代の考古学2』同成社

阿部　敬ほか 2008『下ノ大窪遺跡』静岡県埋蔵文化財発掘調査報告書190

恩田　勇ほか 2008『神奈川県埋蔵文化財調査報告53　菊名宮谷貝塚』

船橋市教育委員会 2009『船橋市最古の貝塚 ―取掛西貝塚速報展―』

隈本健介 2009「宮廻遺跡第20地点」『市内遺跡発掘調査　II』富士見市文化財報

203

告 61

池谷信之・増島　淳 2009「蛍光 X 線分析法による縄文土器のフォッサマグナ東西の判別 ―東海地方および南関東地方の事例から―」『地域と学史の考古学』六一書房

打越式シンポジウム実行委員会 2009『打越式土器とその時代資料集』富士見市立水子貝塚資料館

工藤雄一郎・小林真生子・百原　新・野城修一・中村俊夫・沖津　進・柳澤清一・岡本東三 2009「千葉県沖ノ島遺跡から出土した縄文時代早期のアサ果実の 14C 年代」『植生史研究』17 (1)

渋谷昌彦 2009「神之木台 I 式土器の研究」『地域と学史の考古学』六一書房

中沢道彦・丑野　毅 2009「レプリカ法による山陰地方縄文時代晩期土器の籾状圧痕の観察」『まなぶ』2

中沢道彦 2009「縄文農耕論をめぐって」『弥生時代の考古学 5　食糧の獲得と生産』同成社

堀越正行 2009「縄文時代の北区とその周辺 ―奥東京湾の縄文貝塚を東西で比較する」『北区史を考える会会報』第 91 号

（韓国語）

河仁秀編 2007『東三洞貝塚淨化地域發掘調査報告書』

安承模 2008「韓半島先史古代遺蹟出土作物資料解題」『極東先史古代の穀物 3』111-169 頁　熊本大学

（英語）

A. C. D' Andrea, G. W. Crawford, M. Yoshizaki & T. Kudo. 1995. Late Jomon cultigens in northeastern Japan. Antiquity 69

Crawford, G. W. and Gyoung-Ah Lee. 2003. Agricultural origins in the Korean peninsula. Antiquity 77

Hiroo Nasu, Arata Momohara, Yoshinori Yasuda, Jiejun He. 2007. The occurrence and identification of Setaria italica (L.). Beauv. (foxtail millet) grains from the chengtoushan site (ca. 5800cal B. P.) in central Chaina, with reference to the domestication centre in Asis. Veget Hist Archaeobot 16. 481-494

T. Kanda. 1884. Notes on ancient stone implements, & c., of Japan. Kokubunsha

おわりに

　打越式提唱30年を記念する企画展・シンポジウムを開催できないか？
　そのような構想をいだいたのは、2005年頃であった。2008年度に打越式をテーマとするために逆算して、企画展示の順序を構想した。
　シンポジウムの開催には準備段階から多くの協力者が欠かせない。同じ傘の下で働く同い年の2人に相談したのが、2007年の12月、駅前の居酒屋だった。素案に同意を得、館長の了承をもとに、まず県内の早期研究者に御意見を求めることとした。2008年の2月と5月に大宮駅前の喫茶店に御参集を願い、実行委員としてご協力いただけることになった。そして、土器に限定したシンポジウムの素案に対し、打越遺跡のポテンシャルはそんなものではないと諭され、早期末の文化を総合的に取扱うこととなった。
　7月には連絡調整のためのメーリングリストを設定した。中部高地と東海地方の研究者にも発表者としての協力をお願いした。
　シンポジウムの開催には資料の実見が欠かせない。7月2日の見学会では都内で向山遺跡と神明上遺跡の資料を見せていただいた。向山遺跡の縄紋方底土器、神明上遺跡の石剣には、皆が目を見張った。
　9月16・17日には、泊りがけで静岡県内の資料を見学した。冷川遺跡、佛ヶ尾遺跡、下ノ大窪遺跡、沼津市内の諸遺跡。その充実振りに、新大陸を発見したような驚きの声が発せられた。沼津市内の懇親会では静岡の研究者の方々のありがたい「迎撃」も受けた。
　これらの見学会の費用は自腹！実行委員の皆様の太っ腹に平伏。
　11月30日に富士見市で、打合せと富士見市の資料の見学会を開催した。いよいよ各人、年末締切の資料集の原稿執筆が本格化した（筈）。
　1月22日に記録集の出版について打合わせた。
　2月5日、シンポジウムの最終打合せを大宮駅前の喫茶店で行った。
　2月上・中旬、遅れていた資料集の原稿が次々届く。編集後のPDFをネット上に置き、進行状況を共有しながら、続々校了。

資料集は、製本と表紙のみ外注。他は館内の印刷機・コピー機、本庁舎の裁断機・丁合機を活用して、最低費用での作成というパズルに挑んだ。
　2月28日・3月1日に本番。はじまればあっけない。

　本書は、このシンポジウムの記録を後世に伝えようとするものである。第Ⅰ・Ⅱ部は発表要旨である。『資料集』に掲載した発表要旨をベースに、発表当日に呈示した図版や見解を補っていただいた。第Ⅲ部は討論のテープ起しである。口頭の雰囲気を保ちつつ読みやすいようにお手入れいただいた。第Ⅳ部は討論で"言尽くしていない"方々の補論である。4本集ったいずれも土器の編年と系統を主題とするものであった（^o^）。土器だけでもう一度シンポジウムを開けそうな勢いだ（開きませんが）。
　『資料集』には、紙上発表として増島淳・池谷信之氏による土器胎土分析、大屋道則氏による黒曜石分析、石塚龍樹氏による貝殻分析も収録している。また、遺跡一覧や主要資料集成などもなされている。本書と合わせて御覧ください、と書きたいが、売切れている。ご希望の方にはなんらかの形で入手可能となるよう方策を考えたい。
　シンポジウム開催に至るまで、ここに書き尽せないほど各地の教育委員会・博物館・資料館・研究者の方々にお世話になった。あらためて御礼申上げます。また、本書は、怠慢な編集者に対する書肆からの督励と、吉田哲夫氏による手際よい編集によって今、刊行にいたったものである。

　本書は「考古学リーダー」シリーズの第18番だという。打越式が提唱された『打越遺跡』は富士見市文化財報告第18集であった。ふさわしい番号といえよう。

執筆者一覧 （肩書きはシンポジウム時　①生年②出身地③興味があること）

荒井幹夫（あらい・みきお）
　　富士見市立資料館長
　　①昭和 23 年
　　②埼玉県上尾市
　　③旧石器時代研究における基礎的概念の再検討

加藤秀之（かとう・ひでゆき）
　　富士見市教育委員会
　　①昭和 38 年
　　②東京都港区
　　③先史時代における武蔵野台地北部の地形と遺跡立地、煉瓦構造物と初
　　　期混凝土（コンクリート）構造物

金子直行（かねこ・なおゆき）
　　埼玉県埋蔵文化財調査事業団
　　①昭和 32 年
　　②埼玉県川島町
　　③縄文土器の研究、特に編年や土器の変化理論、土器論と集落論を合わ
　　　せた縄文社会論の確立を目指す

小崎　晋（こさき・すすむ）
　　日本考古学協会員
　　①昭和 51 年
　　②愛知県名古屋市
　　③早期～中期の東海地方と他地域の土器の関係、日本列島における東海
　　　地方の位置づけの時代変化

中沢道彦（なかざわ・みちひこ）
　　日本考古学協会員
　　①昭和 41 年
　　②長野県埴科郡坂城町
　　③縄文時代の植物質食料利用の復元、如何なる要因で時代ともに縄文土
　　　器が変化するか

早坂廣人（はやさか・ひろひと）
　　富士見市立水子貝塚資料館
　　①昭和38年
　　②東京都荒川区
　　③考古学の「定説」はいかに変わるのか、"古入間湾"への自然科学的アプローチは可能か

毒島正明（ぶすじま・まさあき）
　　蓮田市役所
　　①昭和36年
　　②さいたま市
　　③縄紋時代早期の子母口式土器と野島式土器の系統関係、戦時中の考古学会の動向について

領塚正浩（りょうづか・まさひろ）
　　市川考古博物館
　　①昭和37年
　　②東京都北区
　　③縄文海進と貝塚の始まりについて

和田晋治（わだ・しんじ）
　　富士見市立難波田城資料館
　　①昭和38年
　　②長野県木曽郡木曽町
　　③羽沢遺跡の獣面土器は"イノシシ"なのか、福徳年号板碑に見る板碑の製作と背景

考古学リーダー 18

縄文海進の考古学―早期末葉・埼玉県打越遺跡とその時代―

2010年7月5日　初版発行

編　　者	打越式シンポジウム実行委員会
発 行 者	八　木　環　一
発 行 所	株式会社 六一書房　　http://www.book61.co.jp
	〒101-0051　東京都千代田区神田神保町 2-2-22
	電話 03-5213-6161　FAX 03-5213-6160　振替 00160-7-35346
印刷・製本	株式会社 三陽社

ISBN 978-4-947743-88-6 C3321　　© 2010　　　　　　　Printed in Japan

考古学リーダー
Archaeological L & Reader Vol.1〜17

1　弥生時代のヒトの移動　〜相模湾から考える〜
　　　　　　　　　　　　西相模考古学研究会 編　209頁〔本体2,800＋税〕
2　戦国の終焉　〜よみがえる天正の世のいくさびと〜
　　　　　　　　千田嘉博 監修　木舟城シンポジウム実行委員会 編　197頁〔本体2,500＋税〕
3　近現代考古学の射程　〜今なぜ近現代を語るのか〜
　　　　　　　　　　　　メタ・アーケオロジー研究会 編　247頁〔本体3,000＋税〕
4　東日本における古墳の出現
　　　　　　　　　　　　東北・関東前方後円墳研究会 編　312頁〔本体3,500＋税〕
5　南関東の弥生土器
　　　　　　　シンポジウム南関東の弥生土器実行委員会 編　240頁〔本体3,000＋税〕
6　縄文研究の新地平　〜勝坂から曽利へ〜
　　　　　　　　　　　小林謙一 監修　セツルメント研究会 編　160頁〔本体2,500＋税〕
7　十三湊遺跡　〜国史跡指定記念フォーラム〜
　　　　　　　　　　前川 要　十三湊フォーラム実行委員会 編　292頁〔本体3,300＋税〕
8　黄泉之国再見　〜西山古墳街道〜
　　　　　　　　　　　　広瀬和雄 監修　栗山雅夫 編　185頁〔本体2,800＋税〕
9　土器研究の新視点　〜縄文から弥生時代を中心とした土器生産・焼成と食・調理〜
　　　　　　　　　　　　大手前大学史学研究所 編　340頁〔本体3,800＋税〕
10　墓制から弥生社会を考える
　　　　　　　　　　　　近畿弥生の会 編　288頁〔本体3,500＋税〕
11　野川流域の旧石器時代
　　　「野川流域の旧石器時代」フォーラム記録集刊行委員会(調布市教育委員会・三鷹市教育委員会・
　　　明治大学校地内遺跡調査団) 監修　172頁〔本体2,800＋税〕
12　関東の後期古墳群
　　　　　　　　　　　　　　　佐々木憲一 編　240頁〔本体3,000＋税〕
13　埴輪の風景　〜構造と機能〜
　　　　　　　　　　　　東北・関東前方後円墳研究会 編　238頁〔本体3,300＋税〕
14　後期旧石器時代の成立と古環境復元
　　　　　　　　　　　　比田井民子　伊藤 健　西井幸雄　205頁〔本体3,000＋税〕
15　縄文研究の新地平（続）　〜竪穴住居・集落調査のリサーチデザイン〜
　　　　　　　　　　　　小林謙一　セツルメント研究会 編　240頁〔本体3,500＋税〕
16　南関東の弥生土器2　〜後期土器を考える〜
　　　関東弥生時代研究会　埼玉弥生土器観会　八千代栗谷遺跡研究会 編　273頁〔本体3,500＋税〕
17　伊場木簡と日本古代史
　　　　　　　　　　　　伊場木簡から日本古代史を探る会 編　249頁〔本体2,900＋税〕

六一書房刊